北大法学文库

张骐 胡兴东 〔德〕布斯特 高尚 刘岩 著

中国司法先例与案例指导制度研究

Study on Chinese Judicial Precedents and
the System of Case Guiding

图书在版编目(CIP)数据

中国司法先例与案例指导制度研究/张骐等著.—北京:北京大学出版社,2016.4
(北大法学文库)
ISBN 978-7-301-26890-2

Ⅰ.①中… Ⅱ.①张… Ⅲ.①案例—中国 Ⅳ.①D920.5

中国版本图书馆 CIP 数据核字(2016)第 027814 号

书　　　名	中国司法先例与案例指导制度研究 ZHONGGUO SIFA XIANLI YU ANLI ZHIDAO ZHIDU YANJIU
著作责任者	张　骐　等著
责 任 编 辑	白丽丽
标 准 书 号	ISBN 978-7-301-26890-2
出 版 发 行	北京大学出版社
地　　　址	北京市海淀区成府路 205 号　100871
网　　　址	http://www.pup.cn
电 子 信 箱	law@pup.pku.edu.cn
新 浪 微 博	@北京大学出版社　@北大出版社法律图书
电　　　话	邮购部 62752015　发行部 62750672　编辑部 62752027
印 刷 者	三河市北燕印装有限公司
经 销 者	新华书店
	965 毫米×1300 毫米　16 开本　18 印张　250 千字 2016 年 4 月第 1 版　2016 年 4 月第 1 次印刷
定　　　价	45.00 元

未经许可,不得以任何方式复制或抄袭本书之部分或全部内容。
版权所有,侵权必究
举报电话:010-62752024　电子信箱:fd@pup.pku.edu.cn
图书如有印装质量问题,请与出版部联系,电话:010-62756370

序　言

从 20 世纪 80 年代学者们讨论判例与司法先例，到 2010 年 7 月 30 日最高人民检察院发布《关于案例指导工作的规定》和 2010 年 11 月 26 日最高人民法院发布《关于案例指导工作的规定》，再到 2010 年 12 月 15 日最高人民检察院发布第一批三个指导性案例至今，可以说，中国的司法先例与案例指导制度正在逐步从理想变成现实。2012 年 10 月出版的《中国的司法改革》白皮书，把建立案例指导制度作为规范司法行为的一个重要改革成果。中国共产党十八届四中全会于 2014 年 10 月通过的《关于全面推进依法治国若干问题的决定》提出，要"加强和规范司法解释和案例指导，统一法律适用标准"。这对中国案例指导制度的发展具有极为重要的历史意义。本书以学术研究的方式记录并参与了这一具有重要历史意义的过程。

本书对司法先例制度和指导性案例的基本理论问题进行了深入、细致的研究，就司法先例和指导性案例在我国法律制度中的功能、性质和法律地位提出了自己的见解。中国古代是否存在判例制度？中国古代的判例制度具有怎样的形态、性质和作用？本书对此也进行了深入、系统的研究，给出了自己的回答。就成文法在法律体系中发挥主要作用而言，中国的法律制度与大陆法系十分接近。[①] 所以，本书对属于大陆法系的德国的先例制度及其适用方法进行了重点研究。本书对先例和指导性案例的

---

① 笔者对中国法律制度是否属于大陆法系存疑。

结构、建立司法先例及案例指导制度的方法和制度要求提出了自己的观点,并进行了正当性、合法性及可行性方面的论证。同时,笔者在深入司法实践、与多省各级法院的法官进行访谈的基础上,认真研究了中国法官适用指导性案例的过程,考察、总结和分析了中国指导性案例的实践,研究了使用指导性案例的方法并提出了建议和相应的理由。

这里需要对书中使用的两组术语做个说明。首先,是判例(case)、判例法(case law)、先例(precedent)和指导性案例(guiding case)。在当代中国,改革开放以来,学者们和法律实务工作者曾经先后或同时使用判例、先例、指导性案例来指称具有一定普遍性效力的司法机关的决定。在20世纪,大家一般使用判例或判例法作为基本概念进行研究。进入21世纪,笔者开始使用先例(precedent)(制度)或者司法先例(judicial precedent)指称同样的事物,即判例。这是因为,笔者认为先例制度不像判例制度或判例法那样与普通法系有那么强的联系。[①] 随着中国最高司法机关在一些司法改革的正式文件中开始更多地使用指导性案例和案例指导制度,包括本书各位作者在内的学者们逐渐开始接受指导性案例或案例指导制度作为先例或先例制度的同位概念进行研究和写作。本书各章写作于不同的时期。所以在不同的章次中,基于不同的语境、针对不同的对象,先后使用了先例、判例、指导性案例,但它们基本上是一回事,即具有一定普遍性效力的司法机关的决定。在第一章,笔者以先例入手,研究它在法律实践中的意义及相关的理论问题。第二章、第三章、第四章的视域分别是中国古代和德国,学者们通常以判例为基本概念进行相应的讨论,所以本书多数情况下使用判例。当研究中国古代的情形时,本书随从大多数中国学者的研究和写作惯例,用判例、判例制度及判例法来进行写作和研究,同时说明如此指称的缘由。[②] 在研究德国的情形时,根据德国的特点分别以先例和判例为基本概念进行研究。[③] 我们在第五章以后,当

---

① 请见本书第一章。
② 请见本书第二章。
③ 请见本书第三章、第四章。

研究视域集中在当代中国时,则以指导性案例作为基本概念。本书所谈的指导性案例有广、狭两义。第五章、第六章和第九章所讨论的对象基本上是狭义的指导性案例,即按照最高人民法院《关于案例指导工作的规定》,经过最高人民法院审判委员会讨论决定、由最高人民法院发布的指导性案例。第七章、第八章所谈的是广义的指导性案例,是指所有对法官审理案件有指导、参考作用或意义的案例。笔者认为,狭义的指导性案例只是在我们的法律实践中发挥指导作用的众多案例的一部分。我们的案例指导制度还包括那些具有一定指导作用的典型案例、参阅案例。① 最高人民法院《关于案例指导工作的规定》第 1 条规定:"对全国法院审判、执行工作具有指导作用的指导性案例,由最高人民法院确定并统一发布。"这条规定的行文就隐含了其他类型或其他层级的案例在案例指导制度中的存在空间。所以,我们不仅需要研究怎样确定指导性案例并使其真正发挥作用,而且,对于各类各级典型案例和参阅案例来说,怎样使它们在发挥作用的同时与指导性案例协调于我们的案例指导制度之中,同样需要研究。

其次,是裁判要旨②、裁判要点③。它们是指通常被置于指导性案例之前、以简洁的文字表现出的人们对指导性案例中所蕴含的裁判规则的概括、归纳和总结。中国的法律人在这个问题上还没有达成统一认识。《人民法院报》称之为裁判要旨,《最高人民法院指导性案例》称之为裁判要点,《最高人民法院公报》称之为裁判摘要。本书第八章成文于最高人民法院公布的指导性案例之前,所以用裁判要旨,第九章成文于其后,所以使用裁判要点,名称有所不同,但所指的是同一个事物。

本书分为上下两篇。上篇探讨司法先例与指导性案例的意义、性质、中国历史上及外国的判例制度。第一章指出司法先例(判例)制度在当

---

① 戚庚生、郁云、曹媛媛、黄晓云:《案例指导,不约而同的探索》,载《中国审判》2011 年 1 月 5 日。
② 详见本书第八章。
③ 详见本书第九章。

代中国具有十分重要的意义。与制定法相比,先例制度具有补充制定法、通过先例制度实现司法公正、以具体性和灵活性促进制定法适用、增加法律确定性与合理减少案件数量等作用;同时,先例制度具有限制法官专断权力与解放法官在改进和发展法律方面的能量的双重功能。司法先例制度为司法机关提供了一个保护自己免受外部非法干涉、维护宪法和法制的有力武器,并且,司法先例制度有助于培养法律职业和法律共同体。因此,先例制度有利于司法独立在中国的确立,有助于中国法治的发展;它是一国法律体系的一个重要组成部分。

第二章探讨了中国古代判例制度的有关概念,指出在中国古代存在判例制度,中国古代判例制度有其特定的法文化语境,其中包括对人类立法能力的现实主义的认识,绝对数量化的立法技术,比类思维的司法技术,权力结构下的司法程序,浓厚的述祖、遵祖观以及对实质主义司法结果的追求等。第二章还研究了中国古代判例法的严格比类推理、高度伦理性说理的法律论证特点。

第三章和第四章分别探讨了德国先例制度的存在形态、相关的宪法、程序法规定,以及相应的制度规定和方法。第三章指出在德国实际存在着被遵循的先例,只是这种先例的存在形态以及法律人遵循先例的方式方法与普通法系国家不同。第四章对德国判例的结构、判例的制作技术与使用方法进行了比较深入、具体的研究。

本书的下篇重点探讨当代中国指导性案例和案例指导制度的理论与实践问题。第五章和第六章研究了指导性案例的性质及发挥指导性案例作用的制度保证。本书指出,狭义的指导性案例是当代中国一种非正式的法律渊源,它具有相应的权威性与合法性,在当代中国法律体系中具有辅助性,其效力是一种具有制度保证的说服力而不是约束力。现在,指导性案例处在初建时期,面临共识与制度权威都弱的尴尬局面,这与当代中国司法改革的特点相契合。我们可以通过在指导性案例和案例指导制度中坚持一些重要原则来实现共识,保证指导性案例效力的实现。本书第六章提出的四方面原则是:在案例指导制度的建设中坚持法治、在促进社会和谐中维护法律体系的统一与和谐、在司法裁判中提供适用或不适用指导性案例的正当性证明、在司法裁判中公开引证指导性案例。

第七章和第八章分别探讨寻找指导性案例的方法以及对指导性案例中具有指导性部分的确定与适用。第七章探讨通过案件相似性发现指导性案例的理论基础，研究对判断案件相似性具有重要意义的若干因素，并结合实际案例指出价值判断在进行案件相似性的判断时具有重要作用；该章还进一步从理论上探讨了判断案件相似性的关键及妥当发现相似性案件的程序。第八章指出，指导性案例具有指导性的部分可以有三种：判决书、裁判要旨与案例评析，判决书是指导性案例的本体，裁判要旨与案例评析是判决书之外具有指导性的部分；指导性案例与司法解释具有一种交叉关系。我们应当规范对裁判要旨和案例评析的制作，但要在认识和使用指导性案例时超越裁判要旨。我国法院的科层制结构对指导性案例的使用具有一定的影响。目前，完善对指导性案例的选择和使用需要积累经验、提高能力、增加共识。

本书第九章讨论指导性案例裁判要点的撰写。本章分别从诠释学和法律论证的角度研究如何撰写裁判要点，并以最高人民法院发布的指导性案例为中心，运用比利时哲学家佩雷尔曼提出的"听众"的概念，研究怎样撰写裁判要点才能够使指导性案例获得最大可能的一致性认可。在从不同角度研究的基础上，第九章提出了撰写裁判要点的基本规则、解释裁判要点的规则以及规范具体内容的规则。

本书对丰富我们有关司法先例、法律方法和司法制度的理论，对于司法机关制定有关指导性案例的规定或司法解释、对于司法机关编选指导性案例、使用指导性案例，具有理论意义和实践意义。

张 骐
2016 年 1 月 25 日

目 录 Contents

上篇　先例的意义与功能：古代制度与外国经验

003　第一章　建立中国先例制度的意义与路径
003　一、正名
005　二、先例制度的必要性、功能、性质及在中国的特殊重要性
020　三、建立司法先例制度的困难及其解决方法

036　第二章　中国古代的判例制度
037　一、中国古代判例制度中的相关概念
044　二、中国古代判例制度的法文化语境
059　三、中国古代判例法的形成、基本模式与类型
071　四、中国古代判例法的作用
074　五、中国古代判例法的特点及适用判例的论证类型
079　六、中国传统判例制度与近代英国判例制度异同

085　第三章　德国法中的先例
086　一、德国法律制度的基本原理与方法论
091　二、德国宪法与遵循先例
094　三、德国的程序法与遵循先例

| 096 | 四、实践中的遵循先例 |
| 099 | 五、判决书的结构与公布 |

102	**第四章　德国判例的制作技术与使用方法研究**
103	一、德国的"判例制度"
110	二、判例结构特征与制作技术
124	三、判例的形成和运用
135	四、结论

下篇　指导性案例和案例指导的性质、制度与方法

139	**第五章　指导性案例的"指导性"**
140	一、指导性案例的指导性、权威性与合法性
142	二、指导性案例作为非正式法律渊源的合法性
149	三、指导性案例的辅助性
151	四、案例指导性的保证之一：确定与选择什么样的案例以保证指导性
154	五、案例指导性的保证之二：谁来制作案例以及怎样确定与选择案例
161	六、发展案例指导制度需要处理好的三个关系

167	**第六章　指导性案例效力的性质与保证**
167	一、背景
168	二、难题——共识与制度权威都弱的尴尬
172	三、为支撑说服力的制度证明
183	四、通过实现共识来保证指导性案例的效力

第七章　寻找指导性案例的方法——以审判经验为基础

- 197
- 198　一、通过案件的相似性发现指导性案例
- 204　二、价值判断在进行案件相似性判断中的作用
- 210　三、在若干指导性案例中选择

第八章　对指导性案例中具有指导性部分的确定与适用

- 216
- 217　一、裁判要旨与案例评析——判决书之外的指导性案例
- 224　二、判决书中的指导性案例——不应被忽视的"富矿"
- 231　三、指导性案例的适用
- 236　四、改善对指导性案例的选择

第九章　指导性案例中裁判要点的撰写

- 239
- 239　一、导言
- 248　二、司法裁判的正当性证明
- 265　三、确定裁判要点内容的规则
- 272　四、结语

275　**后记**

上 篇

先例的意义与功能：
古代制度与外国经验

第一章　建立中国先例制度①的意义与路径

一、正名

中国共产党第十六次全国代表大会的报告指出："社会主义司法制度必须保障在全社会实现公平和正义。按照公正司法和严格执法的要求，完善司法机关的机构设置、职权划分和管理制度，进一步健全权责明确、相互配合、相互制约、高效运行的司法体制。从制度上保证审判机关和检察机关依法独立公正地行使审判权和检察权。"

先例制度就是保证审判机关依法独立公正地行使审判权的重要制度。它是指一种在法院判决基础上形成的、具有一定法律效力和内部联系的非正式意义上的法律渊源体系。笔者在这里所谈的先例制度与笔者主张的在中国建立判例法的基本观点和思路是一致的，只是"先例制度"的提法比"判例法"的提法要更为妥帖一些；先例制度（precedent system）作为一个术语比判例法（case law）更适合中国法治建设的语境。具体理由有四：其一，先例制度比判例法更具体；其二，判例法在历史上与普通法传统有着密不可分的联系，而先例制度是所有发达的法律体系都具有的

---

① 本书所说的"先例"或"先例制度"，如果没有特殊说明，一概与"司法先例"（judicial precedent）或"司法先例制度"（judicial precedent system）同义。

重要组成部分①,并不依附于某一特别的法律传统;其三,"先例制度"可以减少人们从政治上和学术上对它的不必要怀疑;其四,"先例制度"使得实际操作更为容易、简单。

同时,我们以为"案例"的提法并不比"判例法"的提法更可取。具体理由有四:其一,人们对某一事物、某种现象或某一行为的提法或叫法是对它们的命名(naming)或界定(delimitation),与人们的具体实践有着密切的联系,标示着人们的行动方向。② 其二,"案例""判例(法)"或"先例制度"都是人们社会活动的产物,它们所指的是同一现象,即人们从事司法活动的产品(及行为),而不同的提法表明了人们对此种活动的不同态度和不同的行动方向,所以事关重要。其三,长期以来,人们对案例的含义、性质与功能已经形成了相对固定的理解。案例是指法院审理案件后形成的范例,主要作为一种理解法律的辅助方法用于法学教育和法学研究领域,当然在司法实践中也可以具有指导和启发作用,但是案例本身不是法律渊源,不具有任何法律效力。主张"案例"提法的学者实际上也是如此使用的。③ 其四,随着中国法治建设的深入发展,目前迫切需要建立与以往案例不同的先例制度,它可以作为一种具有一定法律效力和内部联系的非正式意义上的法律渊源,在司法实践中发挥重要的积极作用。

本章拟对在中国建立先例制度的必要性、所面临的困难及解决的方法等问题进行探讨。

---

① 我们此处所谓的"发达的法律体系"是指所有具有相当历史积累与连续性的法律体系,西方普通法系、民法法系以及中国古代的法律体系都在此列。这与文明和文化的发达与否没有直接的、必然的联系。
② 此处指对人为现象而非自然事物的命名或叫法。参见 Jules L. Coleman and Ori Simchen, "LAW", in *Legal Theory*, 9 (2003), Cambridge University Press, p. 11, note 24。
③ 例如参见张庆旭:《"判例法"质疑》,载《比较法研究》2002 年第 4 期。

二、先例制度的必要性、功能、性质及在中国的特殊重要性

(一) 从先例制度与制定法的关系看先例制度的必要性

有学者认为,"判例法的产生都与法制不健全和皇权有着密切的关系","随着法制的逐步完善和民主制度的发展,判例法的地位也必将逐步由强变弱"①。这种看法似乎与历史发展的实际不符。在当代,司法先例或判例法不仅仍然是普通法系国家的主要法律渊源,而且大量存在于被许多中国学者认为是制定法(成文法)国家的民法法系的国家中。② 随着欧共体和欧盟的建立,设在卢森堡的欧洲法院的判例已经成为欧盟国家的一种重要法律渊源。

先例制度普遍存在于所有发达的法律体系中的原因,在于它在一个国家法律体系中的必要性。我们下面将对先例制度的必要性逐一进行讨论,首先是把它与制定法相比较,特别是放在民法法系国家,即所谓的制定法国家的背景中来比较。

1. 以先例制度补充制定法

在民法法系国家,先例制度被用来填补法典或制定法的漏洞。这可以用拉丁语警句表示,即先例超越制定法,*praeter legem*(beyond the statute)。③

为什么需要以先例制度补充制定法?先例制度何以能够补充制定法?我们以为,以先例制度补充制定法在所有讲究依法办事的社会都是自然而然的事情。因为法律必然地存在漏洞,如果必须依法办事,就需要

---

① 张庆旭:《"判例法"质疑》,载《比较法研究》2002 年第 4 期。
② 参见张骐:《判例法的比较研究》,载《比较法研究》2002 年第 4 期;关于中国历史上的先例制度,请参考汪世荣教授:《中国古代判例研究》,中国政法大学出版社 1997 年版。
③ 参见 Rudolf B. Schlesinger and others, *Comparative Law*, Sixth Edition, New York, Foundation Press, 1998, pp. 669, 690。原作者将先例制度写作 customary law,意指判例法。

仰仗法院或法官根据法律的精神、原则所形成的司法先例审理案件。美国法学家卢埃林对此进行了比较具体的分析,他认为:在立法机关没有给出指示的地方(或者,当这些指示被变化了的情势以及这些情势变化产生的冲突所推翻的时候),某种先例制度就会出现。这是由于,法官的审判工作需要讲求效率,而审理疑难案件是非常困难的事情,遵从先前的判决则会使工作变得容易得多;同时,一个睿智的法官会受到很高的尊敬,他的判决会对其他法官产生自然的影响,他们会感到有必要在相似的案件中作出相似的判决。① 例如美国著名法官卡多佐的判决就非常具有影响力。

有学者认为,"真正的法律漏洞来源于立法者,也就是说,真正的法律漏洞在于法,而不在于法官,法官在法治的原则下是无法突破已有的法律原则与内容的。正是判例不能改变现行法律的内容与原则,也就决定了判例无法弥补法的真正缺陷。"②然而,问题在于:第一,任何一个法律体系都存在漏洞,这是个不争的事实。第二,"真正的法律漏洞"与一般的法律漏洞有什么不同? 第三,法官虽然不能突破既定的法律原则,但是可以突破已有的法律规定(本章随后就要讨论。当然,有关犯罪与刑罚的问题可能除外),这也是事实。例如在贾国宇诉北京国际气雾剂有限公司、龙口市厨房配套设备用具厂、春海餐厅人身损害赔偿案中,北京市海淀区人民法院针对原告提出的、而被告认为没有法律依据的精神损害的赔偿要求,在制定法没有对产品缺陷所致精神损害进行赔偿的规定的情况下,判令被告给予原告精神损害赔偿③,从而弥补了法律的漏洞,实现了法律的基本价值——正义。第四,法官可以并且应当在法律原则的指导下,通过先例形成新的法律规则来弥补制定法的缺陷。在前述案件的情况下,就可以通过形成先例来指导法官,使其他由于产品缺陷受到精神伤害的当事人也可以得到精神损害赔偿。第五,以司法先例补充制定法,不仅是

---

① Karl Llewellyn, *The Case Law System in America*, Chicago and London, The University of Chicago Press, 1989, p. 5.
② 张庆旭:《"判例法"质疑》,载《比较法研究》2002 年第 4 期。
③ 《中华人民共和国最高人民法院公报》1997 年第 2 期,第 68—70 页。

一种不得已而为之的事情,而且可以成为一种积极的法律发展的方式。对外经济贸易大学法学院梅夏英教授认为,现在,原有民法典失去了概念法学上的统领作用,立法进一步碎化,判例可能成为新的法律产生的一个来源。① 判例作为新的法律渊源在法国、德国早已是事实②,在中国也应当是一种正确的、必然的选择。

2. 通过先例制度实现正义

先例制度在实现正义方面的必要性体现在两个方面。首先,先例制度通过连贯地在具体案件中具体适用抽象的规范,使正义得以在实际生活中具体实现。相似案件应当相似判决是一条实现正义的基本原则。③在抽象的法律规范与具体的生活之间,总存在着某种不一致。这是由于制定法具有与生俱来的抽象性和一般性,使得人们在适用制定法时必然具有某种刚性的活动余地,从而构成法官理解正义、当事人感受正义的障碍。单纯适用制定法,一方面使司法判决缺乏包含法律内容的生活素材——先例的依托,另一方面很难让人们感受到实现正义的基本原则。面对判决结果,当事人会自然地追问:为什么我得到这种结果而不是那种结果?没有与相关具体案件的比较,他们不容易理解体现在制定法中的正义。先例制度通过连贯地在具体案件中具体适用抽象的规范而解决这种冲突,从而使正义得以在实际生活中具体实现。

上述有关法官单纯适用制定法的问题,在很大程度上仅是一种假设,在实际生活中并不普遍存在。因为,法院和法官在日常审理案件中实际使用着判例(或称之为案例)。从1979年全国人大颁布实施"七法一条例"至今,中国各级人民法院都组织编辑、参与编辑或实际使用了许多风

---

① 梅夏英:《从"物权法"与"财产法"的争论看我国未来民法典》,http://www.civillaw.com.cn,2003年2月18日最后访问。
② 请参见张骐:《判例法的比较研究》,载《比较法研究》2002年第4期。
③ Rupert Cross and J. W. Harris, *Precedent in English Law*, Fourth Edition, Clarendon Press, Oxford, 1991, p.3; Karl Llewellyn, *The Case Law System in America*, Chicago and London, The University of Chicago Press, p. 5; John P. Dawson, *The Oracles of the Law*, William S. Hein & Co., Inc., Buffalo, New York, 1986, p.421.

格各异、名称不同的"案例汇编"。这从一个侧面说明先例制度的重要性。也许有学友会提出质疑:这些不是"案例汇编"吗?为什么一定要扯上"先例制度"呢?这一方面是为了"正名",使实际发挥先例作用而非仅仅是一种"启发"的案例①被名正言顺地作为先例放在审判工作的重要位置上,做到"名""实"相符;另一方面是为了对当事人公平,使他们了解法官审理案件的实际依据,感知正义,使司法审判成为"看得见的正义"。关于这一点,下文还将更详细地说明。

其次,先例制度可以通过改变制定法的规定来实现正义。② 我们或者可以用另一个拉丁语警句表示,就是:先例废止制定法。③ 这发生在制定法严重违反公正的情况下。先例制度似乎只是法官适用法律的结果,而今却反过来废止法律,这是否有些不合逻辑并且违法?如果我们对一些民族表示法律的文字作一番考察,我们会发现以先例制度废止或改变制定法,不仅没有不合逻辑或违法,反倒是情理之中的事情。在欧洲和亚洲的一些人口比较多的民族中,除中文和英文以外④,都是用两个词来分别表示"法本身"和"制定法"的:

	法本身(law as such)	制定法(enacted law)
拉丁文	ius	lex
西班牙文	derecho	ley
意大利文	diritto	legge
法文	droit	loi
德文	Recht	Gesetz
土耳其文	hukuk	kanun

---

① 参见张庆旭:《"判例法"质疑》,载《比较法研究》2002年第4期。
② See, John P. Dawson, *The Oracles of the Law*, Buffalo, New York, William S. Hein & Co., Inc., 1986, pp.401, 431.
③ "Customary law contra legem (against the statute)" 参见 Rudolf B. Schlesinger and others, *Comparative Law*, Sixth Edition, New York, Foundation Press, 1998, p.690。
④ (不)巧的是,中文与英文用来表示法律的都是一个词:法律,Law。虽然有中国学者坚持应当把"法"与"法律"分开使用:"法律"是国家的制定法;"法"是一般的、体现真正的法的精神法律(参见郭道晖教授的有关论述),但是这基本上没有改变大众和学者多年形成的语言实践,即"法"与"法律"混用。

前一列法律大多同时具有正义、正确、正当、权利的意思,是具有一般性的法,后一列词大多特指具体的制定法。按照这种理解,司法机关作出的符合正义与正当理念的司法决定也是法律,是法本身的一种体现,因此有资格改变不公正的制定法条文。①

有学者认为:"法律是否有至高无上的权威是检测真假法治的一个基本尺度。……在法治的原则下,判例的依据不允许违背法律,只能与法律的规定一致(当然,如果没有相对应的条款可以依据,至少应当与所适用的法律的原则及基本精神一致)。"这里有这么几个问题:第一,以"法律是否有至高无上的权威"来检测真假法治是有一定语境或条件的,在法治社会中法律的至上权威是针对政治权力的,或者说(恰恰)是针对立法权的。② 第二,在法治社会中,法律条文不是绝对至尊的,在法律之上还有公正和人类尊严,那种认为法律条文具有不可动摇的权威的观点,基本上是 20 世纪 40 年代第二次世界大战之前法律实证主义的观点。第二次世界大战以后,人们已经不再相信制定法条文本身可以构成它自身正当化(justification)、乃至实质合法性(legitimacy)的唯一基础。第三,法治原则不仅不排斥法官根据法律的价值、原则与精神限制不公正的法律条文的效力,直至在事实上废止或在法律上宣布它无效,而且这恰恰是现代法治与宪政的一个基本要求。这是法治对公正的回应,是法治社会的题中应有之义。第四,进而言之,如同当年柏拉图所讲的法律像个呆板的医生,对不同病症的病人都开同一种药方,制定法注定具有不完善、抽象、不确定等缺点,如果不以秉承公正等法的价值、受到法律系统内部规制的先例制度作为辅助,就必然受权力、金钱或个人任性所左右。第五,我们不应把制定法等同于法律,这种把法律只是定位于制定法的观点,从基本理论上看是把法律固定于体现国家意志的立法机关的产物,这种看法已经不

---

① See, Rudolf B. Schlesinger and others, *Comparative Law*, Sixth Edition, New York, Foundation Press, 1998, pp. 690—691.
② 参见〔英〕弗雷德里希·奥古斯特·哈耶克:《通往奴役之路》,王明毅、冯兴元等译,中国社会科学出版社 1997 年版,第 82—84 页。

符合当今法治发展的需要和法律发展的实际。我们应当对法律的概念有一个重新的理解。先例制度其实也是一种法律,我们不应当被既定的法律定义所束缚。不是既定的内涵决定事物的外延,其实是事物的外延决定事物的内涵。① 就像人们对"家庭"的界定实际上是随着家庭的实际外延的发展而发展一样。

3. 以具体性和灵活性促进制定法的适用

制定法、法典法通过先例制度得以在连续的再适用中获得灵活性和柔韧性②,因此先例制度有助于具体地和灵活地适用制定法。具体来说,首先,司法机关是抽象的法律规范和具体案件的主要"调解人"。③ 法院是在公平地反映一般共同体对法律理解的推理基础上宣布先例的。法院在特定的、实际的事实基础上,面对具体的问题进行审理,存在着原告和被告双方,有一定的诉讼程序。这些因素使法院可以具体、全面地作出判决。而负责制定法产生的立法者则不然。立法者没有必要考虑相关情形的每一个细节,因为他们的工作就是制定完全抽象的规则。④ 其次,先例可以按照"遵从先例"(stare decisis)的原则被推翻。而且,先例中的判决理由(ratio decidendi)并不被限制于任何特定的词语之内,这也就赋予它制定法所没有的一定的灵活性。⑤

如果要给制定法与判例的关系打个比方的话,制定法好比是电影剧本,而先例制度则是摄制完成的电影。如同电影赋予电影剧本以生命,制定法因为先例制度才得以具有鲜活的生命力;同时,如同导演对剧本的再

---

① See, Jules L. Coleman and Ori Simchen, "Law", in *Legal Theory*, 9 (2003), Cambridge University Press, p.12.
② See, John P. Dawson, *The Oracles of the Law*, Buffalo, New York, William S. Hein & Co., Inc., 1986, p.421.
③ See, Ibid., p.486.
④ See, François G?ny, Judicial Freedom of Decision: Its Necessity and Method, in *Science of Legal Method*, Augustus M. Kelley, 1969, p.5. 我们同时感谢香港大学法学院院长陈文敏教授在2002年秋季北京大学法学院与香港大学法学院学术年会上在此问题上对我们的启发。
⑤ See, Henry M. Hart, Jr. Albert M. Sacks, *The Legal Process*, Edited by William N. Eskridge and Jr. Philip P. Frickey, Foundation Press, 1994, p.126.

创造一样,法官依制定法审理案件包含着法官对制定法的实质性的再创造,判例是对制定法的发展和丰富。实际上,制定法有赖于先例制度的发展和丰富。在日本,判例制度在统一法律法令解释适用方面具有非常重要的作用。① 德国学者 Sauer 认为,法律必须被作为一个同时包括法律规范以及对它的适用的整体来看待。这意味着规范的意义通过新的适用被不断地改变,作为一个整体的法律体系及其组成部分是"开放的"、动态的,并且能够吸收新要素——简而言之,"法律的适用创造法律"。②

由于先例制度对制定法事实上的重要作用,只有把它上升为一种法律渊源,一种非正式意义的法律渊源,才能更充分地发挥它的作用,同时防止可能出现的对司法先例的滥用。

4. 增加法律的确定性

有学者认为:"法律决定论的魅力就在于根据已知的前提通过逻辑推导找到正确的结论,对于判例来说,它一手牵着法律一手牵着案件事实。"③这种看法非常令人鼓舞,如果前提是已知的,如果通过逻辑推导就可以得到正确的结论,将会省却多少麻烦和"冤、假、错"!无奈现实无情,法律不定。民谣"大盖儿帽,两边儿翘,吃了原告吃被告,原告被告都吃完,还说法律不健全",固然反映了一段时期由于司法腐败而导致的、某些法官以法律不健全为理由不依法裁判的情形,但是问题似乎并非如此简单。这个民谣令我们思考这样两个问题:其一,在存在司法腐败、法律不健全的情况下,能否采取某些法律措施,比如先例制度,使司法审判逐渐"上路",还是一定要等到大刀阔斧地制度改革之后,才能使法官们严格依法办事?其二,假设司法腐败被从根本上遏止、法律健全以后,司法

---

① 参见王亚新:《对抗与判定——日本民事诉讼的基本结构》,清华大学出版社 2002 年版,第 315 页。
② See, John P. Dawson, *The Oracles of the Law*, Buffalo, New York, William S. Hein & Co., Inc., 1986, p.486.
③ 张庆旭:《"判例法"质疑》,载《比较法研究》2002 年第 4 期。现在认为"法律决定论"有魅力的学者可真是不多了;这里姑且不去详细讨论"法律决定论"中另一个在比较早的时候就已经证明是不真实的命题:法官是法律的机械适用者、法律的传声筒。

审判的前提是否就可以总是已知的,或者立法就像殷勤的"供货商"一样,向社会生活和司法审判随时提供它们所需要的立法产品,随叫随到,而社会生活和司法审判也像耐心的顾客那样,可以忍耐一切作为"店家"的立法的延迟和疏忽?如果社会生活不会那样,可否允许司法机关按照根据法律精神、原则和一定的法律规则形成的司法先例排难解纷?

我们以为,法律本身具有不确定性,"法律的不确定性与法律本身一样古老"①。制定法由于其抽象性和一般性因而有可能具有更大的不确定性。法律的不确定性不可能消除,但是可以减少。根据一定规则组织起来的先例制度或判例法有助于在法律制度内部形成连续性、连贯性和秩序,避免或减少相互冲突的判决②,从而减少法律的不确定性、增加确定性。我们随后要讨论的先例制度的两个功能将进一步回答与上述民谣有关的那两个问题。

5. 合理地减少案件数量

许多国家的法院都苦于诉讼案件过多,工作负担太重。我国的情况也一样。司法先例制度是合理减少案件数量的有效方法。因为先例制度中的先例是要公开发布的,这就使得当事人可以了解法院审理相似案件的判决理由,从而知道自己的案件是否存在上诉的根据③,尽量避免"花钱买罪受"的无谓的诉讼。这正是我国郑州市中原区人民法院实行"先例判决"制度后带来的积极效果之一。④ 通过先例制度减少案件数量,从另一个方面提高了司法工作的效率。

---

① Gunther Teubner, *Law as an Autopoietic System*, Blackwell, Oxford UK & Cambridge USA, 1993, p.100; 并请参见张骐:《直面生活,打破禁忌:一个反身法的思路——法律自创生理论述评》,载《法制与社会发展》2003 年第 1 期。
② See, John P. Dawson, *The Oracles of the Law*, Buffalo, New York, William S. Hein & Co., Inc., 1986, pp. 483, 421.
③ See, Ibid., pp.435, 483.
④ 宗边:《中原区法院试行先例判决制 当事人可了解类似案件判决结果》,载《人民法院报》2002 年 8 月 17 日。

（二）先例制度的功能

1. 先例制度是一个法律体系中具有重要功能的组成部分

先例制度的必要性与先例制度的功能直接相关。换言之，中国采用某种形式的先例制度的重要原因存在于一个发达的法律体系的内在品质中。先例制度在一个发达的法律体系中具有重要的功能。我国当代法学工作者和法律工作者在1979年以后曾经热烈讨论过法律体系的协调发展问题，之后也一直强调这个问题。但是，以往关注的重点是部门法基础上的法律体系，是以立法为中心的部门法建构。人们以为只要部门法配齐了，法律体系就算健全、完善了。结果出现了一种令许多人困惑的法制现象：一方面立法机关忙于立法并且为不断出台的法律、法规感到满意，另一方面，社会生活的许多领域还是处在"无法可依"的状况。其实，一个法律体系的发达不仅在于其各部门法门类齐全，而且在于它是一个由一套相互关联、相互作用、彼此协调的功能要素组成的有机整体。[①] 一个国家法律体系的功能要素的完整和互相协调，对于一个国家的法治发展具有更为重要的意义。先例制度就是这种意义上的法律体系中一个不可缺少的功能要素。

先例制度之所以是一个不可缺少的功能要素，与内在于司法功能的法官自由裁量权有直接关系。法国法学家惹尼认为：法官既参与法律的创制，又进一步发展这种已经形成的法律。这是因为，虽然法官应当依照法律审理案件，然而，如果法官在审理案件的时候没有合适的既定法律，他们就不得不像立法者那样创造法律。[②] 我们在此不妨将之修改为法官有适用法律和发展法律的双重责任，这样显得更容易为自我认同于大陆法系国家的许多中国法律工作者接受，虽然惹尼更是地道的大陆法系法

[①] See, Henry M. Hart, Jr. Albert M. Sacks, *The Legal Process*, Edited by William N. Eskridge and Jr. Philip P. Frickey, Foundation Press, 1994, p. cxxxvii.

[②] See, François Gény, Judicial Freedom of Decision: Its Necessity and Method, in *Science of Legal Method*, Augustus M. Kelley, 1969, pp. 3—5.

学家。法官,特别是(最)高级法院的法官,在适用法律的过程中通过法官的自由裁量权实际参与着法律的创制,这几乎是不争的事实。

但是,怎么样才能既不束缚法官的手脚而又能防止法官滥用自由裁量权?这也是我们在前面引述民谣后提出的两个问题:怎样既约束法官依法办事,又发挥法官的主观能动性和创造性?司法先例制度就是在法律体系演进过程中必然出现的同时具有这双重功能的法律制度。

2. 先例制度限制法官权力

先例制度的第一个功能、也是它的主要功能,是限制而不是扩大法官的权力。法官权力从两个方面受到先例制度的限制:首先,由于相似案件相似处理的制度性要求,法院要受先例所包含的规则和所体现的推理的限制。法官不能随意偏离先例的规则和推理审判案件,法官无故偏离先例审判案件,要受到来自律师、当事人和上级法院的质疑和约束;其次,法院还受其处理当前案件时对未来承诺的约束。因为先例制度的特点就是在特定案件中提供的理由也被作为在某种程度上拘束后来案件的一种承诺。一旦推理被公布,它们就可能被律师引证或使用。当法官意识到相似案件相似处理的义务的时候,那么对这些案件的比较就会使法院在处理每一起案件并形成判决理由时非常谨慎。①

17世纪的德国虽然在政治体制上仍然是专制统治,但是相对独立的法院体系似乎已经发展起来并为社会所需要。为了解决法院独立与法院专权的矛盾,在1654年规定,每个参与判决的法官都必须把他投票的理由、依据和动机写进正式记录里。作出这个规定的原因主要是对法院的特殊不信任;其目的是提供一种统一管理(syndicating)法官的手段,如果他们的投票招致有关偏袒或腐败的怀疑,记录在案的理由就成为一种"事后监督"的牵制手段。②

基于类似地防止法官专权的考虑,美国的国父们同样提出以先例限

---

① See, John P. Dawson, The Oracles of the Law, Buffalo, New York, William S. Hein & Co., Inc., 1986, pp. 414, 424.
② See, Ibid., p. 433.

制法官权力。为了在新大陆建立一个自由、民主、法治的宪政国家,他们提出由司法机关行使监督、牵制立法机关和行政机关、防止其活动违反宪法的司法审查权;然而,他们深知司法官员不是圣人,因此提出,通过严格的规则和先例约束法院以防止司法专断。① 在美国两百多年的法律史上,司法腐败没有成为一个严重的社会问题,特别是联邦法官腐败的事例不多,固然有多方面的原因,先例制度在约束法官权力、限制司法专断方面发挥了重要的作用,应当是原因之一。

3. 先例制度激发法官在改进和发展法律方面的作用

先例制度是社会赋予法官的一个工具,它把蕴涵在法官队伍中改进和发展法律的宝贵能量激发出来。法官可以通过先例制度把自己在填补法律漏洞、纠正制定法失误、丰富制定法以及使制定法更为确定方面的经验和决定固定下来,并使之不断发展、完善。

惹尼认为,法院不可能无忧无虑地倚靠形式规则,而必须委托法官在发现合适的判决时运用他自己的技巧,这是一个根据《法国民法典》第4条不许他拒绝的任务。② 领衔起草这部民法典的法学家波塔利斯在起草法典之初就预见到了这种情况。他指出,立法者的预见性是有限的,而自然却是无限的并影响所有有关的人们。判例法的作用就是帮助法官创造新法、规避、限制或扩展法典。③

在法国,司法机关通过先例得以解放实际是一个具有讽刺意味的结果。一个旨在限制司法权的原则到头来却被用来扩大它。法国革命的首要遗产是法官不能具有立法权的信念。法官通过书面判决含义模糊的风格来表明他们对这种信念的坚守以及对法官立法的放弃,但这种语焉不

---

① Jacob E. Cooke edited, *The Federalist*, Wesleyan University Press, 1961, p.529.
② François G?ny, Judicial Freedom of Decision: Its Necessity and Method, in *Science of Legal Method*, Augustus M. Kelley, 1969, p.2.
③ See, John P. Dawson, *The Oracles of the Law*, Buffalo, New York, William S. Hein & Co., Inc., 1986, p.401.

详的风格到头来却反倒使他们在事实上更自由。①这里的吊诡之处在于，革命后的政治格局和政治情势要求法官绝对服从立法机关的指挥，不能超越雷池，而社会及法律的发展又要求法官必须发挥自己的能动性，自主地回应社会及法律发展的内在需要，弥补立法机关工作的不足；在这种情况下，法官通过含义模糊的判决书恪守政治边界，而在履行职责的过程中通过这种不致产生政治抗争的模糊判决实际形成了先例制度，从而完成自己的工作、重建自己的营盘。这主要不是政治战场上的阴谋，而更多地是法律演进中的必然。

（三）先例制度的性质与目的

1. 民法法系国家有关先例制度的性质的各种回答

先例制度的性质似乎是一个重要的问题。然而民法法系国家的学者对此不仅没有一个统一的回答，而且其看法非常不一致。概括起来，有四种观点：其一，先例制度是一种法律渊源②，一种"非正式的法律渊源"③，或者一种"辅助的法律渊源"④。其二，先例制度是另一种形式的习惯法，是一种新近创造的习惯法。⑤ 其三，先例制度是人民根据正义所进行的创造。有些学者不同意把先例制度看成习惯法，而认为它是通过人民自治被默默地创造的。一个法院对相似案件作出相似判决是正义的要求。法院审判案件并把国家力量适用于解决纠纷的权力本身，就给予法院决

---

① See, John P. Dawson, *The Oracles of the Law*, Buffalo, New York, William S. Hein & Co., Inc., 1986, p.431.
② 参见王亚新：《对抗与判定——日本民事诉讼的基本结构》，清华大学出版社 2002 年版，第 315 页。
③ See, John P. Dawson, *The Oracles of the Law*, Buffalo, New York, William S. Hein & Co., Inc., 1986, pp.423,426.
④ See, Rudolf B. Schlesinger and others, *Comparative Law*, Sixth Edition, New York, Foundation Press, 1998, p.699.
⑤ Ibid;John P. Dawson, *The Oracles of the Law*, Buffalo, New York, William S. Hein & Co., Inc., 1986, pp.417, 418—420, 429—430, 441.

定是否尊重有关的学说作者观点的权威。① 其四,把判例法作为一种既定事实来承认,有助于促进平等的正义并保障正当的期待。②

虽然民法法系国家学者对先例制度的性质的看法不一,但是这并没有影响先例制度或判例具有法律拘束力并在法律体系和社会生活中发挥越来越显著的作用。

2. 先例制度的目的是公正和效率

我们把先例作为非正式的法律渊源的目的是什么?法国学者惹尼认为法官的"自由裁判"服务于两个目的:实现社会正义,提高社会功用。③后者即中国学者常说的效率。我们以为,这其实也是先例制度的目的所在,先例制度的功能决定了它可以实现这两个目的。

(四) 先例制度在中国的特殊重要性

1. 先例制度有利于司法独立

司法独立是法治社会的一个基本要求。它的实现需要一定的制度支撑,或者说一定的制度是独立的司法机关安身立命之所在。先例制度就是这样一种支撑司法独立的重要制度。我们可以从两个方面说明先例制度对于司法独立的重要作用。

首先,我们可以把与中国司法独立有关的制度性改革分为两类:一类是刚性制度,一类是柔性制度。审判委员会、审判长负责制等涉及人员安排、机构重组的制度是刚性制度;司法先例制度则属于柔性制度,基本上不涉及人员安排和利益分配问题。有关这两类制度的改革和建设都很重要。但是,司法先例这样的柔性制度与刚性制度相比,改革和建设的操作难度要小得多。这是由于,第一,柔性制度改革不会直接触及人们的利

---

① John P. Dawson, *The Oracles of the Law*, Buffalo, New York, William S. Hein & Co., Inc., 1986, p.442.
② Ibid., pp.443, 446.
③ François G?ny, Judicial Freedom of Decision: Its Necessity and Method, in *Science of Legal Method*, Augustus M. Kelley, p.4.

益,因而政治风险小,而刚性改革则可能直接触及一些现在手中握有权力的人的利益,这种改革的风险和难度相对大得多;第二,刚性制度的改革需要更多的时间和条件,其中就包括柔性制度建设的发展,换一句话说,司法先例制度的建设会为今后朝向司法独立的改革创造和积累更有利的条件。这一点在下面看得会更清楚。

其次,司法先例既有利于司法机关依法独立行使职权,又有利于体制上的司法独立。目前我国法律界在两种虽然互相联系但是并不相同的意义上谈论司法独立。许多学者是在体制上或组织层面上谈论司法独立,司法独立意味着一个独立的司法机关不受干涉地行使职权;而另外一些学者却认为,中国现行宪法、有关诉讼法和组织法所规定的是司法机关独立行使职权,即功能独立,例如宪法规定:"人民法院依照法律规定行使审判权,不受行政机关、社会团体和个人的干涉。"对司法独立含义的不同理解是导致一些学者与实际工作者在司法独立问题上进行争论的一个原因。我们以为,我们不妨搁置争论,从可以操作的事情做起。司法先例制度既可以为司法机关依法独立行使职权提供一个必不可少的手段,又可以为制度上或体制上的司法独立创造必要的条件,因为它为司法机关提供了一个保护自己免受外部非法干涉、维护宪法和法制的有力武器。

法律证明制度在中世纪民法法系国家的形成和发展为我们提供了很有说服力的经验。这些国家的法官在中世纪时期并没有像现在那么有权力。他们很难抵抗游说、贿赂或者威胁——特别是那些富人和有权势的人的威胁。为了切实可行地独立行使司法职能,法律证明制度发展出一套保护法官免受上述压力的手段,这些手段包括一整套有关衡量不同证人证言的证明力的形式规则,一套排除规则,和具有决定性意义的宣誓制度。① 从今天诉讼法的角度看这些规则,有的不公平,有的非常不合理,还有的十分荒唐。但是它们在保护法官、阻挡外部压力方面却发挥了有效的作用。司法先例制度当然并非不公平、不合理或荒唐,但它一定可以

---

① Merryman, Clarke and Haley, *The Civil Law Tradition*, LexisNexis, 1994, p.1018.

成为现代中国实现司法独立的一个有效制度。

2. 先例制度有助于中国宪政与法治的发展

宪政与法治是中国经济与社会发展必不可少的制度保证。而宪政与法治的制度关键在于权力的分立与制约,以防止"权力过分集中"、避免出现"绝对的权力绝对导致腐败"。司法先例制度在形成一种符合国家法治与宪政发展的权力框架方面具有非常重要的意义。除了上面讨论的对司法独立的重要作用以外,它还有助于培养和型塑中国的法律职业和法律共同体,而一个成熟的法律职业和法律共同体是形成事实上的分立与制约框架的必不可少的人力资源。① 司法先例可以成为连接法官、律师和法学工作者的桥梁与平台,他们围绕着司法先例或者通过司法先例制度进行讨论、分析、研究和辩论,在这个过程中形成一种共同的话语、共同的方法论和思维方法,从而形成一种对社会演进绝对有益的社会分化与整合。

3. 先例制度有助于中国法官素质的提高

当前,相当数量的中国法官素质不高是影响中国法治进程的一个不容忽视的问题。先例制度有可能成为提高法官素质的一个有效方法。因为,在很大程度上,对于基层法官来说,先例制度意味着某种意义上的"照着葫芦画瓢"(当然不可能是机械的),比仅仅按照抽象、干巴的法律条文审判案件,相对容易适用一些。有学者认为,如果判例成为判例法,"则势必导致法官处处寻找先例,有碍于他的能动性的发挥,或者培养出法官的惰性,或者使一些新的违法行为在他们眼皮底下溜走"②。这可能有些多虑了。当然,先例制度不是包治所有司法领域所生痼疾的万应良药,但是,到一个法官"处处寻找先例"的时候,他的能动性在客观上已经被调动起来了,他要寻找,还得比较,他的惰性已经在这种"处处寻找"的过程中被赶走了。倒是在缺乏先例制度的情况下,那种懒惰的法官有可能以

---

① See, John P. Dawson, *The Oracles of the Law*, Buffalo, New York, William S. Hein & Co., Inc., 1986, p.398.
② 张庆旭:《"判例法"质疑》,载《比较法研究》2002 年第 4 期。

"法律不健全"为借口开脱自己,而且在这种情况下,他的自我开脱还很难在法律上受到谴责和追究。因此,先例制度不失为解决目前法官专业素质偏低、不能严格依法办事的一种良策。

三、建立司法先例制度的困难及其解决方法

(一) 怎样认识建立先例制度的困难

我们已经着力说明了司法先例制度在中国是何等的重要。多少具有一点背反性的是,这样一种重要的制度却不会完全自发地形成,它需要人们有意识地发展和建设。与中国宪政和法治发展一样,发展和建设司法先例制度的道路也不平坦。我们以为,在分析具体的困难之前,有必要先讨论一下认识这些困难的方法和角度。首先,是从发展和建设先例制度所需要的必要条件来看困难来自何方,即建设和发展先例制度需要哪些条件?如果我们认识到这些必要条件并且它们目前并不具备,那么这就是我们建设和发展先例制度所面临的困难。美国法学家卢埃林认为,职业法官、职业律师、书面判决和现代工业化国家是司法先例制度的必要条件。[①] 英国法学家认为,有三个条件使得英国普通法得以产生:判例汇编达到了现在这样的高水准,法院的等级制发展到目前的情形,上议院的司法功能由今天这样的杰出法律家来行使。[②] 其次,从中国目前的社会实际看,发展和建设司法先例制度的困难同时也是中国法治建设所面临的困难,所以,我们最好采取一个综合的视角。如果我们从综合的视角看,困难来自两个方向:一是来自司法先例制度之外的社会条件或体制条件,

---

[①] Karl Llewellyn, *The Case Law System in America*, Chicago and London, The University of Chicago Press, 1989, p.5.
[②] See, Rupert Cross and J. W. Harris, *Precedent in English Law*, Fourth Edition, Clarendon Press, Oxford, 1991, pp. 24—25.

一是来自司法先例制度本身。下面,我们尝试综合前述两种方法来考察、分析中国发展、建设先例制度的困难以及对这些困难的克服或解决。

(二) 来自法律体制与人力资源的疑虑、困难及其解决

1. 从法律体制角度产生的疑虑及其分析

从法律体制角度所产生的疑虑是指这样一种观点,即认为先例制度与中国宪法规定的统一行使国家权力的人民代表大会制度相矛盾。因为宪法规定人民行使国家权力的机关是全国人民代表大会和地方各级人民代表大会,全国人民代表大会及其常务委员会是国家的立法机关,所以法院就不应当有任何创制法律的权力,否则就与宪法所规定的法律体制相矛盾。

在具体回答这个疑虑之前,我们不妨先从比较法的角度看看法国学者在面临类似疑虑时所提供的各种回答。他们的疑虑是司法先例制度不利于法国政府权力的分立,因为司法机关的职责是司法,而立法是立法机关即议会的职司。法国学者对这个问题的回答或许对我们思考如何协调司法先例制度与全国人大的统一权力的关系具有启发意义。法国学者在这个问题上的第一种回答是,司法先例制度是由立法机关通过其沉默和不作为进行的默示授权。[①] 这种回答未尝不是中国司法解释的实际情况。第二种回答,法官根据其职业,在其履行职责时事实上可以有规则地和合法地行使授予他的权力。[②] 一位德国学者在1885年指出:"法院是国家的代表,被授权适用并完善由立法机关颁布的指示。即便在行使中违反成文法,这种权力也是合法的,因为它经由有组织的法院行使,所有法律秩序都在这里表达其最终结论。"[③]第三种回答是一种很有现实主义特点的回答,即法官或行政官员是社会的代表并且被授予国家的创制法

---

① See, John P. Dawson, *The Oracles of the Law*, Buffalo, New York, William S. Hein & Co., Inc., 1986, p.422.
② See, Ibid., pp.423, 424, 427.
③ See, Ibid., p.443.

律权力的一部分。① 第四种回答是一种颇具特色的"回答"——没有回答。许多民法法系的法学家面对这个问题时感到困惑,或者提出此问题时感到尴尬,或者认为这是个谜,或者干脆认为不可避免。②

我们以为,法院在创造性地发展司法先例制度方面的权能是完全可以得到正当性证明的。司法机关具有修改和延展立法的创造性权力的理由有四点:首先,绝大多数立法无论怎样精细都会有不完善之处。因为立法机关是由许多不同的人组成的,法律文本的文字对于不同的人可能具有不同的含义,因此法律的确切含义或正确含义只能由最终适用它的法官来决定。其次,法官具备立法机关所没有的给成文法或法典填充新内容的能力。法官的职责和职业经验经常使得他们具有立法者所无法具有的更大的远见。正因此,立法者所制定的法律经常"比它的作者们更明智"。再次,司法判决可以仅仅作为一种学说渊源,对它的接受要取决于它自身的合理性以及法律共同体在此问题上的共识。最后,法官如此行为的权威,来自于国家本身对它自己不可分割的执行机构的有效授权。③

2. 与法律职业有关的困难及其解决

(1) 司法机关和法律职业在先例制度中的重要性

法律职业是先例制度的人力基础。一个德国学者认为,先例制度的质量依赖于同种族、同时代、经受同样教育并从事同样任务的人们的集体工作。在德国,有一支相对独立、受过良好训练、发展出分析技术的司法人员队伍,他们在履行真正的司法功能的过程中逐渐地、平和地形成了先例制度。④ 除了法官之外,律师在先例制度中的作用同样非常重要。卢埃林指出:"律师在准备他们案件时所做的工作,在抑制和引发法院的创造力这两方面都极为重要。在这里,一名单个的律师几乎可以成为一名

---

① See, John P. Dawson, The Oracles of the Law, Buffalo, New York, William S. Hein & Co., Inc., 1986, pp. 422—423.
② See, Ibid., pp. 415, 421, 425, 429, 430.
③ See, Ibid., pp. 443—444.
④ See, Ibid., pp. 421, 434, 449.

立宪家。"①

（2）从建立先例制度的角度看中国司法机关和法律职业的社会地位和作用

从建立先例制度看中国司法机关和法律职业的现状,情况远不令人满意,这也是许多法律工作者和法学工作者对先例制度持怀疑甚至反对态度的一个重要原因。中国目前的情况是:软弱的司法独立、相对低下的法官地位和不发达的法律职业。这是发展、建立先例制度的一个实际困难。

耶鲁法学院教授 John Langbein 在谈到法国先例制度的矛盾与含混时指出:法国法官经常讲他们是根据制定法审判案件而避免承认他们在发展法律方面的创造作用。他们这样说的原因在于他们在政治结构中处在比较低弱的地位,他们不敢公开承认他们的判决是建立在判例法的基础上的,而是假装他们遵守制定法、没有也不想制定先例。②

中国的社会制度和政治法律体制与法国的截然不同。但是,在避免承认自己在法律创制和法律发展方面的实际作用方面,中国法官与法国法官不无相似之处。

我们在此使用了几乎是存在词语矛盾的表述:软弱的司法独立。这其实是矛盾和尴尬现实的反映。因为,如果我们说中国不存在司法独立,会招致很多异议。但是这种独立又确实太不尽如人意,所以选择这样一个可能文理不通、但却没有违背现实的表述。为什么中国司法独立如此软弱？导致这种情况的原因有很多,比如说,法官在国家的政治和社会生活中以往长期处在一个边缘的位置上;在法官任命过程中存在非法律因素和非制度性因素,而且这些因素起重要的作用。法官不独立、在社会生活中缺乏实际的决定性权力,使得他们不大可能在法律创制与发展中发挥显著的作用,因而也就不可能形成一种持续的可以成为非正式法律渊

---

① Karl Llewellyn, *The Case Law System in America*, Chicago and London, The University of Chicago Press, 1989, p. 104.
② John Langbein 教授于 2003 年 3 月 13 日在耶鲁法学院接受我们请教时所谈。

源的制度性资源的司法先例。

然而,情况将会改变。我们可以从英国司法机关与英国君主制的关系中发现一个可以做类比的情况。在过去的几十年间,在社会分工上,中国法院的结构和功能具有很大的行政化成分,与行政机关没有根本性的区别。然而,只要司法机关一直在演进,它迟早都会成为一支独立的社会力量。比如在英国,对普通法早期结构起决定性作用的是行政的需要而非立法上的构想。国王及其顾问组成御前会议,同时行使司法、行政和立法权。在英国法院历史上具有重要地位的财政法院,开始时的主要任务是处理与税务有关的一切法律问题,以后才成为专门的法院。① 国家机构随着社会发展逐渐分化,司法机关最终成为一支分立、独立的社会力量。

中国的情况不仅将会改变,而且正在发生改变,法官正随着市场经济的发展在一定程度上从边缘向中心移动。法官和法律职业在一个市场经济的社会中具有重要的作用。这是一个花费时间的、逐渐的演进过程。可喜的是,新型法官的角色意识,或者说对法官职业的符合时代要求的理解正在法官群体中形成。其中最具代表性的就是时任最高人民法院副院长的祝铭山先生在首次中国大法官会议上的发言。②

同时,我们以为,从法国和德国司法先例制度发展的历史看,软弱的司法独立不一定会阻止中国建立先例制度。法、德两国在建立司法先例制度的时候,其司法机关并非强有力的机关③,但司法先例制度最终还是形成了。

(3) 法官的专业素质和能力

在我国,许多法官缺乏足够的专业素质和能力。而法官的专业素质

---

① See, Mary Ann Glendon and others, *Comparative Legal Traditions*, Text, Materials and Cases, Second Edition, West Publishing Co., 1994, p. 440.
② 祝铭山:《把生命中最宝贵的时光献给人民司法事业》,载《人民法院报》2002 年 3 月 22 日。
③ Rupert Cross and J. W. Harris, *Precedent in English Law*, Fourth Edition, Clarendon Press, Oxford, 1991, p. 13.

和能力是司法先例制度的保障。卢埃林认为,"处理先例是一种技艺,一种一个人从经验中学来的艺术"①。

我们以为,首先,我们正面临一个悖论性的时刻:既缺乏使法律职业充分发展的法治环境,又缺乏实现法治的社会力量——充分发展的法律职业;这是一个古老的"鸡生蛋,还是蛋生鸡"的问题,在书本上和文章中永远得不到解决。解决这个难题的关键是社会生活现实和司法实践。在实践中,"鸡""蛋"同时产生。中国的司法机关已经开始某种司法先例制度的尝试了。例如天津高级人民法院的"判例指导制度"②及河南省郑州市中原区人民法院的"先例判决制度"。③

其次,目前基层法官素质和高层法院法官工作方式等问题都是变量。假以时日,基层法官的素质会逐渐地、普遍地得到提高;近些年,高层法院包括最高人民法院的法官都开始直接办案,希望以后会以审判案件为其主要的工作方式;中国法官的专业素质和能力一定会随着法律教育和法学研究的发展而逐步提高。法学院的系统教育和训练,在培养新一代的法官、训练和提高现有的法官、培育法律共同体方面,正在发挥愈益明显的、不可替代的作用。随着法官职业化和法律职业专门化方面制度建设的不断改革和发展,这一点显得更加突出。

再次,如果我们仔细研读《最高人民法院公报》上近10年刊登的案例以及最近七八年以来一些省、市法院(参与)编写的"案例汇(选)编",其中不乏一些能够准确理解法律精神、创造性地适用法律的精彩案例。遗憾的是,由于现在中国没有正式的司法先例制度,这些精彩案例没有起到判例的作用,也就是说,使当事人在某法院得到公正结果的判决,并不能惠及在其他地方遇到相似案件的当事人。

---

① Karl Llewellyn, *The Case Law System in America*, Chicago and London, The University of Chicago Press, 1989, p. 2.
② 李靖:《天津法院推行"判例指导制度"省级法院属先例》,http://news.xinhunet.com/news-center/2002-8/30/content_544991.htm,2016年1月23日最后访问。
③ 参见宗边:《中原区法院试行先例判决制 当事人可了解类似案件判决结果》,载《人民法院报》2002年8月17日。

最后，我们不能夸大法官素质对先例制度的重要性。因为，第一，法官素质本身是一个有些含混的问题，它既包括法律专业知识及法律实务能力，又包括笃信公正、忠于法律这样的道德性素质。很多被认为是由于法官素质偏低而不能适用先例制度的情况，其实主要不是出于其法律专业素质低，而是其道德素质低，或者由于外部干涉，导致他不能严格依法办事。在这种情况下，就是把制定法摆在这些法官面前，他也不会依法办事，只会出现前面转述的民谣所描述的情况。第二，试想当年英国先例制度初建的时候，法官素质能有多高，先例制度不是一样建立起来了吗？

（三）由先例制度本身产生的困难及其解决

如果给定现有的法律体制和人员构成，怎样开始建立、发展中国先例制度的工作？或者说，怎样开始先例制度本身的建设？这就涉及由先例制度本身产生的困难以及对它们的解决。所谓由先例制度本身产生的困难是指先例制度本身形成时所需要具备的条件，它们包括：制作书面判决以及加以引用和出版，研究型塑先例制度的方法论和保证先例制度内部协调的制度安排等。我们分述如下。

1. 制作书面判决并加以引用和出版——先例与先例制度的形成

（1）制作书面判决以及加以引用和出版的必要性

形成先例的第一步是制作书面判决及对先例进行引用和出版。其必要性在于：首先，制作书面判决以及加以引用和出版可以为在当下案件中形成的解决办法与先前判例中的解决办法相协调提供一个良好的出发点。[①] 其次，如果判决理由是正确的，书面判决及其引用和出版可以帮助当事人理解判决的正确性，从而增强对法院的信心。同时，这还可以使得当事人了解是否存在上诉的根据或理由。[②] 再次，由于种种原因，法官也会犯错误，出版判决就是对法官施加一种必要的规训。这可以成为一种

---

① See, John P. Dawson, *The Oracles of the Law*, Buffalo, New York, William S. Hein & Co., Inc., 1986, pp. 398—399.

② See, Ibid., p. 435.

改善工作的动力、一种对司法权力的限制以及相似案件相似处理的平等公正的保障,并且可以增加司法决定制作过程的连续性。① 最后,引用先前判决可以为在审判中所形成的结论提供支持;而包含法律推理的判决的出版,不仅一点也不会产生新的麻烦,反而会给法官成为法律家学术共同体成员以更多的资本。② 这也是当年在德国法律史所发生的实际情况。③

在英国,书面诉状于 16 世纪的导入实质性地促进了先例制度的建立。随后不久,一项有关具体争议事宜在审判前需不可改变地确定的要求跟着确立下来。一旦有了这一点,一个法院的判决就可以在参考特定事实的情况下被阅读,这使得对某一先例范围的确认比过去更精确。到 16 世纪末,"(判决)发布人"(Reporters)的制度,即裁决和判决的印刷汇编也开始具有非常重要的意义。④

(2)几个民法法系国家判决引用和出版的方法和形式

这里包括这样一些具体的问题:

第一,法律规定为判决引用和出版的方法和形式奠定了制度基础和框架。在德国,普鲁士于 1795 年立法规定,所有判决都要进行推理并传达给当事人。⑤

第二,一些国家具有多样化的编辑与出版形式。在德国,并不存在一个单一的判例汇编模式。从风格上看,有学术型的判例汇编,也有保持判决书原样的原汁原味型的判例汇编⑥;从编者看,有完全民间编辑的,有

---

① See, John P. Dawson, *The Oracles of the Law*, Buffalo, New York, William S. Hein & Co., Inc., 1986, p.436.
② See, Ibid., p.440;王亚新:《对抗与判定——日本民事诉讼的基本结构》,清华大学出版社 2002 年版,第 323 页。
③ See, John P. Dawson, *The Oracles of the Law*, Buffalo, New York, William S. Hein & Co., Inc., 1986, p.444.
④ See, Karl Llewellyn, *The Case Law System in America*, Chicago and London, The University of Chicago Press, 1989, p.6.
⑤ See, John P. Dawson, *The Oracles of the Law*, Buffalo, New York, William S. Hein & Co., Inc., 1986, p.436.
⑥ See, Ibid., p.440.

官方的,还有半官方的。德国当时最高法院(German Reichsgercht)的重要判决或者其中的节选,从一开始就登载于由其法官编辑、经由民间出版的半官方系列出版物上。① "随着法院建立起它自己的判决汇编储备,判决书越来越多地引用它们。"②在日本,判决书公布及判例编纂出版同样是一种制度化和多样化的情形。③

第三,一些国家的判例汇编同时具有颇具特色的分析性注释。在法国,对判决的分析性注释是一个对法律发展具有重要影响的发明。在德国和意大利同样具有这种附加在某种汇编后的注释。④ 我们这里主要考察法国分析性注释的一些特点。其一,撰写者是律师、法官。在法国没有法学教授参加。在德国,法学教授则参与分析性注释的撰写。但在法国,分析具体先例以及审视新领域的任务由学术界来完成。⑤ 其二,在体例上,分析性注释作为脚注附属在几个标准判例汇编系列中的新近判例后。其三,分析性注释的内容是法院对法典所做的深刻、丰富和复杂的注解,这种注解就是国家所适用的法律。其四,出版者是私人企业。其五,使用者是律师,律师起初引用先前判决作为说服法庭的一种手段,后来这成为一种确定的惯例。其六,分析性注释的功能相当于创立了一个旨在自由批评和交换观点的论坛,它对法律职业产生了重大的影响,这种影响比现在美国的法律评论对法律职业的影响要大得多。⑥ 其七,法国分析性注释后来有了进一步的发展,法院有了它自己的判例发布人,专职于对先前判决的引用和分析。⑦

---

① See, John P. Dawson, *The Oracles of the Law*, Buffalo, New York, William S. Hein & Co., Inc., 1986, pp.440, 446.
② See, Ibid., p.448.
③ 参见王亚新:《对抗与判定——日本民事诉讼的基本结构》,清华大学出版社2002年版,第322—324页。
④ See, John P. Dawson, *The Oracles of the Law*, Buffalo, New York, William S. Hein & Co., Inc., 1986, pp.398—399.
⑤ See, Ibid., p.416.
⑥ See, Ibid., p.398.
⑦ See, Ibid., pp.402, 413.

第四,先例的引用。在法国,下级法院自愿引用上级法院的判决。为什么不是强制的? 这是由于下级法院审判的独立性。但在事实上,最高法院的判决在相当大的程度上作为控制下级法院的先例而起着作用。法国1947年的一项立法使得对先例的引用成为一种强制性要求。① 法国判例法的特点是先例被遵从的方式,不是通过对它们的说服力的公开承认来直接引用,而是通过把它们的结果吸收进法院自己的简要的学说准则中。② 而在德国,引用先例的形式是非决定性的"比较型"的模式,即"比之于"(这个和那个判决)。但是它们经常通过附加的陈述来加强,这类陈述像:"正如帝国法院已经宣布的那样",或者"本法院在几个案件中已经确认"(引证它们)。③

(3) 中国目前判决书的情形及其发展

中国法院的判决书不引用先前判决。而且长期以来,绝大多数判决书非常简短,通常也不提供法律推理的内容。在这种太过简短的判决书的基础上不可能形成先例制度。

不过,情况已经开始变化,一些法院的判决书开始提供法律推理,判决书的内容因此比以前丰富了。广州海事法院自2000年初对判决书的内容和形式都做了改革。判决书的制作者也就是判决的具体作出者被凸显出来。判决书中的"本院认为"改为"合议庭认为"或"本审判员认为",在实行合议制的案件中,合议庭意见不一致时,多数意见和少数意见均具名记载于判决书中,最后以合议庭的多数意见裁判。④

最高人民法院应用法学研究所数年来一直从学理的角度对全国各地法院的一些判决进行分析并写出评论。此外还有一些非官方的案例出版物。但是囿于"案例"思路的限制,它们并没有对法律实务产生足够重大

---

① See, John P. Dawson, *The Oracles of the Law*, Buffalo, New York, William S. Hein & Co., Inc., 1986, p.405.
② See, Ibid., p.407.
③ See, Ibid., p.448.
④ 广海法:《广州海事法院的有关做法和效果》,载《人民法院报》2003年3月24日。

的影响。虽然有律师引用某些案例,但这既不是被正式承认的制度,也不是被广泛采用的惯例。

虽然如此,上述新的发展和做法,包括天津高级人民法院的"判例指导制度"和河南郑州中原区人民法院的"先例判决制",可以成为中国先例制度的重要的出发点。

(4)有关中国先例与先例制度形成的建议

目前在中国建立先例制度的首要工作有两项:

首先,先例的选择与出版。应当由最高人民法院出面,组织选择和出版法院判决。这里涉及几个具体问题:第一,先例的选择标准。由于不可能全国各级各类法院的所有判决都成为先例,所以需要进行选择。选择的标准可以分为程序性标准和实质性标准两类。所谓程序性标准是指应当确定比例,做到各级法院审判的案件都能有一定的比例入选[①];同时,按照法院类别及法庭分工分系列出版。所谓实质性标准,是指侧重选择那些在补充法律、填补法律漏洞、纠正制定法以及增加法律的灵活性、具体性和确定性等方面具有意义的判决。第二,先例的选择主体。由谁来选?可以在现有资源基础上进行重组,建立常设的、专业的机构,吸收各方面的专家(包括法官)参加,进行先例的研究、选择、编辑和出版。第三,先例的编辑、出版经费问题。出版的先例汇编具有很大的实用性,出版商会有很大的积极性。开始启动之初,可以向有关的基金会筹集资金。第四,先例出版的组织工作。我们建议可以由最高人民法院出面组织,但并不认为只能有最高人民法院进行组织,有条件的高级人民法院也可以(参与)组织。

其次,先例的适用与引用。律师和检察官在代理、辩护和公诉时,法官在制作判决时,不仅可以引用宪法、法律、法规和规章,还可以引用先例。引用方式,既可以按照判决制作的法院和时间序号进行引用,也可以

[①] 我们以为不能忽视或低估下级法院判决在先例的确立及先例制度形成中的作用。这方面的支持性观点和论据,可以参见王亚新:《对抗与判定——日本民事诉讼的基本结构》,清华大学出版社2002年版,第321—323页。

按照判决被编辑出版的出版物名称和时间序号进行引用。实践出真知。有关国家的司法先例实践表明,从事法律实务的法官、律师及检察官是先例制度的真正创造者。因此应当鼓励法院、律师和检察官进行包括引用和参考上级法院或本法院先前判决的有关先例制度的各种尝试。

2. 先例制度的方法论和技术

(1) 先例制度中的法律规则

先例最重要的实质性部分是它所包含的法律规则。王亚新教授指出:"所谓判例尽管可以用来一般地指称包含着权威解释的判决整体,但更具体地讲,判例实际上意味的只是判决书表述出来的对此后的审判实务具有拘束力的规范命题。"[①]而这种包含在先例中的法律规则或者表现在判决书中的规范命题是非常复杂和多样化的。

判决理由(*Ratio decidendi*)与附随意见(*obiter dictum*)是在普通法国家中与先例中的法律规则有关的问题。但这是一个复杂的问题。因为没有一个统一的确定先例中的判决理由和附随意见的标准。虽然如此,我们还是可以选择一种大体上简明的观点作为我们进行判断的标准。克罗斯和哈里斯教授认为:"一个判例中的判决理由是由法官明示或默示地作为其形成结论、其所采纳的推理路线的一种必不可少的步骤,或作为其给陪审团指示的一种必不可少部分的法律的规则。"或者像麦考密克教授所说的是"法律问题上的判决"。也像 Montrose 教授所建议的那样,"判决理由和附随意见在两种意义上使用:其一,是使一个案件之所以具有约束力的法律的规则;其二,是形成法官裁决基础的、可以在其实际判决中发现的法律的规则。"[②]

在德国,法院明确地对"决定性理由"与"附带陈述"或者"基本理由"与"法官意见"进行了区别。这种区别主要用来避免召开法官全体会议。

[①] 王亚新:《对抗与判定——日本民事诉讼的基本结构》,清华大学出版社 2002 年版,第 320 页。

[②] Rupert Cross and J. W. Harris, *Precedent in English Law*, Fourth Edition, Clarendon Press, Oxford, 1991, p.72.

因为如果主审法官(们)的裁决与另一庭先前判决形成的先例发生冲突,就需要召开全体会议解决这种冲突。与其动辄召开耗时费力且结果不可知的全体会议,不如对先例进行区别。尽管存在着明显的冲突,通过把它们的语言作为一个整体,同时按照所提出的问题进行区别,先前案件得以协调。①

在日本,先例中的法律规则,亦即判例的规范命题由两部分构成:包含着"重要事实"的结论命题和理由命题。而"只有那些对于从特定的案件事实引出本案结论是必不可少的论证或逻辑结构才作为'理由命题'构成本案所提示的判例之一部分,而虽然相关却不能直接帮助从案件事实导出结论的论证则被称为'傍论'(obiter dictum),只有参考价值却不被视为有拘束力的规范命题。"②

(2)先例的范围与界定方法

先例的范围是指确定先前判决支配后来案件审理的权威的范围。在这方面,存在着三种可能的情形:第一种可能是法院只受先前案件结果的约束;第二种可能是法院要受先前案件中宣布的法律规则约束;第三种可能是法院还要受在先前案件中提出来的、支持性理由的支配。③这个范围,也是法官引用先前判决的范围。

先例的范围和界定标准与法律传统有很密切的联系。曾经担任过美国比较法学会主席的耶鲁法学院达玛什卡教授指出,欧洲大陆国家与英美普通法系国家在判例法的方法和概念化方面很不一样;二者并不是以相同的方式理解先例。在美国,先例是一系列的故事,非常具体。在欧陆,法官则采取非常抽象的方法,试图在先例中找到特定的规则。例如意

---

① See, John P. Dawson, *The Oracles of the Law*, Buffalo, New York, William S. Hein & Co., Inc., 1986, pp. 448, 484, 449.
② 参见王亚新:《对抗与判定——日本民事诉讼的基本结构》,清华大学出版社2002年版,第321—322页。
③ Lewis A. Kornhauser, Adjudication by a Resource-constrained Team: Hierarchy and Precedent in a Judicial System, 68 S. Cal. L. Rev. 1609.

大利就有一些由法院制定的非常具体的"制定法"。① 这一点与中国最高人民法院制定的条文化的司法解释有些相似。在欧陆,制定法已经十分具体,所以判例法方法就相对比较抽象。

中国未来先例制度范围的界定应当会与欧陆国家非常接近,就是说,法院只受先例中的结果或先例中宣布的规则约束。先例中提出的理由仅具有说服力。不过在中国先例制度发展的初期,先例中的结果和规则都将只具有说服力。从具有说服力到具有约束力要有一个过程。

3. 规范先例制度的制度安排及其他问题

中国学者在思考先例制度时经常会碰到的一个问题是,全国有那么多法院,怎么保证以法院判决为基础的先例制度的内部相互协调而不冲突?怎么保证法院在适用先例时不各自为政、各行其是?其实这个问题在所有有先例制度的国家都存在,没有什么灵丹妙药可以从根本上杜绝这种问题。但是,一些国家有关这个问题的一些规定对于规范先例制度还是非常有效的。

在德国,有三类法律规定来规范先例制度。第一类法律规定是法律上的一个双重要求。首先是德国1879年的《民事诉讼法典》,该法典要求法院把主导性的理由写进判决书里;其次是由帝国法院创制的特别条例,对该法院的各庭规定了一项义务,即:不经法院全体会议的同意不能偏离另一庭在法律问题上所做的决定。这两项规定的合并效果是强迫对在先前案件中宣布的理由以及它们所"主导"的程度进行分析。② 第二类法律规定是法官对当事人由于错误判决所承担的个人责任。这是另一个强迫下级法院判决符合上级法院判决的法律装置。然而其中的规定非常复杂。③ 第三类是在20世纪第二次世界大战以后设立的德国联邦宪法法院,德国基本法赋予它以宣布与基本法相冲突的决定无效的权力,这里所

---

① 达玛什卡教授2003年3月17日接受我们请教时所谈。
② See, John P. Dawson, *The Oracles of the Law*, Buffalo, New York, William S. Hein & Co., Inc., 1986, pp.449, 446.
③ See, Ibid., p.487.

指的决定不仅包括成文法,而且包括执行机关的行政行为和普通法院的司法判决。① 在日本,判例的统一是通过正式制度与习惯两方面来保证的,一方面,与判例相抵触构成上告理由,并且上告审的判断拘束下级审法院的判断;另一方面,最高裁判所确立的判例一般会得到法官的自觉遵守。②

关于中国先例法律效力的制度安排。首先,作为第一步,只有最高人民法院有权确定应当被全国所有法院遵从的先例。在条件成熟的将来,各高级人民法院也可以确定司法先例,这类先例应当被其各自的下级法院遵从,前提是各高级人民法院确定的先例不违反法律和最高人民法院所确定的先例。其次,经过若干年的引用实践,不遵从先例可以成为当事人上诉的一个正式理由,上级法院可以因判决不遵从先例而发回重审或撤销原判;而律师由于不了解先例而导致的败诉,可能被当事人以"不懂法律"为理由要求民事赔偿。这可以从另外一个方面维护法律的统一性。但是,不宜把仅仅不遵从先例的案件就认定为错案并因此追究法官个人的法律责任。使法官运用先例的最有效方法是系统的法学教育。从没有先例制度到开始运用先例是一个逐渐的、长期的过程。但需要从现在开始。也可以考虑在一些经济比较发达、法官整体素质比较高的省、市的法院先行试点。

同时,为了建立和发展中国的司法先例制度,尚有其他一些问题有待解决,诸如:先例中的事实与证据的陈述,判决书中的推理与判决结论的表述③,以及与先例有关的程序安排等。

我们不认为我们可以进行一场一次到位的改革并建立一揽子式的制

---

① See, John P. Dawson, *The Oracles of the Law*, Buffalo, New York, William S. Hein & Co., Inc., 1986, p.490.
② 参见王亚新:《对抗与判定——日本民事诉讼的基本结构》,清华大学出版社2002年版,第315页。
③ 王亚新教授在《对抗与判定》一书的第八章中对日本法院判决书的写作内容与格式要求等进行了非常详细的考察和分析,这对我们中国的法院和法官具有一定的启发意义。而且日本有关机构还专门出版了《民事判决起草指南》,这对其判例制度的发展无疑具有基础性意义。这种做法对我国先例制度的发展也应有借鉴意义。

度。我们只能按照法律自身的发展逐步推进。也许开始会出现几种有关先例制度的方法。葛维宝教授(Professor Gewirtz)在谈到卢埃林的思想时写道:"卢埃林认为,对于门外汉(如果不是对于律师)来说,要取得所期望的法律的'确定性',就需要使法律规范中所进行的'变化'与演进中的社会规范同步。"①用现在时兴的话讲,就是"与时俱进"。我们在思考中国的司法先例制度时,也应当有这样一种态度。中国的司法实践呼唤并正在创造司法先例制度,这也是为什么我们一直同时使用"发展"中国司法先例制度这个词的原因。我们现在所努力推进的司法先例制度与中国古代的判例制度不完全一样,但是有着某种联系。

---

① See, Karl Llewellyn, *The Case Law System in America*, Chicago and London, The University of Chicago Press, 1989, p. xviii.

第二章 中国古代的判例制度

中国古代是否存在判例制度？对这个问题可以肯定地回答：存在。但中国古代判例制度是否与近代西方普通法系下的判例制度，或当代大陆法系法典下的判例制度是一致的呢？① 对此，可以回答，是存在差异的。在人类历史上，判例制度在形态上存在不同的类型。严格地说，西方古罗马时期就存在判例制度，只是古罗马的判例制度与中国古代判例制度，或近代普通法系的判例制度，或当代大陆法系的判例制度都存在不同。从笔者观察看，在人类历史上，判例制度还存在于古印度法系中，特别在佛教化国家或地区的法律中十分明显。从深受南传上座部佛教影响的我国傣族传统法律制度中，可以看到此种判例制度的特征。② 可以说判例制度在法律形式中具有重要地位。当然，中国古代判例制度在形态、作用与运行中具有自己的特点。对中国古代判例制度的了解，可以从中国古代判例制度的相关概念、形成的文化语境、判例的类型、作用等方面进行讨论。

---

① 对判例制度，学术界存在一种狭义理解，即认为只有近代普通法系式的判例制度才是人类法律史中唯一、标准的判例制度。这种普通法系中心主义的判例制度观让中国学术界在讨论法律形态时陷入无谓争议中，忽视了对人类法律多样性与多元性的考察。成文法律形式有哪些载体，学术界对此很少进行反思式思考。
② 这可以从现在《孟连宣抚司法规》（云南民族出版社 1986 年版）收集的法律资料中得到证实。该法律资料中存在大量个案作为法律形式的现象，它们是判例法的一种载体。如"坦麻善阿瓦汉绍哈（二十五种难案裁决法）"的主体是判例构成。

一、中国古代判例制度中的相关概念

讨论中国古代判例制度时,不可避免会涉及判例制度中不同学术概念的考辨问题。这是研究中国古代判例制度的基本问题,但也是研究古代判例制度的困难所在。中国古代在使用相关法律概念时存在着朝代差异,即中国古代不同时期对判例称谓各不相同。① 此外,中国古代不同概念的内涵与外延如何界定也存在问题。如《尚书》《周礼》中的"比"是适用先例进行判决,还是指法律适用过程中出现法律漏洞时的补救的法律技术和推理方式? 从中国古代历史看,"比类"适用更多是类推,称"推类"②,具体是比附适用成文法,而不是判例法。此外,秦朝廷行事、汉朝决事比、晋朝故事、唐朝法例、宋元断例、明朝事例、清朝通行、成案是否都是判例呢? 还有,案例、判牍、例与判例存在什么差别与联系呢? 笔者将在此作一辨析。

(一) 判牍

判牍在中国古代是一个司法专用术语,与之相类似的还有"谳牍""详""拟""呈""判""批"和"驳"等多种形式,产生多种司法术语的原因是中国古代司法诉讼中没有严格的诉讼级别限制,上下级司法机关之间

---

① 中国古代法律知识体系中最大的问题是法律术语不稳定,没有形成独立的、稳定的法律术语知识体系。
② 中国古代"推类"是一种特殊逻辑思维形式。对此,学术界,特别是逻辑学界是有共识的。现在学界为了把此与现代传入的"类推"相区别,一般采用"推类"来指称。此方面相关论文有:张斌峰的《荀子的"类推思维"论》(载《中国哲学史》2003 年第 2 期)、朱志凯的《周易的类推思维方式》(载《河北学刊》1992 年第 5 期)、张晓光的《中国古代逻辑传统中的类与推类》(载《广东社会科学》2002 年第 3 期)、刘霖的《论推类与传统类比推理》(载《湘潭师范学院学报》2007 年第 1 期)、刘明明的《推类逻辑:中国古代逻辑的原型》(载《毕节学院学报》2006 年第 3 期)和崔清田的《推类:中国逻辑的主导推理类型》(载《中州学刊》2004 年第 3 期)等。

的诉讼行为不是一种司法上独立的审判活动。上下级司法机关之间领导与被领导的行政关系,导致上级对下级呈报的各类诉讼行为作出不同的批示,下级对上级的驳文进行各种呈复,进而形成不同性质的司法文书,所以判牍并不必然构成判决,更不必然是判例。认真分析中国古代相关法律史料后发现,判牍是中国古代司法审判过程中不同程序与覆审环节中形成的相关不同性质的司法文书的总称。对此,可以从现在存留下来的判牍文献中看出,如《盟水斋存牍》《塔景亭案牍》等。对此,有学者指出,判牍"指在审判活动中形成的司法文书或案牍,包括案件的判决书、下级官员或机构呈送上级官员或机构的办案报告,上级官员或机构核准、驳正、责令得审案件的批复等等"。① 这种理解是正确和适当的。判牍在性质上仅是司法性文书,并不必然与判例有关。判决必须在法律上具有对后来司法判决某种程度的法律效力才能称为判例法,哪怕仅有说服力,若不具有说服力就不能称为判例。当然,严格意义上的判例法应当具有拘束力,而不仅是说服力。中国法史学界对判例法研究的最大问题是一些学者对此不进行区分,把判牍当成判例来研究。判牍对中国古代司法程序及相关论证、推理方式具有一定说明力,通过它可以对与之相关问题进行研究,但不能把它当成中国古代法律的一种形式,更不能通过它来论证中国古代判例法的适用情况,否则会问题丛出。

(二) 案例

案例是针对某一特定的具体个案讲,与案例最相类似的术语是"个案"。案例的内容特质是某个案件所体现的事件性质,而不专指这个案件判决所体现出来的法律规则、特征和内容等。从这个角度讲,案例不是指法律适用中体现出的法律规范特征,而是这个案件体现出来的事件特征。有学者认为:"历史上凡是有关案件的记载都属于案例的范畴,其范围比

---

① 杨一凡主编:《历代判例判牍·前言》,中国社会科学出版社2005年版,第2页。

判例、判牍广泛得多"①。笔者认为此理解存在一定问题。因为案例的对象与判例、判牍不是同一范畴,判例、判牍是指司法适用过程中的相关司法产物,与法律适用有关,而案例并不必然与此相关。比如《疑狱集》《折狱龟鉴》和《棠阴比事》等书所记载的是案例,它的内容中心不在司法性质上,特别是不在司法中法律适用的问题上,而是在这些个案所体现出的事类特质和案情类型特点等上面。所以案例与判例在内容特质上存在质的差异。研究判例时不能把它与案例等同,这是现在中国法史界研究中国古代判例法问题中需要注意的重要问题。当学界把历史上存在的案例都当成判例研究时,会造成泛化判例倾向,这会带来对判例法的否定与误解,会导致中国古代法律形式研究中出现不必要的争议与混乱。

(三) 清代成案与通行

中国古代判例法在清朝的情况较为复杂,最易产生认识上的混乱。因为在清朝,与判例有关的概念有三个:成案、通行和条例。三者在清代的变化最能体现中国古代判例法的运作机制。清朝"例"中的"条例"不是判例。乾隆五年(1740年)制定《大清律例》时在"三泰等大清律例附记"下"凡例"中明确指出,"笺释、辑注等书,但意在敷宣,易生支蔓,又或义本明显,无事笺疏,今皆不载。其中有于律义有所发明,实可补律之所不逮,则意别立一条,著为成例,以便引用"②。这说明《大清律例》中有些"成例"是在解释相关律条下发展起来的,而不是由判例发展起来的。当然,清代的"例",或"成例"有很大部分是从具体个案发展起来的。学术界出现把"例"当成"判例"的问题就源于此。清代判例到条例的过程大体是:判决——成案——通行——条例。清代一个具体案件判决并不必然成为后来同类案件的先例。但"成案"与"通行"是判例。二者的区别是"成案"仅具有说服力,"通行"具有拘束力。"条例"则已经上升为成文

---

① 杨一凡主编:《历代判例判牍·前言》,中国社会科学出版社2005年版,第4页。
② 田涛、郑秦点校:《大清律例·凡例》,法律出版社1999年版,第27页。

法,只是这种成文法的稳定性比律典低。清朝"成案"成为"定例"需要一定程序才能完成。"虽系远年成案,非定例可比,惟立论与例文相符,引断自应照办。"①当然,成案虽然没有法定约束力,但有说服力。并且,当地方督抚在审理案件时认为某个成案在法律上具有一定普遍性,可以引用并提请刑部确认,若刑部认为提出的建议有理由,可以奏请皇帝批准,把成案上升为通行,成为判例。"因令刑部堂官查明旧例成案,详悉具奏。"②"通行"经过法定年限后进行修订,大部分上升为条例,写入《大清律例》中,成为成文法的组成部分。律文与例文的最大区别在于两者在时代变化中一个不可以明确修改和废止,一个可以修改与废除。对于清代律、例和通行的关系,沈家本在《通行章程序》中曾指出:"律者,一成不易者也。例者,因时制宜者也。于律、例之外,而有通行,又补律、律之所未尽也。或绅译例意,或申明定章,或因比附而不能画一而折其衷,或因援引尚涉孤疑而申其议,或系酌量办理而有式可循,或系暂时变通而非永著为例。更有经言官奏请,大吏条陈,因而酌改旧文,创立新例,尚未纂例者。凡此,剖析毫芒,决定疑似,重轻出入之笔法,皆反覆推详而议始成。稽比亭疑,咸当遵守。盖律、例之有通行,譬犹江沱汉潜,而非骈拇枝指也。"③这里对三者在法律体系中的作用、关系作出了简洁的总结。

清朝成案、通行和条例都是比类技术下由"律典"衍生出来的法律种类,三者都可以追溯到"律典"的具体条文上。这一法律结构与凯尔森的法律效力等级结构和拉伦茨式的法律漏洞理论存在理论上的一致性,即成案、通行和条例都在律典效力"阴影"下衍生形成。我们分别论述如下。

---

① 《刑案汇览》卷26,"杀死妻夫·母被逼嫁其子捕殴奸夫致毙",北京古籍出版社2004年版,第958页。
② 《刑案汇览》卷32,"戏杀误杀过失杀伤人·因疯及误杀夫之案向不夹签",北京古籍出版社2004年版,第1191页。
③ 沈家本:《寄簃文存·通行章程序》卷6,载《历代刑法考(四)》,中华书局2006年版,第2220—2221页。

1. 清朝成案

清朝判例法研究中的最大问题是"成案"与判例的关系。清朝成案与判例存在区别，因为清朝国家在解决疑难案件时，往往会根据案件的典型性，把成案确认为"通行"，或上升为"条例"。若上升为后两者时，就在法律上取得正式法律效力，以后同类案件判决时可以直接引用相应先例进行判决。清朝对此有法定程序和表述术语，体现在具体判决书的用语上。如乾隆四十二年(1777年)十一月在"故杀幼徒斩决"案中，刑部呈请皇帝裁决的判决书中明确提出，"臣等遵旨酌议，应请嗣后僧人逞凶谋故惨杀十二岁以下幼孩者，即拟斩立决……其余寻常谋故斗杀之案，仍照本律办理。恭候命下。臣部载入例册，通行遵照所有"①。乾隆四十四年(1779年)三月在"十岁以下幼童殴毙人命拟绞"案中，刑部呈请皇帝裁决的判决中有"臣部载入例册，并通行直省各省督抚，一体遵照办理"②。这样此类案件判决成为"通行"，拥有法律上的拘束力，成为先例，后来相同案件判决时可以将它作为法律渊源直接适用。清朝"成案"没有法律上的拘束力，但对后来同类案件具有很强的说服力。这是它与"通行"的区别。清代法律设有特定程序，使成案上升为条例。"除正律、正例而外，凡属成案，未经通行著为定例，一概严禁，毋得混行牵引，致罪有出入。如督抚办理案件，果有与旧案相合可为例者，许于本内声明，刑部详加查核，附请著为定例。"③该规定客观上让"成案"可以作为后来类似案件判决的依据，并且经过特定程序后上升为条例。

2. 清朝通行

清代通行从法律效力上看是判例法，但是也有例外。因为清代通行中的判例部分已经获得了拘束力，具有正式法律效力，是真正意义上的判

---

① 《驳案新编·刑律·斗殴上》，载杨一凡主编：《历代判例判牍》(第7册)，中国社会科学出版社2005年版，第497页。
② 《驳案新编·名例中》，载同上书，第29页。
③ 田涛、郑秦点校：《大清律例》卷37，"刑律·断狱下·断罪引律令·条例"，法律出版社1998年版，第596页。

例法。对通行判例,法律上会明确规定,嘉庆十六年(1811年)廖胜彩案判决书中有"嗣后如有似此之案,照此一例办理。并通行直省各督抚、将军、府尹、都统一体遵照。仍纂入例册遵行"。① 清代通行不全是司法判例,还包括成文的法律解释和立法等形式。从相关史料看,特别是从嘉庆朝《刑部各司判例》一书看,该书所有内容都是"通行",书名也称为"判例",但其中很大部分是刑部制定的司法适用中的"章程"。如嘉庆十七年(1812年)七月三十日由户部提出、刑部奏请同意的《旗人土地典卖章程》是十五条成文法规②;此外,《奏请改发军流遣地章程》也是成文法规③,不是具体判例。

"通行"是清代条例的重要来源。清代条例的来源有两部分:一是对律文的法定解释,这可以由地方督抚等高级官员和中央各部官员提出对某一法律问题的解释或立法等原因而产生;二是通过具体判决发展起来,其中"通行"是条例来源的重要途径。清代虽然不会把所有"通行"都上升为条例,但"通行"作为条例的重要来源是明确的。《刑案汇览》和沈家本编辑的《通行章程》都说明,它们所编入的"通行"是那些"除业经纂例无庸采入外"④的部分,即已经纂入条例的"通行"就没有收入。如道光十四年(1834年)关于听从尊长殴死次期亲尊长的法律适用问题就是由判决发展而起,经过后来相关案件的适用而进一步发展,并且内容越来越复杂。于是,刑部提出对此类案件一律按照本律判斩决,法司核拟时夹签声请,呈请皇帝裁决时提出"臣部通行各省一体遵照,并俟修例时将下手伤轻止科伤罪之例删除"⑤。由此,我们就可以理解通行与条例的关系。清代制定条例有时间期限和法定程序;在修订条例期间,特定案例先作为通

---

① 《刑部各司判例》卷2,载杨一凡主编:《历代判例判牍》(第6册),中国社会科学出版社2005年版,第312页。
② 《刑部各司判例》卷1,载同上书,第297—300页。
③ 《刑部各司判例》卷2,载同上书,第313—325页。
④ 沈家本:《寄簃文存·通行章程序》卷6,载《历代刑法考(四)》,中华书局2006年版,第2220页。
⑤ 《刑案汇览》卷42,"殴大功以下尊长·听从尊长殴死次尊仍遵本律",北京古籍出版社2004年版,第1559页。

行适用。从相关记载看,清代判决存档有效期在十年左右,因为判决在刑部律例馆存档时间是十年,十年后就不再正式存留在律例馆中,除非已经写入"条例"。"条例"也需定期整理、清理。乾隆五年(1740 年)规定对条例是"乾隆五年以后之例,依乾隆元年奏准,嗣后有陆续增修之处,仍定限三年一次编辑,附律例之后,颁行直省,从此永著为例"。① 后来发展成为五年小修、十年大修的传统。清朝通过这种方式,终于在法律上找到了解决成文法与判例法缺点的途径。

中国古代判例法的运作环境有别于西方。这使得一些只熟悉西方判例法发展的学者对此问题争论不休。我们考查学术界对中国古代"判例法"的主要争议,发现焦点集中于中国古代判例法是否与近代西方普通法系的判例法相一致。现在大体有两类基本观点:一类认为是一致的,另一类认为是不同的。与此争议焦点相关联,对于是否能用普通法系中的判例法概念研究中国古代判例法,学术界也存在争议。有学者认为中国古代"判例法"与现代普通法系中的"判例法"不是同一概念。因此,这些学者把判例法分为广义与狭义两种。如何勤华教授就把判例法分为广义与狭义两种,指出"狭义的判例法也等同于英国法","(中国判例法)当然指与英国法不同的广义的判例法"②。有些学者为了减少使用"判例法"带来的争议,不再使用"判例法",转而使用"判例"或"判例制度"。这种技术上的规避策略的代表人物是武树臣教授。他主持创办的研究判例法的刊物名称是《判例与研究》,他主编的相关研究论文集名为《判例制度研究》。这种做法为目前中国学界许多学者接受。

我们认为,中国古代判例法的最大特点是,判例法在稳定的律或律典规制下发展,不同形式的判例种类在法律效力上具有层次性与流动性。中国古代判例法的效力可以分为两个层次:说服力与拘束力。具有说服力的判例主要是在适用某一法律作出司法判决时作为论证理由;具有拘

---

① 田涛、郑秦点校:《大清律例·凡例》,法律出版社 1998 年版,第 28 页。
② 何勤华:《中国法学史》(第 1 卷),法律出版社 2006 年版,第 218 页。

束力的判例则是作为案件判决的法律依据,以补充法律的不足。这是为什么有学者会对中国古代判例法的效力有争议的原因。我们虽然理解一些学者对使用"判例法"研究中国古代法中判例制度的疑虑,但是我们认为,中国古代法律制度中是存在判例法的,虽然不同朝代有不同概念,相互之间存在差异,但以判例、判例制度或判例法作为一个笼统概念概括指称是可以的。

二、中国古代判例制度的法文化语境

中国传统判例制度在很多特征上与近代西方普通法系下的判例法存在差异,但它作为一种法律形式在中国古代法律体系中一直具有与普通法系判例法相应的作用和地位。中国传统判例制度具有的特征与其文化语境有关。

(一) 对人类立法能力的现实主义立场

春秋战国时期法家学派秉持认识论上的可知论立场。这种立场体现在他们提出的社会治理"不法古""不遵祖"的改革思想,即"治民无常,唯治为法。法与时转则治,治与世宜则有功"[1]。在法律适用上,严格限制法律解释并推崇成文法,反对"议法"。如商鞅认为"议法"是"乱民",提出"法已定矣,不以善言害法"[2]。法家提出"依法而治"是形式主义的法律适用,即"亏令者死,益令者死,不行令者死。留令者死,不从令者死"[3]。这形成了立法者有能力制定穷尽所有可能出现的社会事件的法律的认识论立场。儒家学者则在认识论上具有很强的经验理性倾向,坚持制度创制上应"法古""遵古"。孔子提出国家治理的最好办法是"俱道

---

[1] 《韩非子·心度第五十四》卷20,载《诸子集成(5)》,上海书店出版社1986年版,第366页。
[2] 《商君书·靳令第十三》卷2,载同上书,第22页。
[3] 《管子·重令第十五》卷5,载同上书,第80页。

尧舜""法先王"。儒家相信从过去的经验中可以吸收治国的原则,是因为儒家不相信当今的人有能力构建一个全新的社会。这种"法先王"的思想在司法实践中导致承认判例、既有的原则和经验。这也是汉朝"经义决狱"的思想来源。

战国晚期,中国古代法制建设思想开始向折衷主义转变。此种转变的代表人物是荀子。他在法律上承认"推类""比类"和"议法"等遵循经验的方法的重要,提出"凡以知人之性也。可以知物之理也。以可以知人之性,求可以知物之理,而无所疑止之,则没世穷年不能遍也"①的认识论立场。在认识进路上,他提出"不积跬步,无以至千里;不积小流,无以成江海"②。在法律适用上,他提出"故法而不议,则法之所不至者必废。职而不通,则职之所不及者必坠。故法而议,职而通,无隐谋……其有法则以法行,无法者以类举,听之尽也"。③ 荀子强调在法律适用与解释上,应注意对法律中"义"的把握,否定法家单纯形式主义的法律适用取向。他指出:"不知法之义而正法之数者,虽博,临事必乱。"④荀子的这种思想纠正了当时法家对法律过于强调形式主义而否定实质正义的缺点。同时,他认为法律适用中缺少形式与实质都会带来问题,并指出实质与形式统一的优点。"人无法则伥伥然;有法而无志其义,则渠渠然;依乎法而又深其类,然后温温然。"⑤在推类某一事件时,若此事件具有典型性,即构成某个"类"时,可以作为后来处理同类事件的先例。荀子提出"以类度类,以说度功,以道观尽,古今一度也。类不悖,虽久同理"。⑥ 我们总结荀子的法律思想,特别是司法思想,会发现他是把形式与实质二者相结合的重要人物,同时也是中国古代首先发现两者各有缺点,但又相互补充的学

---

① 《荀子·解蔽第二十一》卷15,载《诸子集成(2)》,上海书店出版社1986年版,第270—271页。
② 《荀子·劝学第一》卷1,载同上书,第5页。
③ 《荀子·王制第九》卷5,载同上书,第96页。
④ 《荀子·君道第十二》卷9,载同上书,第151页。
⑤ 《荀子·修身第二》卷1,载同上书,第20页。
⑥ 《荀子·非相第五》卷3,载同上书,第52页。

者。他提出在"议法"时为保证法律的相对稳定性,在逻辑上采用"类举"方法,为司法中适用判例提供了逻辑工具。对此,武树臣先生认为中国古代法学是"荀法也"的评价是恰当的、中肯的。①

荀子的这些思想到汉朝得到继承与发展。经过陆贾、董仲舒等人的发展,特别是通过汉朝中后期的司法实践,荀子的思想事实上得到了全面接受,它影响了中国古代法律制度的构建与司法实践的样式,成为中国古代主流的法学认识论。这种法学认识论认为,在立法上"虽罄南山之竹,不足以书也。绝中山之颖,不足以备也。竭娄视之明,亦不足悉纤微而无漏也",即立法不能穷尽社会中的所有问题。因此,立法只能采用《名例》来总制,"故为之简其名,核其实,摄其要,尽其变,分其类,著为四十八条,冠于律首以统贯夫全律"②。在法律实践中需要因时因事变通,这当中以遇到的个案作为法律的来源是重要的选择,因为判例作为经验的产物在一定程度上是弥补成文法不足的重要途径。

(二) 混合法的法律形式结构

中国古代自秦汉以后,形成以律令法典为主的成文法体系下通过比类再创各种次类法律形式的混合法样式③。这种法律形式的结构为中国古代判例制度的存在提供了空间。人类创制法律规则以调整社会行为的方式可以分为主动式与被动式两种。主动式是指立法者通过对以往法律成果的总结,加上自己的创造力,制定出调整社会生活的法律规则;被动式是指某一法律规则的出现是因为社会生活中出现了必须解决的问题或事件,相关机关通过特定程序和方式创制出相应的规则,使社会秩序得到恢复和规制。判例法是被动的法律创制的结果。如秦朝的廷行事、汉朝

---

① 参见武树臣:《荀子的"混和法"理论》,载武树臣主编:《判例制度研究》,人民法院出版社2004年版,第512页。
② 王明德:《读律佩觽》卷2,法律出版社2001年版,第120页。
③ "混合法"概念是武树臣教授用来分析中国古代汉朝以后法律形式的专用术语。从笔者考察看,此术语能比较准确地反映中国古代法律结构的形式。

的决事比、晋朝的故事、唐朝的法例、宋朝时"例"与"断例",元明清时期"条例""断例""通行""成案"等都是被动式创制的产物,是对律令、令典的具体适用、解释、补充的结果。清人王德明指出"然而定例新例,虽云本朝所特重,然其因时通变,随事致宜,又皆不外正律及名例为权衡。夫非例律并行不悖,律非例不行,例非正律不著之的据,是岂愚之独为好异以欺世,而徒为是聒聒,以眩众听为耶? 知此,则知前贤所以定乎例之义矣。知例之所以为例,不愈知律之所为律也乎?"[①]这里虽然讲的是清代,却准确地概括了中国古代"律"与其他法律的关系。判例的产生一般由以下途径完成:因特定事件引起法律问题,国家相关司法机关对相关法律问题进行解释和补救。判例出现主要是具体案件出现后,适用法律时出现对相关法律的解释,或因立法需要形成具有典型意义的先例。有时,如果某个先例含有特定法律规则,相关机关会把这种法律规则抽象出来,制定为特定法律规范。这使得中国古代判例法与制定法之间没有明确的界线。

(三) 比类思维的司法技术

中国古代判例法的存在还与中国古代法律推理的逻辑思维特点有关。中国古代法律推理的逻辑思维特点是"比"的推理思维和"类"的类型化思维相结合,从而形成认识世界、解决问题的"比类"推理。比类作为一种思维形式具有中国文化的固有特点,因为它是"取象比类"下形成的一种思维形式。传统中国思想中"象"具有"物象"和"质象"之分。中国古代比类思维形式作为法律适用中的一种司法技术,不同时期主流称谓略有不同,在秦汉至魏晋时期主要称为"比",南北朝后开始用例、比附、比例,明清用比照等。从法律适用技术上看,中国古代司法中的"比类"有"比附"与"比例"两种含义。在司法实践中,当对"律"的"比"具有"类"的性质时,同类案件就会适用相应先例,于是形成判例。所以中国古代判例制度受制"类"的影响。如"汉时决事,集为《令甲》以下三百余

---

① 王明德:《读律佩觿》卷2,法律出版社2001年版,第25页。

篇,及司徒鲍公撰嫁娶辞讼决为《法比都目》,凡九百六卷。世有增损,率皆集类为篇,结事为章。一章之中或事过数十,事类虽同,轻重乖异。而通条连句,上下相蒙,虽大体异篇,实相采入"。① 这里"法比"是通过比类适用法律,而它产生的结果以"类"为篇,"类"下再分"事"。这里应注意"类"与"事"的关系,"类"应指法律类型和案件类型,"事"应指调整对象,或说案情类别。中国古代法律通过"类"与"事"构成"律"的类型化和次类型化,使法律适用具有更大的稳定性和确定性。这种结构在法律适用上构成一个逻辑体系上的限定与再限定关系,即"律"是一个内涵大的种概念,"类"是一个内容被限定的次种概念,"事"则是再被限定的次种概念。实践中,若后面案件与"类"或"事"一致时,就分别适用先例。这让司法具有很高的准确性,判例制度由此形成。可以说,中国古代的判例制度在运作与效力上都深受比类司法技术影响,或说比类提供了形成判例的司法技术。

(四) 绝对数量化的立法方法

中国古代法律形式中存在判例制度还与立法方法有关。中国古代在立法方法上,设定具体化、准确化的行为模式,规定具体化与数字化的法律后果,从而使法律规范内涵十分确定,外延十分狭小。这种立法技术旨在使法律适用具有高度准确性,减少司法官员自由裁量的空间。然而,对法律行为模式的具体化设置,使法律规范前部分(行为模式)非常具体,当实际出现的社会行为与法律行为模式中某个因素不能耦合时,法律行为模式就无法涵摄案情。对法律后果的准确化与数字化规定,使每个法律后果或刑罚都有具体的数量,使法律后果与行为模式构成非常单一、僵硬的对应关系。如刑罚规定笞、杖、徒各有五等,每等规定是绝对确定的,相互衔接,彼此之间不存在司法官员可以自由裁量的空间。可是,中国古代法律适用中又高度追求个案的实质正义,即追求每个案件在法律适用

---

① 《晋书》卷30,"刑法",中华书局1974年版,第922—923页。

中作出具体的、结果合理、民众高度认同的判决。确定的、抽象的法律规范与千变万化的个案正义追求之间形成了一种紧张关系。立法者为了适应个案情节的多样性,在法律适用中采用加等与减等的办法,然而实际生活会出现无穷多样性的问题,司法人员为了解决这个问题,对同类案件适用先例就成为保证公平、公正和提高效率的一种必然选择。在中国古代司法中,用类比解决案件事实类型的复杂性以及个案的多样性,采用比类适应量刑等级的多样性。这构成中国古代判例的两个基本类型,也就是说,中国古代判例所解决的基本问题是行为模式上的归类问题与法律后果上责任承担的准确性问题。我们在清朝存留下来的繁多司法材料中可以看到这种目标追求。分析清朝成案以上的判例,我们会发现其所解决的问题基本上是行为模式与法律后果两类问题。清朝通行中的大量解释属于对法律行为模式的细化和再类型化;属于成案的判例中六七成是改变处罚等级的判决,例如,《刑案汇览》中大约六七成成案是解决量刑问题。

中国古代立法方法在行为模式和法律后果的设置上过于精确化、具体化,是导致法律适用中不得不采用判例来弥补立法问题的主要原因。逻辑学告诉我们,在概念结构上,内涵与外延的关系存在一种反比例关系。这是中国古代法律适用中存在判例法的逻辑原因。立法中法律概念非常具体、精确,导致法律概念涵盖的范围太小,于是法律适用时就需要大量法律解释。然而,大量的解释会带来前后不一致的问题,通过判例让解释稳定下来成为最佳选择。同时,为了解决判例过多带来的适用混乱问题,通过立法把判例内容再类型化、规范化成为解决新问题的重要途径。这就是中国历史上"条例"法律形式形成的原因。

从秦汉出土的法律文献看,中国古代立法方法的上述风格在那时就已经形成。如秦朝《睡虎地秦墓竹简》中的法律,特别是《法律答问》体现得十分明显;汉朝《张家山二年律令》和"奏谳书"中的"疑难案件"也是此方面的代表。我们从这些文献可以看出当时法律规定具有如下特点:

(1) 行为模式的精确化、具体化。法律规范的重要部分是设定行为模式,把人们无限多样的行为类型化。秦律以数字、具体描述的方式规定行为模式,导致行为模式外延十分狭小。如采用身高尺寸作为标准规定"人"的"大小",规定男性是"六尺五寸",女性是"六尺二寸"。"隶臣、城旦高不盈六尺五寸,隶妾、舂高不盈六尺二寸,皆为小;高五尺二寸,皆作之。"①采用具体数量与财产类别来界定财产数量的"大、小"(即现在的重大财产、数额较大与数额一般)。《法律答问》中有"何如为'大误'?人户、马牛及诸货财值过六百六十钱为'大',其他为小"②。这里把涉及财产立法中"重大财产"明确界定在"人口"、马牛和数额在660钱以上。此种立法看似非常准确,但实际上问题很多。这是《法律答问》中反复出现解释660钱或牛羊作为标准的原因。如"告人盗千钱,问盗六百七十,告者何论?毋论"。③ 此条规定行为人不承担法律责任的原因是670钱在660钱以上,在量刑上与1000钱是一致的。"甲盗羊,乙知,即端告曰甲盗牛,问乙为诬人,且为告不审?当为告盗加赃。"④此条是因为"牛"属于重大财产,而"羊"不是,属于增加数额。《法律答问》第1条,"'害盗别徼而盗,加罪之',何为'加罪'?五人盗,赃一钱以上,斩左止,以黥为城旦;不盈五人,盗过六百六十钱,黥劓以为城旦;不盈六百六十至二百廿钱,黥为城旦;不盈二百廿以下至一钱,迁之。求盗比此。"⑤ 此条第一种情况在人数上是"重",财产上是"一般";第二种在人数上是"一般",财产上是"巨额";第三种在人数上是"一般",财产上是"较大";第四种是在人数上是"一般",财产上是"一般"。《法律答问》第1条对群盗与财产数额巨大两个要素采用具体数字式规定。前者以5人为标准,5人以上为"群盗",5人以下为一般;后者以660钱为标准,660钱以上为"巨额",660钱至220钱为"较大",220钱至1钱为"一般"。同时,从此条可以看出,秦朝

---

① 《睡虎地秦墓竹简·仓律》,文物出版社1977年版,第48页。
② 《睡虎地秦墓竹简·法律答问》,文物出版社1977年版,第242页。
③ 同上书,第168页。
④ 同上书,第170页。
⑤ 同上书,第150页。

立法者采用具体类型界定责任主体,区分公职人员与非公职人员,在同为公职人员时,在类型上又有细分,如"害盗"与"求盗",主体是官员为"害盗",对其他人员就存在是否适用问题;其后是"求盗"人员,对其他人员也存在是否适用问题。当某一行为模式由两个以上不同要素构成时,会出现不同要素错杂结合的行为模式类型,在量刑上就得加等或减等。清朝在立法上,对谋杀进行详细区别,如对谋杀10岁以下幼童首犯斩立决,从犯绞立决。然而,现实中若有人因为图财或因奸情故意杀10岁以下幼童,在情节上被认为比一般谋杀幼童严重,于是出现"情重于法"的问题。如嘉庆十四年(1809年)十二月四川谢文彪因为贪图幼童张狗儿项上银圈,将张狗儿溺死。案发后,刑部按谋杀10岁以下幼童判决,呈请嘉庆皇帝核准时,嘉庆认为此种行为"残忍已极",不加重处罚无以让"众共知儆惕",下旨刑部加刑。刑部遵旨加重判决谢文彪为斩枭。这成为后来同类案件遵照适用的先例。刑部在判决中明确指出,以后若有人因为图财或奸情故意谋杀10岁以下幼童命案,首犯处以斩枭,把此案例类型化。道光五年(1825年)广东张亚受等因图财谋杀幼童高亚笼案适用了谢文彪案,判决主犯张亚受斩枭,从犯邓亚胜加重处斩立决。①

(2)法律后果的具体化。刑法中刑罚数字化立法,导致法律适用中略有不同情况就得采用类推,于是出现先例,作为后来案件适用法律的依据。中国古代刑事立法对刑罚设定十分具体,采用绝对精确的立法。如城旦舂、徒刑等劳役刑中时间有半年、一年、二年、二年半、三年,笞刑中有十、二十、三十、四十、五十等。这种立法导致量刑上不存在自由裁量的空间。当出现不同的情节时,为达到"情罪相应"就得采用加等或减等,构成比照适用。这是清朝刑部成例累出,但多是加等与减等的原因。此类案例汇编用"刑部比照加减成案"为名。出现这种成案的原因当与过于精确化、数字化的僵硬立法技术有关。这种数字化立法导致刑名涵摄力

---

① 《刑案汇览》卷22,"刑律·人命·谋杀人·图财谋杀幼孩首从从重科罪",北京古籍出版社2004年版,第809页。

很低,得采用大量同类先例进行补救。

中国古代具体化、精确化、数量化的立法方式,导致法律规定与无限多样的实际个案情节无法一一对应。于是,通过具体的司法解释与司法判例补充立法就成为必然选择。这是中国古代成文法之外存在判例法的技术原因。乾隆皇帝在"御制大清律例序"中指出"有定者律令,无穷者情伪也"①。这是讲立法数量是有限的,案件情节是无穷的。对此问题,西方法学家也有类似的观点。法国法学家波塔里斯指出,"如果只允许法官在法律已经指明的时候才宣判,司法进程会被中断。很少有诉讼案件是在明确的法律语言之下裁决的:大部分争议正是根据一般原则,法学学说,法律科学进行宣判的"②。个案情节的多样性是无法通过立法来穷尽所有行为模式。清代袁枚指出,司法不可能做到"盖人之情伪万殊,而国家之科条有限。先王知其然也,为张设大法,使后贤人君子,悉其聪明,引之而有求于,以为如是断狱,固已足矣。若必预设数万成例待数万人行事而印合之,是以死法待生人,而天下事付傀胥吏而有余"③。个案情节的多样性,导致法律适用时不能做到绝对"罪情相应",只能通过个案裁判尽量做到"罪情相应"。例如,元朝初年中都路发生的秦丑厮、刘赛儿等车碾死回回人也速案。秦丑厮、刘赛儿驾车到中都送纳蒿草,到达六家店时回回人也速骑马走在他们车前,绳索惊着也速的马,也速仰面倒地,马撞着拽车的牛,牛受惊跑,拦挡不住,车左轮碾过也速胸上,致也速死亡。法律规定"于城内街上,及人众中,无故走车马者,笞五十;以故杀伤人者,减斗杀伤一等;若有公私速要者,不坐。以故杀伤人者,以过失论,减二等;其惊骇不可禁止而杀伤者,又减二等。若便依准,因车马惊骇杀人减过失四等,合徒二年半,听赎"。从此法律看,立法内容详细,罪名构

---

① 田涛、郑秦点校:《大清律例·御制大清律例序》,法律出版社1998年版,第5页。
② 转引自:〔法〕雅克·盖斯旦、吉勒·古博:《法国民法总论》,陈鹏、张丽娟、石佳友、杨燕妮、谢汉琪译,法律出版社2004年版,第413页。
③ 袁枚:《答金震方先生问律例书》,载《小仓房文集·书》卷15,江苏古籍出版社1988年版,第248页。

成与刑名设定十分精确,且一一对应。但如果仔细分析法律规定与此案案情,会发现两者存在不同。因为法律规定适用范围是在城内街上,而不是在野外大道上。"检拟缘法议止,是处分于城内街上弃乘骑头匹,因而惊骇不可禁止,以致杀伤他人者,方合如此定罪",此案中"今秦丑厮等于大道上行驾车辆,回回也速走马,自不能禁,走入车绳索内,马惊落马,其马奔走,以致牛惊,拦当不住,将也速碾死,即是本人自犯";从情节看,两者存在不同。于是,在适用法律时,审理者指出秦丑厮、刘赛儿的罪是"止据不曾喝住车辆,将也速救护",即不对受伤者也速进行积极救治;提出"系不应得为而为,量情事重,依旧例:其秦丑厮为首,合杖八十,刘赛儿为从,减一等,合杖七十"。中书省在裁决时改判为"断秦丑厮二十七下,刘赛儿一十七下"。① 我们可以发现,审理者在适用法律时因面对立法与个案情节的不一致,于是采用类比减轻适用,进而导致先例的出现。

中国古代在立法方法上用数字精确设定刑罚,如某罪是徒刑时,就明确规定一年或三年半,之间不存在相应自由量裁的空间,最多设有加等或减等。用于每个特定情况下的加等或减等在量刑上也是精确数量化。自春秋至清末都是如此。对此,我们可以从下面不同时期杀人罪量刑的设定上进行比较、分析。

张家二年律令·贼律	唐律	大明律	大清律	1997年刑法
贼杀人、斗杀人,弃市。其过失及戏而杀人,赎死。	诸谋杀人者,徒三年。已伤者,绞。已经杀者,斩;从而加功者绞,不加功者流三千里;造意者,虽不行仍为首。	凡谋杀人,造意者,斩;从而加功者,绞,不加功者,杖一百,流三千里。	凡谋杀人,造意者,斩;从而加功者,绞,不加功者,杖一百,流三千里。	故意杀人的,处死刑、无期徒刑或者十年以上有期徒刑;情节较轻的,处三年以上十年以下有期徒刑。

比较上面五个时期针对同一行为的立法会发现,当代中国刑事立法

---

① 《元典章》卷42,"诸恶·过失杀·车碾死人",中国广播电视出版社1998年版,第1580页。

在量刑上存在非常大的自由裁量空间,罪名设定上使用具有高度涵摄力的概念。中国古代在故意杀人罪的特定类型中,对谋杀罪的量刑非常具体与确定,这就产生当出现情节上较轻或较重时如何处理的问题。实际案件中虽然都是谋杀罪,但每个案件中当事人的动机各不相同,就是从犯也有被胁迫的、自愿的等不同情况。而立法并没有对此进行规定,于是量刑中就得用比附来与之相符。现代立法中把过失杀人之外的所有杀人行为称为故意杀人罪,这个罪名涵摄力相当大,同时量刑上从 10 年到死刑作为一个量刑段,3 年至 10 年作为一个量刑段。这样大涵摄力的罪名与刑名设置,让法官审理时有足够的自由裁量空间,使司法人员在处理案件时能够做到"罪刑法定",但却不一定做到"罪情相应"。认真分析以上立法上的差异,会发现现代成文法典下的罪刑法定原则其实仅是一种形式上的原则。中国古代立法中罪名具体化、量刑精确化导致罪名与刑名涵摄力很低,所以得采用特别技术进行补救,于是出现大量先例。中国古代立法上把故意杀人分为多种不同类别,如谋杀、故杀、斗杀、贼杀等,统称为"七杀"。但认真考查,故意杀人多达十多种,相当于在大空间下再分多个小空间,并且每个空间都有明确量刑。现代故意杀人罪只有一个大空间,量刑上只有两个空间。量刑时中国古代由于不同层中有不同的罪名、不同的量刑,反使大量案件出现在两个空间之间,没有直接可以适用的法条,所以只好在罪名适用上采用类比,量刑上采用比附适用,量情加减。而现代立法结构中,罪名适用上不必采用类比,因为只有一个空间,量刑上也不必采用比附量情加减,因为它提供了足够的裁量空间。我们进一步比较会发现中国古代法律适用中这种比附量刑的自由度与现代立法中的"罪刑法定"下自由裁量的量刑相比空间更小。

上面仅是从立法方法上分析中国古代判例制度形成的原因,并不是说中国古代判例制度的形成完全是由这种立法方法所导致。

(五)"情罪相应"的司法目标

中国古代立法方法虽存在以上问题,但司法适用中却追求案件情节与法律责任的精确对应,特别是在刑事案件审判中,追求案件罪名与量刑的绝对精确。这种司法理想在中国古代称为"情罪相应"。这里的"情"是一个复杂的概念,包括案件的情节、案件的性质、案件在整个社会中的道德评价等。这种"情罪相应"的理想更多追求实质上、个案上的切实相应,与近现代西方刑法学中的"罪刑相应"原则之间存在区别。从逻辑上看,这种追求也是产生上述立法方法的原因。由于立法中内涵扩大,导致外延减小,适用法律对象空间狭小,于是规范与规范之间存在的空隙反倒越来越多,导致法律适用时必须通过类推来适应特殊个案,实现个案适用中的"情法相适应"。这种立法出现的问题就好比在一个固定的方框中,当我们划的方格越多,边界也越多,出现法律空隙也越多,需要补的地方就越多。清朝的情形更为典型。清代"成案"和"条例"的最大功能是让律文在适用中做到"情罪相应"。从相关案例集看,很多案件往往是量刑已经适当,或是罪名已经适当,而因为罪名适用不当,或量刑不当被驳回。于是,只好在司法判决中通过罪名与律相符,定性与条例相合,量刑与成案一致,才能实现上述司法价值追求。清朝三种法律渊源的功能大体上分别是:律设定罪名与刑名,条例再类型化罪名设定的行为模式,成案完成量刑的精确化。如道光六年(1826年)江苏金叙沅因为沈方来强抢女儿,当场将沈方来打死案。此案在法律适用上有两个先例,即嘉庆二十年(1815年)四川省姜有万欲娶向世宽侄女甲(寅)为妻(黍夜)强抢被向世宽打死案和嘉庆二十一年(1816年)河南省石狗因黍夜强抢张九如买休妻子,被张九如殴打致死案。两个先例在情节上类似,判决时都适用了贼犯黑夜偷窃当场被事主捕殴致死律判徒刑。审案官员在认真比较案件后,认为待判案与先例在情节上相同,但在适用罪名上有所不同,所以江苏省巡抚提出适用强奸未成,罪人被本女有服亲属当场致死罪更为适当。刑部比较后认为两个先例与江苏巡抚提出的拟判虽然在量刑上一致,但江苏巡抚提出的罪名更为适当,"核与成案同一拟徒,且比例更觉允协,应请照覆"①,所以同意江苏巡抚提出改变适用罪名的拟判,仅参照先例量刑。从判例视角看,此判决改变了先例,创立了新例。

(六) 权力结构下的司法程序

中国古代判例制度的形成还与中国古代权力结构下的司法程序有关。中国古代司法程序的特点,是在结构上各级、各类机关拥有明确的权限。按照这种权限,具有决定性影响的是上下级之间行政职权式的覆审和监督关系,即县级司法机关审理的案件被郡、州等司法机关覆审时,上级机关对下级机关的判决进行评判,而不是各自独立的两种司法机构之间对案件进行的独立评价。下级司法机关审判的案件被上级司法机关驳回和改判,是其工作失败的表现,下级司法机关要承担相应的行政责任,受行政上的处分。中国古代司法适用中存在结构上的层层审查,而适用先例是减少被上级驳回和改判的最佳选择,所以是一种权力结构下的策略。所以,中国古代判例的发展也是一种权力结构下的必然产物。

秦汉以来的法律规定,对类推与比附判决的案件,要呈报中央司法机关进行最后覆审与裁决。这种司法程序设置让中央能够控制和监督地方官员对此项权力的使用,防止滥用。但这也带来问题,即需要对每个上报案件都重新审查。中央相关司法机关为减少此项工作带来的负担,最直接的办法是在没有重大原因要求改变自己判决和认可的先例时尽量遵循先例。所以,中央司法机关自身有遵循自己判决和裁决的先例的需要。同时,为了避免地方上同类案件重复呈报,把具有特定类型的判例公布,让地方遵循,也是一个办法。地方司法机关若涉及适用类推与比附判决的案件,一般都寻找以前中央司法机关在同类案件上的相应裁决,若有,则把它们作为先例并依据其进行拟判,以减少中央推翻自己判决的可能性。所以,不管是中国古代中央司法机关还是地方司法机关都需要在判

---

① 《刑案汇览》卷9,"户律·婚姻·强占良家妻女·强抢未婚孀媳氏父将其殴死",北京古籍出版社2004年版,第306页。

决时适用先例以提高效率与案件判决的稳定。这是中国古代成文法典下存在判例的最实际原因。

一般官员对先例并不了解,但司法实务人员对此是十分清楚的。如清代许梿在为《刑部比照加减成案》作"叙"时指出,"今时律之外有例,则以备上下之比,而不能尽入于例,则又因案而生例而其法详焉,故断狱尤视成案……无小大狱皆可依类折衷矣。虽然案者,狱之已成者也;狱者,案之未成者也。执已经之案,以断未成之狱,吾能必案之无畸重畸轻,而不能必狱之无有枉滥,则所谓哀敬折狱者又自有本矣"。① 他指出了判例在法律适用中的作用,特别是在成文法下适用法律时的作用。清朝下级司法机关面临上级司法机关驳回拟判的压力。"大凡上司驳案……人多咎上司、幕友、书吏之指驳而惊恐,抑独不思所驳者,是情理乎,非情理乎。果合情理,事出公论,府司不驳,部院必驳,上司岂肯代人受过。若情理意欲苛求,彼既可以不情不理之语,牵强驳,我何难,以有情有理之话委婉覆之。案有可驳,虽不驳亦足惧也,案无可驳,虽驳之又何畏焉。"②这反映出清朝州县官员在整个司法程序中的地位和无奈,其实整个清朝司法体系都受制于此,不仅是州县官员,就是州司官员、部院官员都同样如此。总督和巡抚的拟判会受到皇帝和刑部裁决和覆审,会受到两者的驳回或改判,而这种驳回不全是司法上的,更像是行政上的,相关当事人要承受行政职位上的压力。如乾隆四十五年(1780年)江苏巡抚吴坛在审理倪顾氏逼迫丈夫自杀案时,乾隆皇帝在裁决时严厉斥责巡抚吴坛和提刑按察司塔琦,指出他们适用法律不当是一种行政上的错误,而不是对法律理解上的不同。"吴坛在刑部司员任内办理案件最为识练,不应援引失当,若此使其尚在,必将伊交部严加议处。至臬司为刑名总汇,塔琦亦由刑部出色司员简放,审拟此案失于宽纵,殊属是非。塔琦着传旨严行申饬,并将此通谕知之。"③分析案件判决过程,江苏巡抚仅是在类比适用上没有

---

① 许梿、熊莪:《刑部比照加减成案·叙》,何勤华等点校,法律出版社2009年版,第3页。
② 杨一凡主编:《中国律学文献》第三辑第四册,黑龙江人民出版社2005年版,第113—114页。
③ 杨一凡主编:《历代判例判牍》(第7册),中国社会科学出版社2005年版,第464—465页。

采用"服制"加重原则,就受到刑部和皇帝严厉斥责。这种司法机关之间的权力关系会增加下级司法机关审理案件、拟判时对上级司法机关同类生效判决的重视和引用,导致判例的出现。

(七) 浓厚的述祖、遵祖观

中国古代判例法的产生与运作还受到中国古代传统文化中的遵祖、述祖观的影响。① 遵祖、述祖思想是中国儒家思想的一个基本特征。他们强调"法先王",认为"孝"是人的基本义务,"万事孝为先",而"孝"的一个基本内容是遵循先祖遗训。恪守祖训与祖规是中国古代君王最高道德要求与基本的行为限制,变乱祖制是严重的罪名。这种思想导致在中国古代法律发展中每个王朝在制定法律时都会以前代法律作为遵从对象。明朝在制定法典时,李善长宣称,"历代之律,皆以汉《九章》为宗,至唐始集其成。今制宜遵唐旧"②。由于要遵从祖制、祖训,后代立法难有突破,随着社会的发展,只能通过一种被动性的法律变化来满足社会发展的需要,于是就有了以具体案件判决为基础发展起来的判例法。既然不敢改革祖先的法典文本,就只能在法典之外发展出多种法律技术和形式来适应社会不断发展的需要。加上立法者在儒家思想影响下对法典有内容简练、结构完整、控制条文数量的追求,这必然导致在司法适用中对法律进行解释或通过司法先例对法典进行修正的需要。

(八) 对实质主义司法结果的追求

中国古代的法律适用有追求实质正义实现的终极目标,这表现在法律适用时讲求律、义、情并重、统合的司法价值取向。在情理法结合中,中国自三代以来,特别是周朝"礼"的系统化、体系化后,社会伦理道德越来越统一,越来越教义化,导致在"情、理、法"统一中,"情、理"成为教义的

---

① 此观点源自张中秋教授对中国古代法律文化特点的分析,他认为这是中国古代法律文化的特征之一。具体参看张中秋:《中西法律文化比较研究》,南京大学出版社2001年版。
② 《明史》卷93,"刑法一",中华书局1974年版,第2279页。

内容,成为僵化的道德规则;司法论证在一种教义化的儒家伦理体系下进行。唐朝以后由于法与"礼"结合,以"礼"为中心的实质性道德对法律适用的影响更加深入。中国古代不仅立法以"礼"为中心依据,就是在法律适用的论证与说理上也同样如此。这种法律特质改变了中国古代法律适用中案件事实的形成、法律解释、法律推理的活动与取向。不同类型案件中,相同的客观事实由于当事人之间的伦理关系不同而构造出不同的法律事实,在法律判决上必须进行不同的判决。于是,相同的客观事实在伦理道德的再构下形成不同的法律事实,要求不同判决。但立法上又不能穷尽这些不同情况,只好以具有类型化的案件判决作为先例进行适用,进而导致判例法的出现。清代在此方面最为突出,如服制案中,虽然亲属之间误杀很少实际执行死刑,但在判决时一定要判死刑,并且是斩立决,仅是通过特定覆审程序,呈请皇帝核准时由皇帝改为斩监候,秋审时还要将此类案件归为"情实"类,皇帝勾决时经过两次免勾改为"缓决",此后再改判其他生刑。于是,这种不同类型的案件判决自然成为同类案件的先例。

三、中国古代判例法的形成、基本模式与类型

(一) 法律形式变迁:判例制度形成的法律内部原因

中国古代法律形式通过长期发展形成了效力越高、稳定性越强、抽象性越高、数量越少,而精确性越强、效力越低、数量越多和可变性越强的两种相辅相成的法律结构模式。这种结构模式满足了多种不同法律功能的需要,实现了法律的稳定性与可变性、抽象性与精确性、及时性与继承性等实践需要。我们从中国古代判例制度的形成中会发现它与中国古代法律形式的变迁与发展之间的关系十分密切。

1. 中国古代法律形式的发展

从整体上看,春秋战国以前中国古代法律形式的特点是,否定成文法的重要性,重视个案判决的特殊性与重要性,在法律适用中大量采用类比和"临事议制"的司法形式。春秋时期,随着法家思想兴起,成文法开始受到推崇。战国至汉朝中前期统治者大量制定成文法,想通过完备立法达到社会"大治"。这种对成文法的推崇加上"以法治国"思想的兴起,导致法律数量不断增加。西汉武帝时期出现"律令"数量过多的现象。《汉书·刑法志》记载武帝时律令数量达359件。由于律令没有篇章限制,立法者为适应统治需要,不断立法,结果是立法越来越多,相互之间的冲突与不一致也越来越多,导致司法无法达成原有目标。这种问题在汉武帝与汉成帝时最为严重,《汉书·刑法志》记载武帝时"律令凡三百五十九章,大辟四百九条,千八百八十二事,死罪决事比万三千四百七十二事,文书盈于几阁,典者不能遍睹。是以郡国承用者驳,或同罪而论异。奸吏因缘为市,所欲活则傅生议,所欲陷则予死比"[①];成帝时"律令烦多,百有余万言,奇请它比,日以益滋,自明习者不知所由,欲以晓喻众庶,不亦难乎!"[②]

在汉朝中后期,儒家在法律思想上重新获得统治地位。但他们不再否定成文法的作用,而是承认成文法的必要性。当时的儒家主要解决法律思想中存在的两个问题:否定道德重要性与法律繁杂、严酷。经过汉朝中后期儒学化的律学家的努力,到三国时,"律"与"令"被法典化,成文律令条文与篇目也逐渐减少。再经过三国两晋南北朝至隋唐近四百多年努力,完善的律令法典结构终于形成,体现为《开元律》《开元令》《开元格》《开元式》《贞观律》和《唐六典》等法典,尤以律典最为成功。其中《贞观律》在篇与篇之间经过学理论证,分总则与分则,并根据当时法理价值取向,把分则分为十一篇,整个《贞观律》条文五百条。唐《开元律》内容适

---

① 《汉书》卷23,"刑法志",中华书局1962年版,第1101页。
② 同上书,第1103页。

中、宽平,条文简要,仅有五百零二条,是春秋以来中国成文法典发展的最高水平和完美结晶。

然而,律典的成功并不必然带来司法适用上的方便与准确。法典内容简要、条文抽象,导致法律适用中争议辈出。正如《唐律疏议》所说"刑宪之司执行殊异;大理当其死坐,刑部处以流刑;一州断以徒年,一县将为杖罚,不有解释,触塗睽误"。①唐高宗想通过立法解释解决此问题,但从实践上看并不成功。在唐玄宗之后,要想在成文法典与解释方面超越《开元律》和《开元律疏》已不可能,于是统治者开始转向发展新法律形式,以适应社会变化需要。唐中后期因具体案件和事件引起的"格后敕"开始大量出现,并逐渐成为重要法律形式。唐德宗至唐宣宗时期,中央不再制定律令格式等法典化的法律,而是编纂"敕",或称"格后敕"。唐朝格后敕包括大量因个案产生的内容,成为判例法的重要来源。

宋朝在法律形式上的成就是可变性极强的"敕"与"断例"得到充分发展。宋朝大量编纂"断例",从而使它的法律更加灵活。如北宋《熙宁法寺例》《元丰断例》《熙宁绍圣断例》《元符刑名断例》《崇宁断例》;南宋的《绍兴刑名疑难断例》《乾道新编特旨断例》《开禧刑名断例》等,整个宋朝至少编了十五部断例汇编。元朝时判例法在条格与断例中得到进一步的发展。元朝在法律形式上没有制定唐律式的法典,而是制定条格与断例结合的汇编式法典,其代表是《通制条格》与《至正新格》,形成以判例法为中心的法律形式结构;出现郑介夫在《太平策》中所言的"今天下所奉以行者,有例可援,无法可守","审囚决狱官每临郡邑,惟具成案行故事"②的司法现实。断例的出现,特别是断例中判例部分的发展,导致法律内容无限增加,出现断例越来越具体、问题越来越多的情形。元朝在中后期开始对条格与断例进行整理,出现法典化倾向。如《大元通制条格》和《至正条格》的结构就是一种条格与断例法典化的结构。明清两朝律

---

① 刘俊文撰:《唐律疏议笺解》,中华书局1996年版,第3页。
② 郑介夫:《上奏一纲二十目·定律》,载《元代奏议集录》(下),陈得芝等辑点,浙江古籍出版社1998年版,第82、83页。

典包含条例与判例的法律结构是元朝法律形式的一种延续,同时也是唐朝以后中国法律结构模式自然发展的产物。

明朝是中国古代法律发展的重要转变时期。明太祖建立政权后,为反元政需要,提出恢复传统汉文化。在法律形式上不再继承唐中后期以来公开承认判例法、轻视成文法典的传统,制定了以《唐律》为标准的《大明律》。《明实录》记载,"上以唐宋皆有成律断狱,惟元不仿古制,取一时所行之事为条格,胥吏易为奸弊。自平武昌以来,即议定律"。① 洪武七年(1374 年)刘惟谦在《进大明律表》中指出"篇目一准之于唐"。② 但明太祖在恢复唐初法律形式时仍然继承了宋元时期发展的法律形式。这体现在他通过判例建立起来的《明大诰》中。若比较《明大诰》与《通制条格》和《至元新格》的内容与形式,会发现两者十分相似。明朝中后期由于《大明律》不能适应社会发展,因事因时出现的对律条进行解释的事例、条例大量产生,成为重要的法律形式。弘治五年(1492 年)官方第一次修订《问刑条例》,形成"与《大明律》兼用,庶事例有定,情罪无遗"③的局面。此后,《问刑条例》成为与《大明律》并行的两大基本法律。明朝纠正唐朝中期以来法律形式的不足,发展出新的法律形式,克服了"格后敕"与"断例"零乱与类型化不明确的缺点,形成了在判例之上更为稳定的"条例",把判例与"条例"分离,同时再把案例与判例分离。三者有明确区别,但又能转化,形成三种不同的法律形式。清朝《大清律例》的出现,标志着中国古代法律形式的发展经过春秋战国至明朝,已经形成了一种能同时满足稳定性与可变性需要的法律形式体系。清朝法律形成成案、通行、条例与律典的四层次结构。四种法律形式满足法律适用中的不同需要,构成兼具稳定性与可变性的动态体系。

2. 中国古代律、条例、判例的变迁

中国古代判例法的形成与例、断例等法律形式的出现具有十分密切

---

① 《明太祖实录》卷 26,"吴元年十月甲寅"条,"台湾中央研究院"历史语言所校印本。
② 怀效锋点校:《大明律·进大明律表》,辽沈书社 1990 年版,第 229 页。
③ 《明孝宗实录》卷 65,"弘治五年七月任午"条,"台湾中央研究院"历史语言所校印本。

的关系。中国古代在李悝制定《法经》后,特别是在商鞅改法为律后,以主动式立法的律典为最重要的法律形式。秦汉以后"律"成为稳定性极强的法律形式,之下是各种各样的其他法律形式,如令、格、式、敕、例等,其中,令、格、式成为秦汉至宋朝时的重要法律形式。它们的出现多数是国家主动立法的结果,其他法律形式往往是律令的直接派生物,如秦朝的廷行事、汉朝的决事比、晋朝的故事、唐朝的法例、宋朝的"敕"与"例",及宋以后的"条例"、"断例"和"定例"等。这些法律形式的共同特点是它们都是被动式创制的产物,是对律典的具体适用与解释。清人王德明指出:"然而定例新例,虽云本朝所特重,然其因时通变,随事致宜,又皆不外正律及名例为权衡。夫非例律并行不悖,律非例不行,例非正律不著之的据,是岂愚之独为好异以欺世,而徒为是聒聒,以眩众听为耶?知此,则知前贤所以定乎例之义矣。知例之所以为例,不愈知律之所为律也乎?"[①]中国古代自秦汉以后,判例就成为对成文法的具体化和补充,并成为对新事项、新问题立法的前提。

  在清朝,律典、条例、判例、成案、案例之间有相当明显的区别,但可以转化,它们构成一个相互依存、相互制约的动态体系。清朝从个案判决到成案较为容易,先前的个案判决只要被其他司法机构引用都可以成为成案。然而,成案到通行却不同,具体有两种途径:一是判决时明确规定,二是某一成案具有典型性,被特定机关提升为通行。由通行上升到条例则需要法定程序、通过相关机构立法才可以。清朝法律形式中的"条例"不是判例。《大清律例》中有些"成例"是对相关律条解释发展而来,并非由判例发展而来。从数量上看,清朝成案到通行再到条例的发展是一个数量递减的过程。清朝的"成案"与"通行"可以被认为是广义的判例,其区别在于"成案"仅有说服力,"通行"具有拘束力。"条例"则是成文法,但其稳定性比律条低,可以根据需要修订。

  中国古代律文、条例与判例的关系自秦朝至清朝基本相同,仅是不同

[①] 王明德:《读律佩觿》卷2,法律出版社2001年版,第25页。

时期称谓不同,形式上的区分明晰度不同。从历史发展看,不同法律形式的区别越来越明晰。清朝刑部曾指出"臣寻绎例文,窃以为例从律出,例有因时变通,律乃一成不易。有增减之例,无增减之律,古今皆然"①。清代条例是律条的具体化、特别化、类型化。律学家王德明指出"条例所在,及极人情之变,用补正律本条所未详,采择而并行之……律非例,则不可以独行,而例非律,又无由以共著"。② 说明清朝"律"是稳定的、基本的,"例"是根据时代与个案而变化的。例,特别是判例会因司法实践而无限增加,导致"例则朝例未刊,暮例复下,千条万端,藏诸故府,聪强之官不能省记"。③ 因此出现司法适用时无所适从的问题。这也是中国古代历史学者与官员反对判例的重要原因。对此,清朝发展出一种动态的机制。中央政府刑部的律例馆定期对成案、通行与条例等法律渊源进行清理与整理,尽量把成案、通行中具有类型化必要的内容上升为条例,把条例中重复、交叉的部分统一,不合时宜的部分删除。律典是整个法律适用的起点,通过类比、比附等司法技术使律条适应纷繁复杂、案情多变的社会需要。所有条例、通行和成案又可以回溯到律典中某一具体律文或法律原则,使得法律解释不会出现整体性的迷失与混乱。

中国古代法律自秦汉以后形成了以律令为主、以比类形成的诸种次类法律形式为辅的多层次混合法样式。有时,当某个判例含有特定法律规则时,统治者会把这些法律规则抽象出来,制定为特定法律规范。从不同法律形式的相互关系看,中国古代判例法又成为对成文法的具体化和补充,并作为对新事项、新问题立法的前提和条件。

(二) 中国古代判例法的基本模式

中国古代判例制度从春秋至清末存在过两种模式,即成文法典下的

---

① 《刑案汇览》卷42,"刑律·斗殴·殴期亲尊长·听从尊长殴死次尊仍遵本律",北京古籍出版社2004年版,第1557页。
② 王明德撰:《读律佩觿》卷2,法律出版社2001年版,第18页。
③ 袁枚:"答金震方先生问律例书",载《小仓房文集》卷15,江苏古籍出版社1988年版,第249页。

判例制度与非成文法典下的判例制度。从现存法律史料看，可以分别以清朝和元朝为代表。两种判例制度在具体运作即在法律体系中的作用等方面略有不同。我们曾对《元典章》《刑案汇览》中明确引用先例的349个案件进行了统计和分析，其中元朝83个个案中先例作为法律依据发挥作用的有80个，作为法律论证依据发挥作用的有3个。清朝266个个案中，先例作为完全法律依据的有24个，元朝有75个。清朝个案中先例作为法律适用时选择具体法律规范的依据的有131个，作为对案件其他问题论证依据的有91个。元朝引用先例的个案判决中对先例的依赖度达96.39%左右，其中完全依赖判例的达到90.36%左右；清朝引用先例的个案判决中对先例的依赖度在29.40%左右，其中完全依赖判例的仅为9.02%左右。反之，清朝对成文法的依赖达到82.33%左右，元朝对成文法依赖度则只有9.64%左右。① 因此说，元朝判例法与清朝判例法是中国古代判例法的两种不同模式，基本差别在于是否以成文法典为存在的前提语境。我们对这两种模式分述如下。

1. 非成文法典语境下的判例法

从元朝判例法看，它的判例在很多时候就是法律，并且是一种全新的法律，而非仅对已经存在的法律进行解释与补充，在《通制条格》和《至正条格》上有明确记载。由于元朝法律是由判例构建起来的，所以元朝在法律适用中更为开放、更注重社会中不同利益的权衡。元朝的判例与成文法典下的判例制度的最大区别是它能够确立权利，虽然这种确立是通过借用过去法律或习惯法来完成的。例如，《通制条格·亲属分财》中关于不同子女继承权问题和可以继承财产范围的法律，就是通过至元三十一年（1294年）阿张案和至元十八年（1281年）王兴祖案确立的。

至元三十一年十月，礼部呈：大都路申：卢提举妾阿张告争家财。检会旧例："诸应争田产及财物者，妻之子各四分，妾之子各三分，奸

---

① 具体参见胡兴东、李杰、黄涛编著的《判例法的两面：中国古代判例选编》（云南大学出版社2010年版）一书。

良人及幸婢子各一分"。以此参详,卢提举元抛事产,依例,妻之子卢山驴四分,妾之子卢顽驴、卢吉祥各三分"。都省准呈。

至元十八年四月,中书省。礼部呈:彰德路汤阴县军户王兴祖状告:至元三年,于本处薛老女家作舍居女婿十年,此时承替丈人应当军役,置到庄地、宅院、人口等物,有兄王福告作父、祖家财均分等事。本部照得:旧例:"应分家财,若因官及随军或妻所得财物,不在均分之限。"若将王兴祖随军梯己置到产业人口等物,令王兴祖依旧为主外,据父、祖置到产业家财,与兄王福依例均分。都省准拟。①

上述两案确立了相应的法律规则,《通制条格》在相应法律条目下直接把两个案例写进来。从现在整理出来的《至正条格》看也同样如此。《至正条格》中不管是"条格"还是"断例",都有通过具体判例组成的内容。如"条格"中否定前朝地产所有权的法律是通行大德六年(1302年)陕西省安西路惠从案确立的。

大德六年正月,陕西行省咨:安西路僧人惠从告:李玉将本寺正隆二年建立石碑内常住地土占种。照得,见争地土即系异代碑文志记亩数,似难凭准。若蒙照依定例革废,将地凭契断付李玉为主。礼部照得:李玉凭牙,于贾玉处用价立契,收买上项地土,经今二十作年,又经异代,合准陕西行省所拟。都省准呈。②

此案成为调整"异代地土"的"法律"。再如"休妻再合"条是延祐四年(1317年)周桂荣案确立的:

延祐四年七月,礼部议得:"嘉定路案牍周桂荣妻任氏,获罪于姑,因而休弃,改嫁计县尹为妻。本人身死,方及周岁,周桂荣却与任

---

① 方龄贵:《通制条格校注》卷4,"户令·亲属分财",中华书局2001年版,第178页。
② 韩国学中央研究院编:《至正条格校注》卷26,"条格·田令·异代地土",Humanist出版集团2007年版,第63页。

氏再合。虽在革前,理宜改正离异"。都省准拟。①

元朝编纂的法典与其他朝代有所不同,它通过判例组成法典的立法模式在中国古代独具特色,所以说在元朝适用先例就是适用法律,而不存在再选择其他成文法的问题。

2. 成文法(典)下的判例法

成文法典下的判例制度是中国古代除元朝外,从春秋时期到清朝的基本类型。《奏讞书》中汉高祖十年(公元前197年)胡狀、丞憙审理人犯"阑"案中引用先例"清"案,是现在可以见到的、最早的、完全意义上的引用先例判决的案例。汉武帝时,董仲舒通过春秋决狱补法律不足,所判案件成为判例,被广泛适用。宋朝的"断例"主体是判例法。明朝雷梦麟在《读律琐言》中指出,"今王府犯罪,皆比照先年裁决事例上请,但不得引用如律也"。② 这里明确指出适用"先年裁决事例"进行判决。清朝的情形已在前面的讨论中说明。明朝最早称"条例"为"事例",是因为"事例"的产生出自具体的案件或法律事件,主要是针对于法律适用时出现"情重法轻"或"情轻法重"时特别适用的情形。弘治五年(1492年)刑部尚书彭韶及鸿胪寺少卿李鐩等在奏请删订《问刑条例》时指出,"刑书所载有限,天下之情无穷。故有情轻罪重,变有情重罪轻,往往取自上裁,斟酌损益,者为事例"③。这里明确指出司法"事例"在同类案件中得到遵循。当然,需要强调的是,中国古代成文法典下判例法的运作机制与作用受限于法典。它的作用与功能是成文法的补充与具体化,并非对成文法的否定。

(三) 中国古代判例的类型

从判例在整个法律体系中的作用看,中国古代判例可以分为三种类

---

① 韩国学中央研究院编:《至正条格校注》卷8,"断例·户婚·休妻再合",Humanist 出版集团 2007 年版,第 248 页。
② 雷梦麟:《读律琐言·断罪引律令》卷 28,怀效锋、李俊点校,法律出版社 2000 年版,第 494 页。
③ 《明孝宗实录》卷 65,"弘治五年七月壬午条"条,"台湾中央研究院"历史语言研究所校印本。

型:创制型判例、补充型判例和解释型判例。三种类型的判例在两种判例模式中的分布有所不同:成文法典下的判例以解释型最多,补充型次之,创制型最少;非成文法典下的判例以创制型判例为最多,解释型次之,补充型最少。

1. 创制型判例

中国古代判例法的基本模式虽然有成文法典和非成文法典下两种,但一直存在本质上是全新立法的判例,虽然它们在表现形式上随不同的判例法模式有所不同。在没有相关法律时,通过判例创立新的法律规则不仅在非成文法典模式下存在,在成文法典模式下也存在。如雍正十年(1732年)江西丁乞三仔案就是创制型判例。该判例从内容上看是一个新的法律规范,而不是对既有法律规范的一种解释。清代很多时候会明确说某些案件在判决时没有相应法律可以适用,所以通过此种方式进行判决。这种判例实际上成为本类案件的立法。例如,审判官员在审理田宗保案时指出"并无正条可引,即应将律无正条,援引比附之处据情声请,恭候钦定,亦不得草率咨结",在判决中指出"该抚随疏声明应将田宗保、田彭氏均比照子孙过失杀父母,准将可原情节声请,减流之例据情声明,可否减等之处,恭候钦定。倘蒙圣恩,准其减等,将田宗保、田彭氏均减为杖一百,流三千里"①。可以看出,田宗保案实际是确立新法律。在元朝,此种判例比较多。

2. 补充型判例

中国古代需要判例的情形,在很多时候是虽有法律,但相关法律规定不够完善,通过判例弥补不足。这种补充型判例在元朝与清朝都存在,但是在清朝较为明显。清代判例中的"通行"基本上是对已有法律的修改与补充。元朝至元八年(1271年)在婚姻上规定"诸色人同类自相婚姻,各从本俗法,递相婚姻者,以男为主。蒙古人不在此限"②。元朝时对订

---

① 《刑案汇览》卷34,"刑律·人命·威逼人致死·理责其子致母痛孙气忿自尽",北京古籍出版社2004年版,第1243页。
② 方龄贵校注:《通制条格校注》卷3,"户令·婚姻礼制",中华书局2001年版,第143页。

婚未娶,订婚夫就死亡的在聘礼处理问题上是否用此法律没有明确规定,通过相关判例补充了法律在实践中的不足。至元六年(1269年)三月大都路回回人麻合马女儿阿赊与阿里儿子狗儿订婚未娶就死亡,出现聘礼纠纷。在适用法律审理时存在两种选择:一是适用中原汉人法律,不追回聘礼;二是适用回回人法律,返回聘礼一半。审理此案的回回哈的大师不曾溪等在拟判中提出,"回回体例:女孩儿不曾娶过死了的,孩儿若小叔接续,女孩儿底爷娘肯交收呵,收者;不肯交收呵,下与的财钱回与一半。这般体例。又照得娶妻财毕未成者,男女丧不追财。"他们想依照回回人的法律判决此案,但由于没有相关法律和先例确定此种情况下可以适用回回人的法律,即"欲便照依回回体例,不曾断过如此事理",于是只好呈报中书省,中书省接后转给户部复审,户部裁决同意适用回回人法律。中书省同意户部裁决,"省部得此,仰更为审问无差,依理回付一半财钱施行"。① 此案判决确立了回回人在婚姻聘礼上适用本民族法的原则。其实,此案还同时确立了元代婚姻聘礼纠纷适用各民族自己法律的原则。此判例构成对至元八年制定法律的补充和完善。

在不动产买卖问题上,元朝和宋朝一样,规定有法定优先购买人,其中邻人是具有优先购买权的人。现实中存在的一个问题是,寺院与百姓相邻居住时是否为具有优先购买权的"邻人"? 审判官员通过判例明确寺院在不动产买卖中不是具有优先购买权的"邻人"。至元八年(1271年)三月,济南路延安院张广金控告邻人段孔目将相邻本寺院的田产卖与杨官人,没有先问该寺院,地方司法机关在审理时引用前朝法律判决,"照得,旧例:官人、百姓不得将奴婢、田宅舍施、典卖与寺观,违者,价钱没官,田宅、奴婢还主"。从此法律看,并没有明确说他们之间不是邻人关系,仅是不允许买卖。司法机关由此提出寺院与百姓之间不构成邻里优先购买人关系。"其张广金虽是地邻,不合批问成交,得此。"户部复审认为"即

---

① 《元典章》卷18,"户部四·婚姻·夫亡·未过门夫死回钱一半",中国广播电视出版社1998年版,第697页。

今别无定例,如准前拟,似为相应"。户部认为没有相应法律,所以承认地方拟判。通过此判例确定寺院道观与百姓相邻在不动产交易上不属于邻人关系的法律原则。中书省要求把判例转交管理宗教事务的最高机关颁发全国寺院遵行,"札付释教总摄所施行"①。从《至正条格》看,该判例成为元朝在此方面的法律。元贞元年(1295年)安西路普净寺僧人侁吉祥诉西邻王文用将门面并后院地基卖给宫伯威不问本寺院案中礼部判决是,"僧道寺观田地,既僧俗不相干,百姓虽与寺观相邻住坐,凡遇典卖,难议为邻。合准王文用已经卖西邻宫伯威为主"。② 此案判决以至元八年判例作为依据。这里判例构成对相关法律的补充。

3. 解释型判例

中国古代判例中有很大部分是对法律概念、条文的含义进行解释与确定。不管是在什么判例模式下都有这类判例。它的重要作用是通过具体判决把法律条文、法律概念的含义加以明确或具体化。如至元五年(1268年)十月刘享诉嫂嫂阿李主婚出嫁侄女刘婆安案。此案涉及"嫡母"与"生母"的主婚权问题。此案中,阿李先是刘婆安的嫡母,后来阿李再婚后把刘婆安嫁给后夫儿子为妻,她又成为刘婆安的婆婆。阿李作为嫡母是否拥有对刘婆安的主婚权成为案件的核心。户部判决:"据阿李即系婆安嫡母,更系亲婆,不合申问,仰依理守服缺,从阿李主婚,与叔刘享一同商量召嫁。"判决确立了"父亡,母在主婚"的法律中"母"包括嫡母,把"母"从生母扩展到嫡母,明确了"母在主婚"中"母"的概念。③ 在清代,成案是解释型判例的主要来源。清道光七年(1827年),山西郝全子殴伤赵庭科致其因伤口感染死亡,审理时道光皇帝提出"折齿"是否属于"损骨"?刑部从两个角度进行说明:从生理学上,"查齿者骨之余,人生

---

① 《元典章》卷19,"户部五·田宅·典卖·卖业寺观不为邻",中国广播电视出版社1998年版,第752页。
② 韩国学中央研究院编:《至正条格校注》卷28,"条格·田令·僧道不为邻",Humanist 出版集团2007年版,第67页。
③ 《元典章》卷18,"户部四·婚姻·嫁娶·携女适人从母主嫁",中国广播电视出版社1998年版,第664页。

自少至老毁而复生,生而复落,磕跌损折,间亦有之,并不闻有因折齿伤生之事,似非损骨可比",否定"折齿"属于"损骨";其次,从司法先例上,引乾隆五年(1740年)福建省庄佛被邱协锄柄撞落牙齿,过三十五日后死亡案,该案仅依"照折人二齿以上律杖六十,徒一年"判决①,没有把折齿作为破骨保辜的法律适用范围,据此说明"折齿"不能作为"损骨"。此判决确立了"折齿"不属于"损骨"的法律,明确了"损骨"范围。

四、中国古代判例法的作用

中国古代判例的作用虽然在不同判例模式、不同朝代中有所不同,但基本作用大体相同。我们可以把中国古代判例法的作用归结为三种:作为判决的法律依据、作为法律适用的论据和作为新立法的依据。

(一)作为判决的法律依据

中国古代判例在非成文法典模式与成文法典模式下都会作为判决同类案件的法律依据发挥作用,这是中国古代判例的基本作用。例如,元朝大德三年(1299年)三月保定水军万户审理百户刘顺奸占南阳府民户何大妻子王海堂案时,在是否除去为官资格上直接适用至元二十三年(1286年)四月神州路叙浦县丞赵璋与苪用妻子陈迎霜通奸案,判决是"本部参详,百户刘顺所犯,若依赵璋例除名不叙相应。都省准呈"②,从中可以看出先例是作为该案判决的法律依据。此外,元延祐五年(1318年)十月初六,宁国路宣城县武多儿偷盗陈荣祖桎木板舡,官府直接适用先例钱庆三

---

① 《刑案汇览》卷37,"刑律·斗殴·保辜限期·殴折人牙齿不作破骨伤保辜",北京古籍出版社2004年版,第1364页。
② 《元典章》卷45,"刑部七·诸奸·官民奸·职官犯奸杖断不叙",中国广播电视出版社1998年版,第1683—1684页。

偷铁猫案对其处罚,判决"比依钱庆三偷铁猫例,将本贼刺字拘役相应"①。这里钱庆三偷铁猫案是审理武多儿案的法律依据。清代嘉庆二十三年(1818年)刑部湖广司在审理提督呈报陆烈儿叛逆缘坐案时直接适用了先例常汰妹之案。该案判决是:

> 提督咨送:陆烈儿系叛逆案内缘坐分赏为奴之犯,乘伊主令其取当时,该犯乘间脱逃,旋即畏惧投回,尚知畏法。惟伊主不愿领回,将陆烈儿比照乾隆四十一年为奴犯妇常汰妹之案,发黑龙江为奴。②

从判决看先例成为此案判决的法律依据。对于"比照"的意思,王德明指出"比照者,实非是律,为之比度其情罪,一照律例以科之。如以两物相比,即其长短阔狭,比而量之,以求一如其式……一如夫'照'字、'依'字等律之科法以为科"③。根据这个解释,"比照"在清代相当于"依",仅在遇赦时处理上略有不同。这里是把先例作为法律依据适用。

(二) 作为法律适用的论据

中国古代判例在司法中的作用之一是作为具体案件适用某一具体法律的说理依据。此种作用在秦汉时就存在,如董仲舒在审理父亲与他人互殴,儿子为帮助而误杀父亲案时,引用春秋时"许止父病,进药于其父而卒"案,将先例作为判决时适用法律的说理依据。此种情况形在元朝与清朝最为明显。元朝延祐七年(1320年)六月信州路余云六与徐仁三、陈嫩用武力抢夺客人王寿甫财物案,地方司法机关拟判窃盗罪刺配,"比依窃盗一体刺配"。呈报刑部时,刑部根据先例杨贵七案,认为余云六等人的行为"同谋白昼持仗截路,虚指巡问私盐为由,将事主王寿甫用棒打伤,推入水坑,夺讫钱物,比例合同强盗定论",应适用强盗罪,对已经判决刺配

---

① 《元典章·新集》,"刑部·诸盗·偷盗·偷船贼断例",中国广播电视出版社1998年版,第2369页。
② 《刑案汇览》卷12,"谋反大逆·缘坐人犯逃回其主不愿收领",北京古籍出版社2004年版,第436页。
③ 王明德撰:《读律佩觿》卷3,何勤华等点校,法律出版社2000年版,第78页。

不再改判,但加重到奴儿干地区充军。① 从这里看,先例是作为对余云六等人由适用窃盗罪改为适用强盗罪的依据。清朝嘉庆十四年(1809年)广东谢东受因贪财谋杀李亚养案,刑部比照适用谋故杀律,为了说明比照适用的正当性,刑部引用了四个相关先例。对四个先例,"各该省均照谋故杀本律定拟,经本部照覆在案"。于是,刑部提出,"今谢东受一犯该省依谋杀本例科断,核与王泡三等情事相同,似可照覆"。② 这里四个先例都作为类比适用相关法律的依据与理由,而不是作为法律依据。

(三) 作为新立法的依据

中国古代判例还有一个重要作用,即作为新立法的依据,很多法律是因为遇到具体个案才提出立法,后来该判例成为立法的依据。例如,东汉建中初年制定的《轻侮法》是在具体判例上发展起来的。当时有人因为他人侮辱其父而怒杀侮辱者,判案后奏请汉肃宗裁定,汉肃宗把人犯由死刑减等处罚,案件判决后成为先例,被广泛适用,"自后因以为比",成为制定相关成文法的依据。汉和帝时演化出有四五百科的法律。③ 清道光四年(1824年),直隶崔五因为疯病(精神病)发作砍死董王氏等一家四人。案件发生后,当时法律上仅有对因疯病发作杀一家二命和杀非一家三命以上的法律,即"检查办过成案,因疯杀死他人一家二命及因疯杀死非一家四五命之案,向俱照疯病连杀平人二命例拟绞监候"。对杀一家三命没有相应条例与先例,"从前核覆卢二保林之案,似因案系速议,未及详查成案,比较照议奏覆,总缘例无明文,致办理未能画一,自应酌立专条,以凭定拟",提出制定相应的条例,并拟出立法条文,"嗣后疯病杀死平人一命或连杀平人非一家二命以上,仍各照定例分别办理。其实系因疯杀死平人一家二命者,照平人殴死一家二命于绞决例上量减拟绞监候,杀死

---

① 《元典章新集》,"刑部·诸盗·骗夺·持仗白昼抢夺同强盗",中国广播电视出版社1998年版,第2380—2381页。
② 《刑案汇览》卷22,"刑律·人命·谋杀人·将钱用去恐其不依谋死人命",北京古籍出版社2004年版,第806页。
③ 《后汉书》卷44,"张敏传",中华书局1965年版,第1502—1503页。

一家三命以上者照平人殴死一家三命以上于斩决例上量减拟斩监候,俱秋后处决。除致毙一命之案秋审时照例入于缓决外,其连毙二命及一家二三命以上者,俱照向例入于情实,倘审系装捏疯迷,严切讯明,按谋故斗杀一家二三命各本律例问拟"。① 最后此条被写入条例,成为成文法。从历史渊源看,此案既是一个先例,同时也是立法的依据。

五、中国古代判例法的特点及适用判例的论证类型

(一) 中国古代判例法的特点

中国古代判例法有完整的逻辑结构和方法。前面指出它主要借助中国古代特有的逻辑分类、"类"的比类来完成,在"类"的比较适用中发展出完整的逻辑结构。

1. 完整的逻辑结构

中国古代判例法的逻辑结构特点可以从清代一个有影响的判例的一系列适用中看出。此案即雍正十年(1732年)江西省丁乞三仔殴死无服族兄长丁狗仔案。该案被先后适用于乾、嘉、道等朝的类似案件中。此案具体情况是:"(雍正十年江西省)丁乞三仔年仅十四,与年长伊四岁之丁狗仔一处挑土。丁狗仔欺伊年幼,令其挑运重筐,又拾土块掷打,本属有心欺凌,丁乞三仔拾土回掷,适伤丁狗仔殒命。"案件最后裁决时,雍正帝提出不能适用当时的斗殴杀人法,要求九卿会议提出拟判。九卿会议后提出减刑处理,即杖一百,流三千里,采用赎刑,追埋葬银二十两给受害人家属。此案判决成为判例,并被写入条例,即"十五岁以下被长欺侮殴毙人命之案,确查死者年岁长于凶犯四岁以上,而又理曲逞凶,方准援照丁乞三仔之例声请"。如果我们对此判例进行分析,会发现它的基本案件事

---

① 《刑案汇览》卷32,"刑律·人命·戏杀误杀过失杀伤人·因疯杀死多命分别治罪",北京古籍出版社2004年版,第1193—1194页。

实有四个方面,首先,在形式上:(1)人犯年龄在十五岁以下;(2)受害人比人犯年长四岁以上。其次,在实质上:(1)受害人对人犯有欺凌、逞凶等欺辱行为;(2)人犯无逞凶的故意。从现在记载的案例看,完全适用此先例的典型判决是乾隆五十八年(1793年)江苏徐五倌杀死徐九倌案。为了全面了解中国古代适用判例判决的情况,兹全录于下:

> 曾看得金山县民徐五倌㭸伤徐九倌身死一案,据苏抚奇疏称,缘徐五倌年甫十一,与现年十五岁之徐九倌,同姓不宗,素识无嫌。乾隆五十八年正月二十一日,徐五倌携取铁搭,在地㭸取萝卜。时徐九倌与项泉倌在田挑菜,徐五倌㭸出萝卜半截,尚有半截为经㭸出。徐九倌即向徐五倌索食。徐五倌不肯,又举搭往下一㭸,适徐九倌因徐五倌不肯给食,赶上抢夺。徐五倌收手不及,以致铁搭㭸伤徐九倌右脚面,倒地哭喊。经项泉倌报知伊父徐惠明,扶回医治不效,延至二十二日夜因伤殒命。报验讯详,审供不讳,究系适伤致毙,并无起衅别故。此案徐五倌用铁搭㭸取萝卜,徐九倌向其索食不允,赶上抢夺,适徐五倌举铁搭复往下㭸,收手不及,以致㭸伤徐九倌脚面身死,虽非有心欲杀,但索食不与,已有争拒情形,应以斗殴科断。将徐五倌依律拟绞监候,并声明徐九倌长于该犯四岁,实系恃长欺凌,核与丁乞三仔之案相符,应照例声名等因。具题前来。据此,应如该抚所题,徐五倌合依斗殴杀人者,不问手足他物金刃并绞监候,拟绞监候,秋后处决。该抚既称徐九倌往抢萝卜,失手㭸伤,并非有意逞凶,核与丁乞三仔之案相符,应照例声明恭候钦定等语。查雍正十年,臣部议覆江西抚臣谢旻题丁乞三仔殴伤丁狗仔一案,奉旨:"丁乞三仔年仅十四,与丁狗仔一起跳土,丁狗仔欺伊年幼,令其挑运重筐,又持土掷打。丁乞三仔情有可原,着从宽减等发落,仍勒追埋葬银两,给付死者之家。钦此。"又例载:十五岁以下,被长欺侮殴毙人命之案,确查死者年长于凶犯四岁以上,而又理曲逞凶,或无心戏杀者,方准援照丁乞三仔之例声请,恭候钦定。各等语。今徐五倌年甫十一,已死

之徐九倌年已十五,长于该犯四岁。徐九倌因其不给萝卜,赶上抢夺,本系恃长欺凌。该犯失手垫伤,并非有意逞凶,与丁乞三仔之案相符。相应照例声明,恭候钦定。倘蒙圣恩准其减等,臣部行文该抚,将徐五倌减为杖一百,流三千里。该犯年未及岁,照律收赎。仍勒追埋葬银二十两给付尸亲收领,以为营葬之资等因,乾隆五十八年十二月十七日题。十九日奉旨:"徐五倌从宽免死,照例减等收赎。余依议。钦此。相应行文该抚遵照可也"。①

分析此判决书中适用先例的方法,我们可以对待判案件与先例的相同点分别从形式要件与实质要件进行比较。形式要件上人犯徐五倌十一岁,徐九倌十五岁,两者相差四岁;实质要件上徐九倌强抢徐五倌的萝卜,属于"恃长欺凌",人犯由于收手未及,属于无逞凶意图行为,所以适用先例判决。《刑案汇览》中引用该判例的个案还有很多,其中最明显的有六个案件,而六个个案中仅有嘉庆三年(1798年)四川杨继敞戳伤杨学全死亡案完全适用该先例;其他五个案例被否定适用该先例,这些个案都是从实质上比较后改变的。如,道光六年(1826年)江苏戴七砍伤彭柏子死亡案,在实质要件上人犯有逞凶情节;嘉庆十九年(1814年)江西陈枚太致伤钟任新死亡案,在实质要件上被害人与人犯仅是戏谑,不是欺侮,更无逞凶情节;嘉庆十七年(1812年)四川杨文仲殴伤张兆熊死亡案中受害人虽是理曲,但无逞凶情节;嘉庆二十年(1815年)广西熊照戳伤林奉死亡案中受害人虽逞凶但无理曲;嘉庆二十二年(1817年)江西唐细牙因被王进颖扭住挣脱致王时颖跌伤身死,受害人无理曲和逞凶情节。以上五个案件分别在本质上构成对先例丁乞三仔案实质要件的再确定。从上述案件对丁乞三仔案的适用中可以看出,中国古代判例法适用的基本逻辑形式包括了形式比较与实质比较,是一个完整的逻辑结构。

---

① 《江苏成案·名例》卷2,载杨一凡主编:《历代判例判牍》(八),中国社会科学出版社2005年版,第18—19页。

2. 分类适用判例

中国古代在判例使用上还具有分类适用的特征,即根据判例在社会事件中的典型性,把判例分为不同的效力等级。如清乾隆三年(1738年)刑部议复御史条奏时规定,"凡属成案未经通行着为定例者,毋得牵引。如办理案件果有与旧案相合,可援为例者,许于本内声明"①。这种区分判例效力等级、分别适用的做法有助于使法律适用保持一种动态稳定。此外,清朝对先例的引用具有一定时间限制,以保证相关案件在五至十年之间判决一致,使对成文法的解释能够在适应社会发展的同时,保证案件在一定时期内的稳定与一致。在宋、明时期同样如此。宋朝在不同时期编修相关《断例》,明朝《明实录》上记载刑部根据社会发展修订相应"事例",通过废止旧事例来对判例进行更新。

(二) 中国古代判例适用的论证类型

中国古代判例适用的基本特征是在法律论证上采用严格比类推理的方法与说理的高度伦理化。这与中国古代判例受制于相关法律结构及文化传统有关。

1. 严格比类推理

中国古代判例创制与适用中的基本推理方法是比类推理。这包括两种方法,即类推与比附。"比类"方法是判例产生的逻辑前提。因为中国古代法律适用中在判决上追求"类"与"类"一致,即同"类"案件同"类"判决。由于使用比类方法,中国古代司法技术在成文法下开始区分"类推"和"比附"两种方法,以便在司法实践中分别解决不同的法律问题。"类推"解决罪名适用问题,"比附"解决量刑上情理罪刑相应问题。如北魏费羊皮案在对张回适用法律时就采用类推的方法,廷尉少卿杨钧在提出类推适用掠人罪时指出,"准此条例,得先有由;推之因缘,理颇相类。

---

① 《刑案汇览》卷30,"刑律·人命·斗殴及故杀人·两家互殴各毙一命分别减等",北京古籍出版社2004年版,第1091页。

即状准条,处流为允。"①类推解决了立法不能穷尽罪名带来的问题,使得适用法律时可以有限之罪名应对无穷之情节。比附则解决了中国古代司法判决中追求情、理、罚相一致的司法需要。由于中国古代法律运作中多数时候以成文法、特别是法典法为前提,加上中国人传统上特有的"比类"思维,所以中国古代适用判例法量刑是在严格的类比推理下进行的。例如,清嘉庆十年(1805年)广东刘小来故意杀死唤姐案,就比类适用乾隆五十五年(1790年)四川文思镜谋杀陈黄氏案。刑部判决时认为:"详核案情,刘小来故杀唤姐,与文思镜谋杀黄氏情事相同,刘小来衅起挟嫌,文思镜复仇杀由义忿,文思镜既仍照谋杀定拟,则刘小来拟以故杀似可照覆。"②这里先例是通过类推适用了谋杀律,而后案在适用该先例时也采用了类推。

2. 高度伦理性说理

中国古代判例法的基本特征是高度伦理化的说理。自春秋以来,历代如此。汉代董仲舒所创先例主要是通过伦理性说理进行的。如丈夫出海遇风、船溺夫死、妻子遵从婆婆指令改嫁案,法律适用上属于疑难案件,拟判时按相关法律应判弃市,"甲夫死未葬,法无许嫁,以私为人妻,当弃市"。但此案当事人改嫁是在婆婆的命令下进行,与主动再嫁不同,官方将此案转请董仲舒审理,他在判决中引入实质性价值进行说理:"臣愚以为《春秋》之义,言夫人归于齐,言夫死无男,有更嫁之道也。妇人无专制擅恣之行,听从为顺,嫁之者,归也。甲又尊者所嫁,无淫行之心,非私为人妻也。"于是,判决"明于决事,皆无罪名,不当坐"③。判例往往是在缺乏法律明文规定时形成,因此需要借助非法律的内容说明如何判决。而道德在中国古代社会作为社会的主要规范体系发挥着重要作用,中国古

---

① 《魏书》卷111,"刑法志",中华书局1974年版,第2881页。
② 《刑案汇览》卷26,"刑律·人命·杀死奸夫·因被谗言责逐杀死父之奸妇",北京古籍出版社2004年版,第952页。
③ 李昉编纂:《太平御览》卷640,夏剑钦校点,河北教育出版社1994年版。

代道德体系基本上是儒家伦理礼制,所以,在缺乏法律明文规定时儒家伦理道德理所当然地成为制作判例的说理依据。

六、中国传统判例制度与近代英国判例制度异同

如果我们对中国古代判例法与近代普通法系国家判例法形成的哲学基础、创制先例的说理方式、判例形成的权力结构和运行的价值语境等方面进行对比分析,会发现它们有相似的哲学基础和说理方式;其不同之处在于运作在不同的程序结构中,其中司法程序的权力结构不同构成两类判例法的基本差异,并成为两者其他诸多区别的原因。

(一) 两者相似之处——相似的哲学基础

认真分析,中国古代判例法与普通法系国家判例法的哲学基础是相似的,都是建立在一种折衷主义认识论的哲学基础上。中国古代认识论上的折衷主义思想在先秦儒家中表现最为明显,到汉朝这种哲学思想基本上确立了在中国古代法律体系中的基础性地位。先秦儒家对经验的推崇在一定程度上是中国古代判例法得以形成的前提。儒家学者坚持在制度创制上法古、遵古。孔子认为治理国家最好的办法是"俱道尧舜","法先王"而治。相信从过去经验中可以吸取治国的原则,是因为他们不认为当今的人有构建全新社会制度的能力。这也是为什么叔向与孔子反对制定成文法典的原因。韩非子在《显学》中曾指出儒学的特征是"不言今之所以为治,而语已治之功,不审官法之事,不察奸邪之情,而皆道上古之传誉、先王之成功"[①]。

战国晚期,儒家在与法家等诸家长期争辩并反思司法实践后,开始出现转变,转向一种折衷主义,即不再完全坚持经验主义,而转向一种包含

---

① 《韩非子·显学第五十》卷19,载《诸子集成(5)》,上海书店出版社1986年版,第356页。

经验理性的法制思想。在承认"推类""比类"和"议法"等遵循经验的方法的重要性同时,开始承认成文法的重要性,不再简单否定"成文法"。首创这种折衷思想的学者是战国晚期重要思想家荀子。荀子坚持一种经验理性的认识论,一方面承认人有认识世界的能力,另一方面承认这种认识是一种进化式的发展。从无到有,在过去经验中不断累积。所以,荀子不否定成文法的重要性,同时承认"人"与"义"的重要,强调对法律的时代性理解,提出对法是可以"议"的,而不是像法家那样绝对排斥对法律的"议"。慎到在对成文法的认识上曾提出一个有名的论断,即恶法优于无法:"法虽不善,犹愈于无法"①。这在本质上是一种绝对的法律形式主义立场。在《非十二子》中,荀子曾指出慎到与田骈的缺点是"尚法而无法,下修而好作,上则取听于上,下则取从于俗,终日言成文典,反训察之,侧倒然无所归,不可以经国、定分"②。这是对法家坚持成文法的绝对形式主义的批判。这样,荀子的理论批判了当时法家过于强调法律形式而否定实质正义的问题,同时纠正了先秦儒家主流学者过度追求实质正义而否定形式正义的缺点。荀子提出:"以类度类,以说度功。"③我们认为,荀子此处的"类"是一种哲学上的"类",并不必然是指判例法,因为他的"类举"包括对非司法领域其他问题的解释方法和原则。他的意思是如果相关事件已经有相应法律,就必须按相应法律来行事,如果没有相关法律则可通过类推来完成。④ 当然,若某事件具有典型性,即成为某个类时,就可作为后来处理同类事件的先例。荀子的这种观点从根本上为中国古代判例法在成文法语境中的存在提供了哲学基础。

---

① 《慎子·威德》,载《诸子集成(5)》,上海书店出版社 1986 年版,第 2 页。
② 《荀子·非十二子第六》卷3,载《诸子集成(2)》,上海书店出版社 1986 年版,第 58—59 页。
③ 《荀子·非相第五》卷3,载同上书,第 52 页。
④ 对荀子类推问题,有学者专门进行过研究,其中张斌峰认为荀子的"类"是"指同类的事物,是各自能感觉到的那一类事物",并提出荀子的类与类推具有特定的含义,即"由事实面向转向伦理面向;为以'伦类'、'统类'、'大共名'的人文之类;内涵式(实质性)的类;遵守同义律;有情境的、甚至是人文情境中进行的语用推理;面向智慧证成、审美意境的达成;以人文情境为语境的语用推理"等特点。参见张斌峰:《荀子的"类推思维"论》,载《中国哲学史》2002 年第 2 期。

在汉朝中期的"盐铁论"之争中,代表儒家思想的文学家不再否定成文法的重要性,只是反对通过立法来完全构建整个社会。

> 大夫曰:"令者所以教民也,法者所以督奸也。令严而民慎,法设而奸禁。周疏则兽失,法疏则罪漏。罪漏则民放佚而轻犯禁……"文学曰:"道径众,人不知所由;法令众,民不知所辟。故王者之制法,昭乎如日月,故民不迷;旷乎若大路,故民不惑。幽隐远方,析乎知之,室女童妇,咸知所避。是以法令不犯,而狱犴不用也。昔秦法繁于秋荼,而网密于凝脂,然而上下相遁,奸伪萌生,有司治之,若救烂扑焦而不能禁;非网疏而罪漏,礼义废而刑罚任也。方今律令百有余篇,文章繁,罪名重,郡国用之疑惑,或浅或深,自吏明习者不知所处,而况愚民乎!律令尘蠹于栈阁,吏不能遍睹,而况于愚民乎!此断狱所以滋众,而民犯禁滋多也"。①

从这段论述看,汉儒继承了荀子承认法的重要性思想。他们在承认成文法的同时反对无限制定法律,认为法律既然不能穷尽社会的所有问题,那么制定一个网罗所有社会问题的法典就不是一个好办法。这种思想对汉朝以后成文法典的结构与形式起到了决定性的作用。正是在这种思想影响下,才会在三国以后出现以简约、明确为立法目标的法典体系。

英国普通法产生的哲学基础与中国古代是相似的。伯尔曼认为英国判例法的哲学始于17世纪,最初由自然科学界开始。"这是一场革命性的变革,特别地反映在艾萨克·牛顿和约翰·洛克的传记和著述里,他们中的每一个都完全否认人类的思维能力能够得到绝对的真理,因而改为强调在不同的知识领域里取得不同程度可能性的不同经验方法。"②这种思想得到休谟等人的大力发展,成为推动英国判例法最后完成的哲学动力。近代英国法律传统是在休谟等人的影响下相对独立发展,以休谟为

---

① 《盐铁论译注·刑德篇五十五》,王贞珉注译,吉林文史出版社1995年版,第472页。
② [美]哈罗德·J. 伯尔曼:《法律与革命:新教改革对西方法律传统的影响》(第二卷),袁瑜琤、苗文龙译,法律出版社2008年版,第281页。

代表的英国学者的基本立场是"人类世界的特性仍是不可知的:这是一个或然性的世界"①。伯尔曼在对17世纪至18世纪英国先例传统发展为判例法的哲学基础进行论述时指出:

> 传统先例学说建立在17世纪后期,由化学家罗伯特·波义尔、物理学家埃萨克·牛顿、法学家马修·黑尔以及皇家学会的其他杰出成员详细解释的自然科学理论的基础上。这个理论后来在18世纪中期由大卫·休谟做了发展。休谟将我们的真理知识归于我们检验真理的心智习性,而且他把这些心智习性归于从过去传下来的社会习俗。这是波义耳理论的形而上学版本,它认为无论自然知识还是社会知识的最终来源都是使用经验观察的同行的确认和接受。这种传统先例学说认为先前的裁定通过司法活动重复地适用至类似案件中是它们的可能正当性的最好证据,正如物理学家和化学家共同对科学实验结果的重复确认被认为是其科学发现的可能真理的证据一样。②

从以上论述可以看出近代判例法在英国的形成与近代英国特定的认识论哲学基础有重要的关系。这种认识论与中国古代的折衷主义的认识论十分相似。

(二) 两者的差异——判例法的效力来源不同

中国古代判例法与普通法系判例法的主要差异是两者所在的权力结构不同,因而效力来源不同。中国古代判例的效力基本上是一种行政性权力结构运作的产物。适用先例是减少被上级驳回和改判的最佳选择。近代英国司法结构中上级法院与下级法院之间不存在行政性权力结构的

---

① 〔葡萄牙〕叶士朋:《欧洲法学史导论》,吕平义等译,中国政法大学出版社1998年版,第161页。
② 〔美〕哈罗德·J.伯尔曼:《法律与革命:新教改革对西方法律传统的影响》(第二卷),袁瑜琤、苗文龙译,法律出版社2008年版,第289—290页。

服从关系。下级法院的判决有可能由当事人及其代理律师的上诉而被上级法院推翻,但作出判决的下级法院法官并不因此承担行政上的责任。中国古代上下级司法机构之间是一种行政性的上下级关系,上下审级之间存在行政性的服从关系;而近代英国程序结构是一种非行政权力结构。中国古代司法机关在审级上仅有初审管辖上的区别,并没有上诉上的限制,反而规定很多案件必须由上级司法机关层层覆审、复核和裁决。近代英国的审判程序中,判决在法定管辖级别内作出、在法定时限后自动生效,不受制于上级司法机关。近代英国司法机关的上下级间没有那种必然的、法定的覆审、复核和裁定关系,除非当事人提起上诉或申诉。但是,在中国除元朝以外的绝大多数朝代的先例创制程序上,如清朝,某个案件的判决要成为判例,必须由中央明确规定,否则疑难案件的判决不能成为法定判例。

中国古代判例在创制上的一个重要特点,是其形成并非通过下级司法机关的自愿遵循,遵循先例是权力体制的要求,因为判例是中央最高国家机关[①]解释与确立的。中国古代判例的形成往往是针对疑难案件,这些案件需要通过法定程序层层拟判与覆审,最后由中央最高司法机关作出裁定,发生效力。这种特定性质的案件在正常审理时设有法定转审程序,只有完成相应司法机关的覆审后判决才能生效。从一定角度看,中国古代判例的形成,本质上是国家对制定法的解释或一种新立法,与近代英国普通法的形成有根本区别。因为中国古代自秦朝以来,在中央除了皇帝之外,设有专门的、非常职业化的司法机构,如秦汉时的廷尉、唐宋时的大理寺、元明清时的刑部。它们既有对全国所有案件的覆审权,以及对全国重刑案件与疑难案件的判决权、裁决权,对全国法律的解释权,也有制定法律的权力。这种司法权力结构是中国古代判例法存在的制度原因,也是中国古代判例法有别于近代普通法系判例法的制度原因。

---

① 中国古代中央司法机关与立法机关是同一机关,所以大司寇、廷尉、大理寺、刑部等司法机关作出的判决往往也是相应的立法与法律解释,所以对它们判决的疑难案件的遵循本质上是对相关法律解释与立法的适用,是法制体系内的一种要求。

本章展示了一幅中国古代判例法形成、运作方面的图景,表明中国古代判例法从形成、载体、适用方式、论证模式等方面都自成体系,是古代中国法律制度中一种特殊的法律形式。理解中国古代传统判例法的内在特质、司法功能、运作机制,既有助于对中华法系的全面理解,也有助于获取建设中国案例指导制度的本土资源。

对成文法与判例之间的关系及判例在司法中的作用,我们引述清朝在刑部工作十多年的官员熊莪的话作为本章结语:

> 盖律例为有定之案,而成案为无定之律例。同一罪犯也,比诸重则过,比诸轻则不及,权轻重而平其衡,案也,律例也。同一轻重也,比诸彼则合,比诸此则否,汇彼此而析其义,案也,律例也。尝取而譬之,律例,题也;案,文也。题一而已,作文者不啻万焉。文不同而同如其题,案不同而同如其律例。题之所未言而见诸文,不读文无以尽题之蕴。律例之所未有而见诸案,不绎成案无以观律例之通。夫天下情伪多矣,即成案亦乌足以穷其变。然引而伸之,触类而长之,可以颢若画一。故曰:成案者,无定之律例也。称此以为断,其于民命庶无枉滥矣乎!①

---

① 熊莪:《叙》,载何勤华、沈天水等点校:《刑部比照加减成案》,法律出版社2009年版,第4页。

第三章　德国法中的先例

本章旨在讨论作为大陆法系的典型国家德国是如何发展先例制度的,以及先例在德国法律制度中的作用。

遵循先例,德文中的术语是 Präjudizienbindung(先例的约束力),不过,国际上更通用的是拉丁术语 stare decisis,笔者下面将采用这一术语。遵循先例在普通法系有着根深蒂固的传统,但仍然很难对它进行定义。因为即使在普通法系,也并非只有唯一的一种遵循先例的规则。例如,英国、美国与加拿大这些普通法系的主要国家对于遵循先例的严格程度的理解就有很大的不同。① 不过,它们仍然共享该原则的核心部分,即下级法院一般而言受到上级法院判决的拘束,如果在类似的案件中下级法院违背了上级法院在先例中采用的判决意见,那这将被视为是错误的。② 就本章而言,暂且可以将其视作遵循先例的一个可用的定义。

笔者将在第一部分对德国法律制度的基本原理与方法论进行简单的概括,然后将在第二部分对相关的宪法规范进行简要的分析;在第三部分,笔者将会谈到不同的程序法典中涉及先例的相关部分,而在第四部分则会探讨先例在法律实践中的作用,这在成文法中是反映不出来的;第五部分则对德国法院判决书的结构与公布进行研究;最后会给出一个简短的结论。

---

① Cf. e.g. Lloyd, *Introduction to Jurisprudence*, 5th edition, London, 1985, pp.1112—1113.
② Cf. Benditt, The Rule of Precedent, in Goldstein (ed.), *Precedent in Law*, Oxford, 1987, pp. 89, 90.

一、德国法律制度的基本原理与方法论

德国法,作为大陆法系的典型代表,以一系列的法典为基础。因此,德国的法律以成文法为主,而法院的任务就是适用这些法典。但随着社会生活的变化,没有任何法典可以为所有可能出现的法律问题提供清楚明确的答案。法官们通过解释法律来适用法律。适用法律的含义是什么以及法律应当被怎样解释?这始终是法哲学的中心议题。① 学者们的对话②以及法院的判决逐渐创立了一套法律解释方法的规则,以便德国法官在判案没有法典条文作为依据和支撑的情况下,诉之于此。据德国宪法法院(以下简称"宪法法院")称,法律解释的目的不是为了发现过去立法机关曾有过的立法目的,例如当年的立法者意图如何立法(主观的法律解释理论),而是为了发现立法者在法律条文中所表现出来的客观的立法目的(客观的法律解释理论)③。宪法法院认可传统的法律解释方法,如依据法条字面的一般含义进行的解释,依据上下文意思进行的解释,为了阐明法条的意图与目的而进行的解释。另外,较次要的是依据法律的制定历史过程进行的解释,但这种解释没有前三种方法更具权威性。④

然而,解释并不能为当前的问题直接提供答案。无论如何,法官应该回到判决上来,因为依据《基本法》,即德国的宪法,原则上每个人都有权

---

① 近期研究请参见 Röthel, *Normkonkretisierung im Privatrecht*, Tübingen, 2004。
② Cf. e. g. von Savigny, *Vom Beruf unserer Zeit für Gesetzgebung und Rechtswissenschaft*, 1814, reprint of the 1840 edition, Hildesheim, p. 1967.
③ Cf. e. g. BVerfGE 11, 126, 129—131.
④ Ibid.

利将自己的法律纠纷交由法院来裁决。① 因此,法官必须想办法来弥补他所面临的立法漏洞②。为此,法学方法论为这种具有多种形式的类推方法提供了支持。③ 类推最基本的结构包括识别法律中的漏洞④,并通过适用法典中虽不直接对应当前问题但却具有相似性的条款来弥补此漏洞(即个别类推)。很显然,这一过程中的主要困难在于如何判断当前的问题与法典条款所涵盖的问题是否具有相似性。此外,还有一种法律类推被称为总体类推。这种方法并非通过类推抽象出单个法律规范,而是从一系列不同的法律规范中抽象出一个法律原则,然后适用于当前的案件,此原则被认为与这些被讨论的法律规范所针对的案件具有相似性。

德国宪法法院一直以来的观点在于,只要类推不造成公民在刑法⑤和税法⑥领域的损害,即不被视为违宪。⑦ 但事实上法院已经走得更远。它不仅认可了法律规范的类推适用,而且更为广泛地支持了"司法对法律的创造"(即法官的司法续造⑧)是司法机关一项合法的任务。⑨ 在实践

---

① Cf. e. g. Papier in Isensee/Kirchhof (ed.), *Handbuch des Staatsrechts der Bundesrepublik Deutschland*, Band VI, Heidelberg, 1989, § 153 Annotations 7—24 with further references. 对于基本法中到底是哪一条款才可认定作为这一权利的基础,是存在争议的,但毋庸置疑的是这项权利一定存在。Compare e. g. Papier, ibid, and Degenhart, in Sachs (ed.), *Grundgesetz Kommentar*, 2nd ed. , Munich, 1999, Art. 191 Annotation 2.
② Cf. e. g. Pawlowski, *Methodenlehre für Juristen*, 3rd edition, Heidelberg, 1999, pp. 210—226.
③ 关于德国法学界历史上不同的学派提出的各种类推的理论,见 Begriffs-, Interessen- and Wertungsjurisprudenz in Pawlowski, *Einführung in die Juristische Methodenlehre*, 2nd ed. , Heidelberg, 2000, pp. 78—132 以及 Pawlowski, *Methodenlehre für Juristen*, 3rd edition, Heidelberg, 1999, pp. 215—226。
④ 关于法律中可能出现的不同漏洞类型,见 Cf. e. g. Pawlowski, *Methodenlehre für Juristen*, 3rd edition, Heidelberg, 1999, pp. 210—214。
⑤ 参见德国《基本法》第 103 条第 2 款"一个行为只有当它的可罚性在行为实施之前就已经为法律所规定时才能被惩罚"以及 BVerfGE 71, 108, 115。
⑥ BVerfG, NJW 1985, 1891.
⑦ Cf. e. g. BVerfGE 82, 6, 11.
⑧ 我会继续使用这一术语,因为经过翻译会失去它的一些特定的含义。
⑨ Cf. e. g. BVerfG 34, 269, 287; BVerfGE 88, 145, 167; BVerfGE 95, 48, 62.

中,法官司法续造的主要适用领域包括普通私法①、不正当竞争法②和劳动法③。宪法法院认为,尽管议会的立法活动最初是清晰明确的,但事实或法律的发展会使之变得不明确并且需要补充。④ 它承认,无法想象在实践中立法机关可以预见到所有可能出现的问题并在制定法中加以规定。⑤ 因此,依据宪法法院的观点,司法机关的任务就不限于仅仅认可与宣称立法机关的决定。同样,司法机关应该找出那些有价值的判决——即那些虽然没有或只是不完全表现在成文法中,但无论如何却深深植根于宪法精神之中的判决——然后必须将这些判决适用于手头上那些成文法无法提供解决答案的特定案件中来。不过,宪法法院强调,这样的过程绝不能主观臆断,而必须依赖于合理的论证。⑥ 宪法法院指出,《基本法》第20条第3款规定⑦:

> (3)立法机关应该受制于宪法,而行政机关与司法机关应该受制于法律与正义。

除了为法官的司法续造提供宪法依据外,宪法法院还认为,"法律与正义"⑧之说,意味着"尽管法律与正义事实上一般可以画等号,但这并不是必然的,也并非总是如此"⑨。毋庸置疑,与任何狭义的法律实证主义的表现形式都显然背离的,是纳粹时期的法律实践。那时候,即使最残忍

---

① Cf. e.g. Diedrich, *Präjudizien im Zivilrecht*, Hamburg, 2004; Gregoritza, *Die Kommerzialisierung von Persönlichkeitsrechten Verstorbener*, Berlin, 2003; Koller, *Die Risikozurechnung bei Vertragsstörungen in Austauschverträgen*, Munich, 1979; Marotzke, *Das Anwartschaftsrecht—ein Beispiel sinnvoller Rechtsfortbildung*, Berlin, 1977.
② Cf. e.g. Ohly, *Richterrecht und Generalklausel im Rechts des unlauteren Wettbewerbs*, Cologne, 1997; Knies, *Der wettbewerbliche Leistungsschutz—eine unzulässige Rechtsfortbildung?*, Hamburg, 1996.
③ Cf. e.g. the contributions in Hanau (ed.), *Richterliches Arbeitsrecht*, *Festschrift Dieterich*, Munich, 1999.
④ BVerfGE 82, 6, 12.
⑤ BVerfGE 34, 269, 287.
⑥ Ibid.
⑦ BVerfGE 34, 269, 286—287; BVerfGE 82, 6, 12; BVerfGE 88, 145, 166.
⑧ Emphasis added.
⑨ BVerfGE 34, 269, 286—287.

的法律也是由司法机关与行政机关共同实施的。① 因此,制定于1948年至1949年的《基本法》强调,可能存在法律与正义之间发生激烈冲突的情形,届时,成文法不具有权威而必须让位于正义。②

然而,宪法法院对法官司法续造的上述立场并不仅仅来源于《基本法》第20条第3款的规定,而且还有《法院法》③第137条的支持。依此规定,联邦最高法院的特别法庭有责任进一步促进法律的发展。

法官的司法续造现象在民法法系中会引发一系列的问题:如果法官参与到立法中来,那么他们的界限在哪里,这样的努力又会导致什么样的后果?

(一) 司法性造法的界限

司法性立法可以补充但不能与成文法相违背,例如,它可以超越法律但不能违背法律。④ 对司法的创造性有所限制的最终依据是《基本法》第20条第2款⑤所规定的三权分立原则:

> 国家的一切权力来源于人民,应该由人民通过选举和其他投票方式以及通过特定的立法机关、行政机关与司法机关来行使。⑥

《基本法》第20条第2款区分了立法机关、行政机关与司法机关。立法的权力只属于立法机关。这在上面引用的《基本法》第20条第3款可以看出来。⑦ 立法机关不受制于成文法(除宪法外),因为它们书写法律。而司法机关则受制于成文法。因此,《基本法》第20条第3款不仅可以看

---

① Cf. Herzog in Maunz/Dürig (ed.), *Grundgesetz Kommentar*, Volume III, Munich (looseleaf, last update February 2004), Article 20 Annotation 53.
② 参见所谓拉德布鲁赫公式, Radbruch, *Rechtsphilosophie*, 4th ed., Stuttgart, 1950, p.353。
③ BVerfGE 34, 269, 288.
④ BVerfGE 88, 145, 166f.; BVerfGE 82, 6, 12—13; Sachs in Sachs (ed.), *Grundgesetz Kommentar*, 2nd ed., Munich, 1999, Art. 20 Annot. 120.
⑤ Cf. BVerfGE 95, 48, 62.
⑥ Cf. fn. 23.
⑦ BVerfGE 34, 269, 286.

作是司法续造的依据,也与第 20 条第 2 款一起构成了司法性立法的界限。①

(二) 司法性造法的后果

法官的司法续造会导致什么样的后果? 其结果可以被称为"法官造法",前提是人们必须清楚这里的"法"的含义与《基本法》第 20 条第 3 款规定的"法律"是不同的。要使法官造法得到进化,它就必须得到进一步适用和发展,例如,它必须得到解释。因此,法院必须识别出某个潜在先例的判决理由。大体上说,判决理由是由判决书中法院对如何得出该判决所必须阐明的法律命题所组成。而相反,附带意见则不是得出判决所必需的。② 在普通法系,判决理由与附带意见的区分有根本的重要性③,因为原则上,对"遵循先例"而言,只有判决书中的判决理由才对以后的案件具有拘束力。但在德国,两者的区分则不是那么重要。④ 这在下文会阐明原因。我们会看出,在德国法中没有正式的遵循先例之说,例如法官造法一般而言是不具有拘束力的。它只有在变成了习惯法之后才会成为法律渊源。⑤ 而习惯法则被认为是位阶低于《基本法》第 20 条第 3 款规定的"法律与正义"的一种法律渊源。⑥

---

① BVerfGE 82, 6, 11 and 13.
② 这是简单的定义,至于对关于区分判决理由与附带意见两者的各种理论的详细叙述,见 Cross/Harris, *Precedent in English Law*, 4th ed., Oxford, 1991, pp. 39—96。
③ 关于判决理由与附带意见更加详细的讨论见上注.
④ Röhl, *Allgemeine Rechtslehre*, Cologne, 1994, p. 568.
⑤ Langenbucher, *Die Entwicklung und Auslegung von Richterrecht*, Munich, 1996, p. 115; Müller, *Richterrecht*, Berlin, 1986, pp. 111—118. 关于普通法系先例作为一种法律渊源,以及先例与惯例的关系的讨论,参见: Cross/Harris, *Precedent in English Law*, 4th ed., Oxford, 1991, pp. 165—172.
⑥ 从纯学术角度看,习惯法的效力层级是否低于德国《基本法》第 20 条第 3 款的"法律"或"正义",这一问题的讨论见 Herzog in Maunz/Dürig (ed.), *Grundgesetz Kommentar*, Volume III, Munich (looseleaf, last update February 2004), Article 20 Annotation 52。

二、德国宪法与遵循先例

德国没有正式的遵循先例制度的这一事实不仅对于法官造法而言是正确的,而且对于纯粹解释性的判例法而言——例如那些没有诉诸法官司法创制,而仅仅是通过解释法典来适用法典的判决——也是正确的。这里有很多例外情形,在第三部分会谈到。不过,德国宪法既不要求也不允许对遵循先例之说予以接受。

严格遵循先例具有很多优点,最突出的就是,法律面前的平等性与法律的确定性。如果法院不需要遵循先例,那么相同的案件就有可能得不到相同的处理,判决结果取决于聆讯案件的法院,甚至某个法官。同样,这也会使得类似案件的公民与律师难以预知,当打官司时他们的法律纠纷会得到如何解决。而当法院决定放弃自己曾经遵循的一系列推理方式时,合理的期待就会落空。

《基本法》要同时确保法律面前的平等性与法律的确定性。《基本法》第 3 条第 1 款规定:"法律面前人人平等。"①

一般而言,法律确定性概念与对合理期待的保护被解读为蕴含在《基本法》第 20 条第 3 款的法治原则之中。②

然而虽然有这些条款的保证,但《基本法》却没有对遵循先例的原则作出任何规定。从实践看,所谓遵循先例的优点实际上在某种程度上只是从理论角度而言的。在实际生活中,遵循先例并不能保障法律的确定性与法律面前的平等性。当然,普通法系的法院可以通过区别他们认为不适合的先例③,从而留出相当的空间来保持制度的柔韧性,因此潜在

---

① Cf. fn.
② Cf. e. g. BVerfGE 7, 89, 92; BVerfGE 13, 261, 271.
③ 关于这种区别技术见 e. g. Raz, Law and Value in Adjudication, in: Raz, *The Authority of Law*, Oxford, 1979, pp. 179, 183—189。

地,判决结果有时也令相关当事人出乎意料。

从学理上说,为什么德国宪法没有规定遵循先例原则,即便它能够确保法律面前的平等性与法律的确定性?

(一) 法律面前人人平等

宪法法院规定,不同法院对同一法律规范作出不同的解释不违反《基本法》第3条第1款。① 如果出现不同的法律解释,那么其中一个可能不正确,并因此被提交上诉解决,但除非判决是专断的,否则不被认为是对平等保护条款的违反。② 两个案件的处理应当基于同一原则,但这可能使得人们误以为,该原则是蕴含在另一个法院对法典条文所作出的专门解释之中。在处理任何案件时都应该遵循的原则毋宁是法院应依据最具说服力的方式来解释与适用法典。这可见于《基本法》第97条第1款的规定:"法官应该独立,并且只服从于法律。"③

如果法官受制于先前的判决,那这种独立性就会受到威胁。④ 赋予先例以拘束力同样与《基本法》第20条第2款⑤所规定的权力分立的原则相冲突,因为它相当于把宪法本来留给立法机关的立法权力赋予了司法机关。⑥

此外,《基本法》第3条第1款并不保障不正义的平等⑦,例如,假设某人受到非法的对待——即使这种非法的对待对他有利,其他任何人也都不应受到像他那样的对待。但这种说法只能解释为什么法官不一定要

---

① BVerfGE 19, 38, 47.
② Cf. BVerfGE 19, 38, 47; BVerfGE 42, 64, 72—74.
③ Cf. fn. 23. 一般而言,这里理解的德国《基本法》第97条第1款中的"法律"要比第20条第3款中的"法律"具有更广的含义,包含了"正义"的意思。
④ Langenbucher, *Die Entwicklung und Auslegung von Richterrecht*, Munich, 1996, p.111.
⑤ 见上面第二部分第一小节。
⑥ Köhler, Gesetzesauslegung und gefestigte höchstrichterliche Rechtsprechung, *JR* (1984), p.45; Neuner, *Die Rechtsfindung contra legem*, Munich, 1992, p.54.
⑦ Cf. BVerfGE 25, 216, 229.

遵循他认为是错误的先例。① 而《基本法》第 97 条第 1 款与第 20 条第 2 款的规定则走得更远。它们规定,法官没有责任遵循先例,即使他不认为先例是错误的,而只是非常糟糕而已。

(二) 法律的确定性

如果法院,特别是最高法院,在某段时间,也许几十年,以某种特定的方式去解释与适用法官造法的某项法律或规则,那司法实践将期待法院继续这样的实践。这种期待不仅表现在发生法律纠纷时双方的辩论中,而且表现在签订合同时或商业运作的其他方面。

笔者在第三部分第一节解释了为什么公民希望法院的司法实践能够始终保持一致的期待无法实现。这是因为,这样做会使得法院被迫遵循以前那些有问题的司法实践。除了笔者上面提到的宪法性的法律论据外,还需提到一项很重要的而且也不支持遵循先例之做法的政策性考虑。宪法法院突出强调这样的危险,认为确定的判例法是僵化的,其不仅与当代人的观念不符,与以后社会、政治和经济的发展也会发生紧张的关系。② 因此,遵循先例被看做是法律进步的一个障碍。

但是,宪法法院承认法院也不能随意违背已确定的判例法,而是有一定的限度:当违背之前已采纳的观点会造成很严重的副作用时,例如,对于一个已定的退休金方案,会有合理的期待认为遵循之前的司法意见要比改变好得多。然而,正如法学界所批评以及先前附带意见所表明的那样③,存在着判例法必须被真正确立下来的一种合理期待,而其变化又一定是难以预测的。④

不过这更多的只是一种期待,而不是规则。1991 年,宪法法院指出,法院如果想违背之前的一系列判例而作出新判决,并不需要通过证明情

---

① Langenbucher, *Die Entwicklung und Auslegung von Richterrecht*, Munich, 1996, pp. 108—109.
② BVerfGE 18, 224, 240—241; BVerfGE 59, 128, 165.
③ Cf. e. g. BVerfGE 38, 386, 397.
④ Cf. BVerfGE 74, 129, 158; BVerfGE 84, 212, 227.

势变更或者一般确信的改变而提供正当性证明。① 不过,德国联邦最高法院与德国联邦最高劳动法院在背离那些他们认为是"已经确立完备的最高法院的判例法"之前,却这样做了,即证明了事实情况或人们的一般信念发生了重大变更。他们倾向于证明存在着强有力的理由来牺牲他们司法实践的一贯性。② 1996 年,联邦最高法院似乎背弃了 1991 年宪法法院所认可的司法实践。③

前面的论述实质是为了说明,在德国不存在正式的遵循先例制度。虽然法学界对此还有一些不同意见④,不过大部分学者都赞同宪法法院在这方面的观点:当法官判案不遵循先例时⑤并不违背其遵守法律的宪法性义务。⑥ 本章的余下部分将要讨论,如果没有正式的遵循先例制度,在德国是如何保证法律面前的平等性与法律的确定性的。

三、德国的程序法与遵循先例

德国的程序法规定,在一些特定情形下先例具有拘束力。本部分将会讨论到其中最重要的一些条款。

德国司法机关主要分为普通法院(承担民事与刑事的审判工作)、行政法院、劳动法院、税法法院与社会保障法院。德国是由 16 个州组成的联邦制国家。每个州的普通法院包括三个审级,基层法院、地区法院与州法院。较大的州可以拥有多达三个州法院。而其他类的法院一般每个州有两个审级。而对全国而言,每类法院都会有专门的联邦法院,对于普通

---

① BVerfGE 84, 212, 227.
② Cf. e.g. BGHZ 84, 64, 66.(BGHZ,联邦最高法院民法判例公报。——译者注)
③ Cf. BGH, Wertpapier Mitteilungen 1996, 762, 765—766.(BGH,联邦最高法院。——译者注)
④ Cf. Langenbucher, Die Entwicklung und Auslegung von Richterrecht, Munich, 1996, pp. 105—147.
⑤ Explicitely stated in BVerfGE 84, 212, 227.
⑥ 德国《基本法》第 20 条第 3 款。

法院而言就是联邦最高法院,上文已经提到。而对于劳动法院而言就是联邦最高劳动法院,诸如此类等等。对于民事案件而言,譬如要在哪个审级(基层或地区)提起诉讼,是否有权利要求再审或者提起上诉,又由哪个法院审理这样的再审(地区或州法院)或者上诉(州或者联邦最高法院)案件,这都取决于诉讼的性质与标的额大小。

事实上每类法院都有各自的程序法典。此外还有共同的《法院法》(上文已提到)与《宪法法院法》。后者第31条第1款规定,宪法法院的判决对其他所有法院都有拘束力。宪法法院认为自己也受到自己先前判决的拘束,除非那些存在疑问的判决所依赖的经济或社会情形发生了变化,从而有必要重新评价这些判决。①

《民事程序法》第565条第2款规定,审理再审案件的法院,如果当事人提起上诉后上级法院将案件发回重审,那该法院要受到上诉法院的判决的拘束。但是,该判决只对相关的某个事宜有拘束力,而不能超出此范围。

《法院法》第132条对联邦最高法院不同审判庭作出的有意见分歧的判决作出了规定。如果最高法院某个审判庭想采纳与另一个审判庭不同的意见②,那它必须首先询问这个法庭是否要坚持自己的意见(《法院法》第132条第3款)。如果答复是肯定的,那么想采纳不同意见的审判庭就必须将此提交给所谓的大审判庭(*Großer Senat*),由其决定。大审判庭的成员来自于不同的审判庭(《法院法》第132条第2款)。如果此后某一审判庭想要背弃大审判庭所采纳的意见,就必须将此提交新组成的大审判庭决定。此机制是为了保证审判的前后一致性,即对法律的统一适用,从而保证法律面前的平等性与法律的确定性。③《法院法》第132条所引发的问题在于,如果某个审判庭不同意另一个审判庭的判决理由或者甚

---

① BVerfGE 4, 31, 38; BVerfGE 20, 56, 87.
② 譬如手头上的案件无法与先前的判例相区别。
③ 关于这一点的历史背景见 Diedrich, *Präjudizien im Zivilrecht*, Hamburg, 2004, pp. 128—134. For the historical dimension of stare decisis in Germany in general see ibid., pp. 93—107.

至只是不同意附带意见,是否会触发这样的机制呢?联邦最高法院与法律评论家都认为,只有不同意判决理由的时候才会触发第132条规定的这种机制。①

此外,《联邦最高法院判决统一保障法》(Gesetz zur Wahrung der Einheitlichkeit der Rechtsprechung der obersten Gerichtshöfe des Bundes)规定了类似于《法院法》第132条的机制,以处理发生在不同种类的联邦最高法院之间所发生的意见分歧。此项法律的宪法基础是《基本法》第95条第3款,此条款涉及确保适用法律的统一连贯性。

最后,其他专门领域有很多法律都规定,如果下级法院想背离已经确立的判例法且又是一审终审的时候,那么法院应该将此案的法律问题提交给上诉法院处理。而如果这里没有已确立的判例法,那这些规定也一般允许但不要求下级法院将那些至关重要的问题向上诉法院提交。这些规定包括公司法的某些专门领域、船舶与飞行器注册登记法、土地注册登记法、海关法、家庭法、国际法律协助与军事审判。这些规定一般是为了作为对当事人没有上诉权利的补偿。一些法律领域由于无法上诉到最高法院,因此造成不同地区之间的差异,这样的风险总是存在的。

四、实践中的遵循先例

(一) 先例事实上的重要性

实际上,先例在德国法律制度中的作用远比这些程序法规定的要大得多。尽管看起来这似乎没有什么经验性的证明,但所有的法律评论家

---

① Cf. e.g. BGHSt 17, 157, 158; BGHSt 18, 176, 179; Diedrich, *Präjudizien im Zivilrecht*, Hamburg, 2004, 143 with further references. (BGHSt,联邦最高法院刑法判例公报。——译者注)

都赞同先例在事实上,相比在法律上,具有更高的权威。① 联邦最高法院的判例几乎总是得到下级法院的遵循。类似地,州法院的判例也几乎总是得到本州下级法院的遵循,并且经常也得到其他州的下级法院的遵循。而本州的其他州法院或其他州的州法院至少也会参考这些判例。地区法院的判例几乎总是得到本地区的基层法院的遵循。

因此,法院之间通过对法律的解释或适用来进行法官造法的差别就相对很少。差别主要发生在三种情况下:第一,当只涉及很细微的问题,在上诉时常常不会被改判的时候,差别就会显现。例如,对已失效的《律师收费法》(*Rechtsanwaltsgebührenordnung*)的一个条款适用的差别。此条款规定,允许律师收取一定数额的"电讯费",即使没有证据证明事实上有这样的开支。数额的多少,不同地区法院就会有不同,有的是 30 欧元,有的是 40 欧元。而在刑法中一些轻微犯罪的处罚也有类似的差别。第二,如果联邦最高法院或主管的州法院没有确定的判例法,那这些差别会发生在一些更重要的法律问题上。例如,所谓的"合伙"的法律人格问题。此种组织形式依赖于每一个成员的捐赠与贡献来实现特定的目的。如今,通过最高法院的判例法奠定了一个较完备的法官造法体制,来处理法典没有规定详备的这些组织形式在实践中会导致的所有问题。然而,在该制度的发展历程中,不同法院却曾对该问题产生过相当大的意见分歧。第三,当判例法不再与一般的公共观念相符合的时候,差别也会产生。这样的社会变化首先会在下级法院凸现出来,逐渐地向上级法院蔓延。例如对一级谋杀中的"背信弃义"(perfidy)的理解。在那些长期受到虐待的受害者出于绝望而最终杀死虐待者的家庭暴力案件中,最高法院关于此问题的判例法,经常受到下级法院的挑战,直到最高法院改变了最初的立场。

---

① Cf. only Alexy, *Theorie der juristischen Argumentation*, Frankfurt, 1978, p. 335 to quote one of or the most prominent and Diedrich, Präjudizien im Zivilrecht, Hamburg, 2004, 391 to quote the most recent commentator of the subject.

(二) 可能的解释

有很多理由可以解释为何先例事实上如此重要。首先,法官一般都要致力于法律的确定性与法律面前人人平等。其次,遵循先例可以节省很多时间。即使这样做不一定减轻法官必须为自己的判决提供合理理由的责任,但实践中引用先例确实很大程度地减轻了这种负担。这是事实,尽管先例唯一的权威——除了个别例外——是来自其法律推理具有的强大的说服力,而并非由于其是上级法院作出的判决。[1] 如果先例是由主管州法院或主管地区法院作出的,那下级法院的法官至少有事实上的责任说明为何自己不遵循此先例[2],而不是说明自己为何要遵循此先例。最后,如果法官可以相对肯定,假如自己不遵循先例,在上诉审中自己的判决会被推翻,这就经常会促使法官遵循先例。尽管不遵循无论哪一级别法院的先例而使判决被推翻,法官都不会受到任何的制裁——正式的或非正式的,职业的或非官方的,但是,判决经常被推翻对法官的晋升却是无益的。

(三) 律师的义务

一般而言,律师必须在判决公布的几周之内对全部判决进行了解。[3] 他们也必须在向当事人提供咨询意见时依赖于这些知识。大体上,他们必须相信最高法院的判例法是稳定的,而不能期待这些判例法改变。不过,如果有讯息表明,某个判例法的观点,例如附带意见,可能在将来发生

---

[1] Cf. BVerfGE 84, 212, 227 quoted above.
[2] Langenbucher, *Die Entwicklung und Auslegung von Richterrecht*, Munich, 1996, p.115; Müller, *Richterrecht*, Berlin, 1986, 147.
[3] Borgmann, Haftung gegenüber dem Mandanten, in Büchting/Heussen (Hg.), *Beck'sches Rechtanwalts-Handbuch*, Munich, 2004, Annotation A 3—27 with further references to the relevant case law.

变化,那律师就要密切注意这些情况,并在给当事人咨询时作出相应改变。①

五、判决书的结构与公布

(一) 判决书的结构

判决书的结构由相应的程序法规定,例如《民事程序法》第313—315条对民事判决书的规定。不同种类的法院的判决书基本结构非常相近。一份民事判决书的结构如下:

1. 法院名称
2. 固定语"在人民的名义下"
3. 双方当事人及其律师的具体情况
4. 法官的名字
5. 开庭的日期
6. 判决(例如"(1)被告需赔偿原告 X 元;(2)被告须支付诉讼费;(3)判决暂定可执行)
7. 案件事实

案件事实分为:

(1) 无争议部分,例如原被告都认同的事实
(2) 原告提出但被告不认同的事实
(3) 原告的诉求
(4) 被告的诉求
(5) 被告提出但原告不认同的事实
(6) 诉讼的程序过程(如证人的聆讯)

---

① BGH, Neue Juristische Wochenschrift 1993, 3323, 3324—3325.

8. 判决理由

9. 法官的签名

在判决理由部分,法院会说明采纳哪些事实及采纳的理由。根据《民事程序法》第313条的规定,事实与理由应该简明扼要地表述出来。因此,严格来说附带意见是不应该出现的。但实践中,判决书中却会有附带意见。在本章前面部分,笔者谈到了,对于决定是否存在合理的例外来背离确定的判例法与律师的义务来说,附带意见非常重要。反对意见或其他意见只有在宪法法院的判决书中才会写明。判决书是由整个合议庭而非单个法官作出的。因此,判决书看起来是由法院作出的,而并非像英国那样由法官A作出。

(二) 判决书的公布

不是所有的德国法院判决书都公布。宪法法院与联邦最高法院都有官方的出版物,而由合议庭决定自己的判决书是否在上面公布。如果公布,则由合议庭或至少庭长撰写从本案抽象出来的一个或几个规则(例如"关于……的问题是否……"),然后是案件事实和诉讼程序的概要,以及论证中最重要的部分。几年前,宪法法院与联邦最高法院开始在网络上公布它们所有的判决。一些下级法院也效法于此。

所有级别的法院都可以在法律刊物上公布它们的判决,事实上也经常这样做。合议庭决定某个判决是否足够有趣,可以予以公布。公布的判决书的结构与最高法院在其官方出版物上公布的一样。律师及其他个人也可以将他们认为值得关注的判决书投到法律刊物上公布。

不论在哪里,判决书总是以匿名的形式公布。法院只在把当事人的名字掩盖之后才会将判决书交给利害关系人之外的人(常常是免费的)。

总之,在德国,没有正式的遵循先例制度。法院可以自由地寻找解决新问题的方法,以及纠正旧问题的不好或过时的答案。对其他判决的批评性评价的过程,即下级法院之间的所谓对话,最终在最高法院的判例法发展中达到顶峰,允许法院拥有必要的创造性来为解决问题找到最好的方案。但与此同时,德国法律又设置了一系列的机制保障法律面前事实上的平等、法律的统一与法律的确定性。因此,德国法律通过判例制度在灵活性与法律的确定性之间保持着微妙的平衡。

第四章 德国判例的制作技术与使用方法研究

比较法学界的主流观点认为,判例制度虽然是普通法系国家的主要法律渊源,但目前已经逐渐为许多成文法国家所采用。夏皮罗教授指出:"从比较法角度来看,两大法系都采用了判例制度,只不过,判例的法律效力有所不同。但就其能够成为法律渊源而言,是大体相同的。"①民法学家王利明教授也指出:"判例法与成文法虽然各有利弊,但从法律的发展趋势而言,两者是相互补充、有机协调、相辅相成的。事实上,世界上最具代表性的两大法系正以一种相互融合的方式在发展。"②作为大陆法系国家代表的德国,其判例制度的运行状况和实际效果能够为我们研究大陆法系判例制度提供真实的参照样本。实际上,德国拥有长达百余年的判例汇编的历史和传统,其判例的制作技术与适用方法极为成熟,这对其司法制度的发展、完善发挥了积极而有益的作用。由于我国同样是一个以成文法为主要法律渊源的国家,如果想要更好发展判例制度,可能会遇到与德国相似或相近的情况,有些问题可能是共通的,这就使得研究德国的判例制度变得必要而且紧迫,因此是契合我国法律实际情况的必然选择。③

---

① 〔美〕马丁·夏皮罗:《法院:比较法上和政治学上的分析》,张生、李彤译,中国政法大学出版社 2005 年版,第 199 页。
② 王利明:《我国案例指导制度若干问题探究》,载《法学》2012 年第 1 期。
③ 苏力:《道路通向城市——转型中国的法治》,法律出版社 2004 年版,第 200—201、219 页。

一、德国的"判例制度"

对于德国的判例制度问题,学者们从不同视角提出过不同观点。德国法学家沃尔夫冈·费肯杰(Wolfgang Fikentscher)早在20世纪80年代就曾指出,德国法学方法论所面临的最主要问题是"成文法典趋于陈旧,而被判例法在很多内容(有些时候甚至是主要内容)上重叠、补充和排斥",这从侧面引证了判例在实际生活中的作用和影响。[①] 而德国一些法律领域的发展更是完全依赖于联邦最高法院的判决,其中典型的就包括所有权保留的买卖、让与担保、缔约过失责任以及一般侵权等[②]的法律续造。因此,德国虽然作为大陆法系国家的代表,但是百余年来一直在判例的汇编、制作和使用方面进行着积极的探索和尝试,德国法学家罗伯特·阿列克西甚至直言"在(德国)高级别法院公开发表的判决中很难找到不含有任何先例的情况"[③],尤其在公开发表的判决中法官更是频繁地援引了其他判决。比较法学家克茨和茨威格特在其《比较法总论》中指出:"倘若一项规则的标准是其在社会现实中的效力和其事实上的生存力,那么毫无疑问,完全会有那些法院创制的、复审判决确认的、具备全部法律规则要件的法律规则。"[④]事实上,判例在德国司法实践中一直具有很强的实质约束力,或曰"实质影响力",它是对制定法的有效补充,也是

---

① Wolfgang Fikentscher, *Eine Theorie der Fallnorm als Grundlage von Kodex- und Fallrecht (code law and case law)*, Zeitschrift für Rechtsvergleichung(ZfRV) 1980,161.
② 譬如 RGZ 78,239; BGHZ 66, 51;参见 Wolfgang Fikentscher, Eine Theorie der Fallnorm als Grundlage von Kodex- und Fallrecht (code law and case law), *Zeitschrift für Rechtsvergleichung* (*ZfRV*) 1980,161. 其中,缔约过失责任的发展可以参见范剑虹、李翀:《德国法研究导论》,中国法制出版社2013年版,第45—58、295页。
③ Robert Alexy, Kiel and Ralf Dreier, Precedent in the Federal Republic of Germany, in Neil MacCormick & Robert S. Summers edited, *Interpreting Precedents: A Comparative Study*, Dartmouth Publishing Company Limited, 1997,pp. 26—27.
④ 〔德〕K.茨威格特、H.克茨:《比较法总论》,潘汉典等译,贵州人民出版社1992年版,第459页。

整个司法体系运作中的黏合剂。可以说,虽然在德国并不存在英美法意义上的判例制度,但是判例在德国司法实践活动中确实发挥了实际的作用,具有实质的影响力。

(一) 有关德国判例制度的一般问题

1. 判决与判例制度

《牛津法律大辞典》将判例(Case)界定为"指一项诉讼,或审判,或诉讼一方所提交的辩词、论据和证据的总称。在法律著作中,判例是对一项诉讼的报告,包括作出判决的法官或法官们的意见,在这里判例被看做是对某一问题的法律解释,并有可能作为以后案件的先前判例"①。比克斯的解释更为简洁和通俗:"'判例'指先前的判决(特别是关于类似案件的先前判决)。"②在德文中,"判例"(Präjudiz)又称为"法官法"(Richterrecht),是指"法院的指导性(richtungweise)裁判,它对下级法院具有特殊的影响力"③。由此可见,在概念界定上,判决和判例在产生之初并没有严格意义上的区分,可以做宽泛的理解。虽然有学者认为,德国法中严格意义上的判例,是法院对特定法律领域或者特定法律问题的裁判。④ 但就指称在诉讼中产生的具体法院结论来说,判例往往侧重于可能产生的"先例作用",例如沈宗灵先生就将判例界定为"具有前例作用的法院判决"。⑤ 在此意义上讲,判例主要是我们在反观和检视过去判决用以指导当前案件时抽象和构建出来的概念,二者在某些情形下可以交叉适用。由于只有被援引的判决才事实上起到了先例的作用,而法官在参考和援引先前判决时,也只能够参考经过汇编并公开公布的判决,因此本章所称的判例是指经过汇编并公布,具有参考价值的高级法院判决,不限于"判

---

① 〔英〕戴维·M.沃克:《牛津法律大辞典》,北京社会与科技发展研究所组织翻译,光明日报出版社1988年版,第140页。
② 〔美〕布莱恩·I.比克斯:《牛津法律理论辞典》,法律出版社2007年版,第176页。
③ 维基百科:http://de.wikipedia.org/wiki/Pro%C3%A4judizien,2014年11月19日最后访问。
④ 王洪亮:《德国的判例编撰制度》,载《法制日报》2005年3月10日。
⑤ 沈宗灵:《比较法研究》,北京大学出版社1998年版,第168—170页。

例法"国家的判例。本章所称判例的结构和使用,是指判决在经过汇编时采用和呈现出的结构,以及对已汇编公布的判例的参考和援引。

2. 判例的效力

德国联邦宪法法院的判例具有正式的约束力,其他法院的判决均不被认可为正式的法律渊源。然而就判例在事实层面的约束力和影响力而言,德国法学家卡尔·拉伦茨(Karl Larenz)曾主张判例仅具有"事实上的约束力"①,而提出"个案规范"理论的费肯杰教授则认为判例应具有"准法律约束力"②。就判例的效力而言,多种原因事实上导致了下级法院往往尊重本院、同级法院以及上级法院的判决,其原因既有法官出于职业安全的考虑,不希望自己的判决被推翻;也有遵循"类似案件应当得到类似判决"的实质正义的约束;当然也是上级法院事实上的权威性使然,等等。由此在大陆法系国家,事实上形成了一种在制度和方法上类似但并不完全与英美法系国家相同的一种独特的"判例制度"。

以下对德国不同法律部门的判例的约束力进行分别讨论。从部门法和审级的角度划分:严格来讲,只有联邦宪法法院的判例具有正式约束力,即严格约束,也即形式上的约束力。《联邦宪法法院法》第31条第1款规定,联邦宪法法院的全部判决都对联邦和州的所有宪法机构以及对所有法院和权力机关具有约束力。除此以外,所有其他的判决都不具有正式约束力。而在民法、刑法等传统法律部门中,判例扮演的是重要且具有实质意义的角色,判例会被引用在大多数高级法院公布的判决之中。下级法院通常会遵从上级法院的判决,法官和行政机关倾向于将判决和立法同样对待。③ 因此,联邦普通法院、联邦行政法院裁决的民事、刑事

---

① 参见 Karl·Larenz, *Methodenlehre der Rechtswissenschaft*, 6. Aufl., Berlin, Heidelberg, 1991, S. 366。
② 参见 Wolfgang Fikentscher, *Methoden des Rechts* IV, 1977, S. 202;吴从周:《试论判例作为民法第1条之习惯法:为我国判例制度而辩护》,载《台大法学评论》第39卷第2期。
③ 参见 Robert Alexy, Kiel and Ralf Dreier, Precedent in the Federal Republic of Germany, in Neil MacCormick & Robert S. Summers edited, *Interpreting Precedents: A Comparative Study*, Dartmouth Publishing Company Limited, 1997, XXX, pp. 26—27。

案例因上文所述的历史原因以及制度基础,而在德国司法实践中长久以来具有很强的实质约束力,或曰"实质影响力",成为对制定法的有效补充。

德国判例的这种实质影响力,可以比照普通法系国家的"遵循先例原则"来理解,后案的法官会受到前案法官判决的影响,但是这些判例事实上又不具有强制遵守的效力,而只具有参照性的作用。当然,参照性的作用并不意味着随意性和偶然性。在意大利和法国,这两个成文法国家都主张恪守立法与司法的严格分界,因此并不承认判例作为法律渊源对后案具有约束力,判例的影响表现在:一方面,因为法官在裁判时有说明判决的理由的义务,而如果法官遵循了最高法院的判决,就免除说明理由的义务;另一方面,如果法官的判决同最高法院的判决有冲突,必须特别充分地论证自己的理由。① 德国的情况相似,虽然不是判例法国家,但如果律师的观点不以持续性或确定性判例为根据,而是建立在不同观点之上,当事人的主张肯定不会得到支持。②

此时具有某种悖反意味的是,在判例被普遍认为只是一种"认识上的法源"的德国,司法实务界和学界却高度接纳了判例,甚至可以说是依赖判例而发展。

3. 判例在德国司法实践和法学教育中的作用

麦考密克和萨默斯在其著作《解释判例》(Interpreting Precedents)的开篇写道:"运用过去的经验来解决现在以及未来的问题是人类实践理性的基础。"③在法律的发展历史上,判例起到过非常大的作用,这一方面是因为"法律规范本身就是具有规范性的行为规范,法律规范对同类的情形可以反复适用";另一方面,"法律的基本价值是公平、正义,在人们的心

---

① 参见薛军:《意大利的判例制度》,载《华东政法大学学报》2009 年第 1 期。
② 王洪亮:《德国判例的编纂》,http://www.civillaw.com.cn/article/default.asp? id = 20939,2015 年 1 月 4 日最后访问。
③ Neil MacCormick & Robert S. Summers edited, *Interpreting Precedents: A Comparative Study*, Dartmouth Publishing Company Limited, 1997, p.1.

目中,同样的事情就应当得到同样的对待"。① 归结起来,就是基于法治对于司法的融贯性和可预测性的要求,导致判例在发挥实际效用方面,并没有因不同法律传统的区分而有根本性的差别。

所以,虽然德国奉行司法独立,法官在理论上对于具体案件独立进行审判,不是必须遵循上级法院的先例进行裁决,但司法实践中,审级、上诉等制度使得法官会参照先前判决,保障法律适用的统一。这样的制度不仅表现在法官作为科层结构的一员应该服从上级法院判决先例的指导,而且亦是律师从其职业安全与利益考虑的角度在司法实践中的现实选择。同时,德国各级法院每年都会有大量判决被筛选出版,并且有各种成熟的判例数据库②,它们在司法实务界和高等学校的法学教育中扮演着极为重要的角色,发挥着重要的作用。甚至可以说,德国法律职业者和法律学习者对判例的重视程度不亚于普通法系国家的法律人。在德国的司法实务界,由于联邦一级法院已经形成了良好的判例编著和公开机制,因此在职法官会定期、经常地浏览公布的判例;同时,考虑到判例的实际影响力以及"权威性",法官也会在判案时通过案例中的"相关法条"和"引导语"对此前类似判决进行检索和查阅,并考虑是否参考。在法学教育中,由于联邦宪法法院的判例本身具有形式上的约束力,因而在宪法教学中,教授会将法典讲解与判例阅读相结合;在其他部门法的学习中,往往将判例阅读作为对成文法学习的重要补充,判例是极受重视的学习材料。

4. 关于德国判例的比较研究

(1) 德国与普通法系判例风格比较

判例是普通法系国家的主要法律渊源之一,具有约束力,而民法法系国家的判例则更适宜被称为"事实上的判例法"(de facto case-law),比如

---

① 范剑虹、李翀:《德国法研究导论》,中国法制出版社 2013 年版,第 267 页。
② 参考[德]F. 门策尔:《司法审判公开与德国当代判例数据库》,田建设整理,载《法律文献信息与研究》2009 年第 4 期。该文中有对德国判例公开数据库、德国免费判例数据库的相关介绍。

德国。①

国外有学者对两大法系之间的判例制作和使用情况做过详尽的比较研究。② 与德国"引导语"(Leitsatz)的抽象概括不同,美国联邦最高法院的"美国报告"则十分详细和具体。德国"引导语"似乎仅仅关注抽象的判例的规则,"美国报告"则对案件事实、初审情况、基本法律结论和法官的法律推理都有提炼总结。③ 英国学者鲁伯特·克罗斯和 J. W. 哈里斯将普通法系国家和大陆法系国家的判决风格进行了对比:如德国、意大利等为代表的成文法国家往往并不公开承认解释过程中实际存在的问题,并预设法律问题只存在一个可能的答案;而英国、美国、瑞典以及阿根廷等另一类国家则倾向于在判决中公开承认法律存在多种解读方式以及认为存在多个可能的答案;与此相对应,成文法国家的判决意见更为简短、扼要,整体风格呈权威性的和命令式的,而英美国家的判决意见则往往冗长、细致,整体风格呈论辩性和对话式的。④

(2) 德国与其他大陆法系国家判例之比较

在立法实践方面,同为民法法系国家的德国与瑞士做法又有所不同。根据《瑞士民法典》第 1 条第 2 款规定:"法律无规定的,法官应当采用习惯法;无习惯法的,应当自己像立法者那样,确定规范并予以适用。"德国没有在法律文本中承认判例是正式的法律渊源。法国、意大利、日本等其

---

① 相关文献参见 Bydlinski, Hauptpositionen zum Richterrecht, JZ1985, 149; Bydlinski, Juristische Methodenlehre und Rechtsbegriff (2nd ed., 1991), 501; W. Fikentscher, Eine Theorie der Fallnorm als Grundlage von Kodex und Fallrecht (Code law and Case law), ZfRV 1980, 161; W. Fikentscher, Präjudizienbindung, Zeitschrift für Rechtsvergleichung, 1985, 163; Zweigert/Kötz, Einführung in die Rechtsvergleichung auf dem Gebiet des Privatrechts (2nd ed., 1984), 296 et seq.
② See, Neil MacCormick & Robert S. Summers, Interpreting Precedents: A Comparative Study, Dartmouth Publishing Company Limited, 1997. 本书包含了德国、芬兰、法国、意大利、挪威、波兰、西班牙、瑞典等大陆法系国家的判例制度研究。关于德国判例制度的文章参见 Robert Alexy, Kiel and Ralf Dreier, Precedent in the Federal Republic of Germany, in Neil MacCormick & Robert S. Summers edited, Interpreting Precedents: A Comparative Study, Dartmouth Publishing Company Limited, 1997, pp. 26—27.
③ 参见宋晓:《裁判摘要的性质追问》,载《法学》2010 年第 2 期。
④ 〔英〕鲁伯特·克罗斯,J. W. 哈里斯:《英国法中的先例》(第四版),苗文龙译,北京大学出版社 2011 年版,第 13—28 页。

他大陆法系国家也存在着案例实际被适用的情形①,而案例的实际制作与使用在各个不同国家之间也呈现出不同的面貌。在案例的汇编方面,上述国家基本采用相似的做法,意大利、日本、葡萄牙等都有专门的汇编程序和方法,汇编的案例供法官、律师和民众使用。② 但汇编的案例是否具有正式的法律渊源效力,各国则不尽相同,德国采取部分承认主义,即联邦宪法法院的判例具有正式的约束力,瑞士在其民法典中明确规定了判例作为正式法律渊源的约束力,意大利和日本则完全否认判例的正式拘束力,尽管判例发挥实际作用的情形普遍存在。③ 就案例的具体使用来说,德国法官在判决中可以援引先例或者判决中的一些"话语"来支持自己的法律论证。同样,在意大利,法官也比较多地关注判决要点,而不太关注具体的案件事实。④ 换言之,判决中的法律适用部分往往具有更大的作用,也是法官们更为关注的部分。

(二) 德国判例汇编

从法律渊源的角度划分,可以将判例汇编区别为官方判例汇编和非官方判例汇编,前者以各联邦、州法院公布案例为主,后者以《新法学周刊》为代表的法学期刊为主。

1. 官方判例汇编

所谓官方案例汇编是指作出判决的法院根据自己的情况选择汇编和公布已作出的判决。其中,由于联邦宪法法院的判例是德国宪法部门的正式法律渊源⑤,因此联邦宪法法院会定期公布全部案例,将其汇编在联

---

① 参见薛军:《意大利的判例制度》,载《华东政法大学学报》2009 年第 1 期;解亘:《日本的判例制度》,载《华东政法大学学报》2009 年第 1 期;胡伟新:《德国葡萄牙法院案例:在指导审判和保证法律统一适用方面的作用》,载《法律适用》2011 年第 2 期。
② 同上。
③ 同上。
④ 参见薛军:《意大利的判例制度》,载《华东政法大学学报》2009 年第 1 期。
⑤ 最高人民法院课题组通过调研了解到,"具有正式约束力的联邦宪法法院的判例从其生效时起即具有法律约束力,等同于法律而发生作用"。参见最高人民法院课题组:《关于德国判例考察情况的报告》,载《人民司法》2006 年第 7 期。

邦宪法法院裁判集中,人们可以通过电子手段在官方网页和数据库中检索;而联邦最高法院会将一些它认为特别重要或者特别具有代表性的民事、刑事裁判编辑成册,类似的官方编撰判例有《联邦民事法院判例集》《联邦劳动法院裁判集》和《联邦行政法院裁判集》等。

2. 非官方判例汇编

非官方判例汇编一般由民间机构对法院公布的判例进行汇编和出版,有些判例包含在法学期刊中,在德国比较著名的非官方判例汇编有《新法学周刊》《法学者报》《德国法月刊》和《经济法杂志》等。

德国法院有定期公布判决的规定和传统,因此官方公布的判例全面且更新较为及时,但是由于数量巨大,很难进行全面加工并附加评论,因此代表性和指导性较弱;而作为非官方判例汇编的《新法学周刊》等法学期刊则定期专门汇编典型判例,虽然数量有限,但选取更加精细,甚至会以专题的形式集中刊发某一类的判例,所以更具有典型性和代表性,对法学实务和法学研究具有更大的影响力。

二、判例结构特征与制作技术

在德国的判例制作与使用上,德国联邦最高法院的官方汇编和《新法学周刊》分别是德国官方和民间最具有权威性的代表。《新法学周刊》定期汇编和发布一段时间内具有典型意义的判例,对德国的实际法律生活和司法实践产生了极其广泛而深刻的影响。基于此,本章将以德国的权威法学期刊《新法学周刊》为研究对象,具体地分析和研究其编排体例、独特的汇编方式和制作技术,并对判例所采用的结构、体例、规范做具体的梳理和分析。

(一)判例裁判文书的构成

《新法学周刊》判例通常由引导语、法条、关键词、案件信息、案件事实、裁判理由以及案件评论七个部分组成。其中,案件信息、案件事实、裁判理由三部分来源于判案法院公布的原始判例,由编辑根据需要进行整理和加工。引导语、相关法条标识、关键词部分由《新法学周刊》编纂制作并穿插附于原案例前后。具体体例安排见图表:

图表 1 《新法学周刊》判例样式

萨尔布吕肯州高级普通法院:2012 年 1 月 11 日第 5U321//11-45 号判决①

> **题目:**×××
> **引导语:**
> ×××
> **相关法条:**
> AKB 第 12 条
> **法律领域:**
> 私人保险法
> 道路交通法
> **关键词:**
> ×××;×××;×××

萨尔州高级法院第×××号判决
以人民的名义审判
2012 年 1 月 11 日宣判
法律争议:
原告及上诉方:××× 委托律师:×××
被告及被上诉方:××× 委托律师:×××
主张×××(车辆保险)请求权
由萨尔州高级法院第五民庭×××法官、×××法官共同审理
并根据法律认定:
1. 原告在 2011 年 7 月 12 日的 14058/11 号起诉被拒绝审理;
2. 原告支付诉讼费用;
3. 判决具有可执行性;
4. 不进行复审;
5. 争议标的为 12,000 欧元。
判决理由:略

---

① 参见 BeckRS 2012-15149。

(二) 汇编增添部分

1. 标题(Titel)

标题的功能在于反映和提示该判例涉及的主要法律问题。从技术上讲,《新法学周刊》以及德国其他案例汇编的标题中都不会出现案件当事人的具体信息,即不会将当事人的姓名作为判例的区别要素,而是用法律语言将该判例中最核心的法律问题体现出来,例如"**不同情形下失职行为中法定提示义务的概念**"(BGH: Begriff derselben Angelegenheit bei Abmahnung verschiedener Unterlassungsschuldner)①、"**共同侵权者的对外连带责任**"(BGH: Volle Außenhaftung mehrerer nebeneinander Verantwortlicher)②、"**以传真形式送达诉讼文件的发出**"(BGH: Ausgangskontrolle von per Fax übermittelten fristgebundenen Schriftsätzen)③、"**具备承运资质的承运方过失侵权导致的损失计算**"(BGH: * Schadensberechnung bei qualifiziertem Verschulden des Frachtführers)④;当然,也有个别的标题直接给出结论,例如"**马术比赛中的(竞赛者)侵权免责条款无效**"(BGH: * Unwirksamer Ausschluss jeglicher Haftung bei Springturnier)⑤。

这种不使用当事人姓名,而是提示法律问题作为标题的做法同英国法院、欧洲法院的共同体法院和人权法院⑥、日本法院⑦以及包括中国在内的很多国家都有所不同。这一方面是考虑到对当事人隐私的保护,涉及《法院组织法》关于审判公开的规定⑧;另一方面从公开判例所追求的

---

① 参见 NJW 2011,147。
② 参见 NJW 2011,210。
③ 参见 NJW 2011,205。
④ 参见 NJW 2011,187。
⑤ 参见 NJW 2011,214。
⑥ 参见欧洲人权法院判例库官方网页。http://www.echr.coe.int/ECHR/EN/Header/Case-Law/Decisions + and + judgments/HUDOC + database/,2014 年 12 月 27 日最后访问。
⑦ 参见〔德〕F. 门策尔:《司法审判公开与德国当代判例数据库》,田建设整理,载《法律文献信息与研究》2009 年第 4 期。
⑧ 德国《法院组织法》169 条规定了审判公开原则,第 170—172 条规定了审判公开的例外,包括涉及婚姻、个人隐私和商业秘密等。

效果进行考量,不将当事人姓名作为题目的组成部分,能够清晰而直接地传达与案件事实相关的最主要的法律问题。当然,这种做法会为汇编判例的工作增加难度。

《新法学周刊》中标题的另一特点在于,其主要功能是提示本案中具有先例意义的部分,因此并不一定反映该案的案由以及案件当事人的诉求。例如,《新法学周刊》1961年601页判决①,该案涉及一起房地产买卖纠纷,但是因为案件原告接受其委托律师的建议对被告提起诉讼,法官在判决理由中就律师行为是否妥当给予了评论。正因如此,《新法学周刊》将该判例的题目设定为"律师的注意义务"。

2. 引导语(Leitsatz)

引导语由《新法学周刊》撰写,通常置于判例的案件事实之前,起到抽象法律规则、指引后案审判、方便读者检索查阅的作用。引导语在德国的判例制度中独具特色。一般而言,其内容就是该判例所体现的主要法律意义,也就是对该案所涉及的法律争议所作出的判断。

(1) 引导语的特点

首先,引导语兼顾抽象与具体。引导语的抽象程度与案件的性质有关。有些引导语的表述确实具有高度的抽象性,在形式上类似于法律规范。但是大多数引导语中都有很明显的案件事实的痕迹,因此虽然此类引导语所蕴含的法律精神甚或传达的信息能够直接类推适用于另一个案件,但是在引用中可以很明显地同正式的法律规范(法律条文)相区别开。比如:"如果在一场赛马比赛中的跨栏障碍在设置时是符合要求的,但在具体使用时却并不符合比赛设施的要求,并且给参赛者带来对其而言是无法预计的安全风险,那么此时赛马比赛的主办方构成了对交通保险义务的违反。"②

其次,引导语具有提示案件信息的引导性。引导语往往能够指向明

---

① 载 http://beck-online.beck.de/default.aspx?vpath=bibdata%2fzeits%2fNJW%2f1961%2fcont%2fNJW%2e1961%2eH13%2ehtm#A,2015年1月8日最后访问。

② 参见 NJW 2011 139,BGH: * Unwirksamer Ausschluss „jeglicher" Haftung bei Springturnier。

确的法律领域和法律问题,引导读者有针对性地阅读,具有探寻判决中的法律意义、使读者了解案件大意等作用。

最后,引导语便于检索。《新法学周刊》的编辑们会根据引导语再进一步抽离出相关法条和关键词,并且根据这三部分对全部判例进行整理、归类,以方便读者检索。

(2)引导语的分类

根据引导语表述的具体化程度不同,笔者将其粗略划分为三类:

第一类:规范型引导语。此类引导语表述严谨,以规范的语言概括判例。这类引导语主要是概括整个判例的内容;后来案件要参考该判例时,可以主要参考该"引导语"中的抽象规则。这类引导语充分体现出德国作为大陆法系国家代表的法律思维特征。譬如《新法学周刊》2011年判例:"赛马比赛中,主办者因使用不适宜的栏杆而造成(非参赛者)被赛马(并非参赛者所有)踢伤时应负责任。"①此处的"应负责任"就是一种规范的、定性的归责表述,并非从技术层面出发进行的判断,因此具有规范性。

第二类:技术型引导语。此类引导语的表述相较于规范型引导语而言更为具体,适用范围明确,具有很强的操作性,但是不具有弹性适用的空间。通常,此类引导语确立的规则是为了在裁判中辅助法官作出判断,起到细化法律规定、明确适用情况和统一裁判标准的作用。因此,技术型引导语中"不应该再包括不确定的法律概念,而是,要对不确定的法律概念设置具体的裁判标准"②。譬如,"如果标的物的瑕疵并没有严重导致《德国民法典》第459条中所称的对物的价值和适用性方面的减损,那么该瑕疵的存在并不构成对合同义务的严重违反,此时买方不得据此适用《德国民法典》第323条第5款第2句主张解除合同。新的汽车的燃油消

---

① 参见 NJW 2011 139,BGH:∗ Unwirksamer Ausschluss „jeglicher" Haftung bei Springturnier。
② 奚晓明:《两大法系判例制度比较研究》,北京交通大学出版社2009年版,第132页。

耗与生产说明相差不足10%的,买卖合同的解除权被排除。"①此时《德国民法典》第323条第5款第2句②中的"没有严重"(unerheblich)就是一个不确定的法律概念,需要具体化。而该引导语明确了新的汽车燃油消耗量值,对该法律概念设置了具体的"10%"的判断标准。

第三类:提示型引导语。与前两类的引导语往往给出一个封闭性的结论不同,由于此类判例不适宜给出具体结论,引导语中提示案件信息,引导读者关注该案件的法律争议和法律意义。这一类引导语在《新法学周刊》中使用得最多,也更为典型。比如《新法学周刊》2011年有如下判例:"根据《德国民法典》第305条等标准对邀请参加比赛广告中的'一般规定'的控制的问题"③;"在一方向对方提供飞机用于包机飞行的要约中,订有'不受要约约束,视本公司调度情况而定'的条款。该条款应具有何种法律意义"④。

(3) 引导语的作用

引导语的作用在于方便法官和法律工作者研究和参考判决,把案件事实、证据确认等具体的、个案的信息同判决的法律争议和生发出的法律规则区别开。一个案例常常涉及很复杂的事实,通篇阅读裁判文书全文会花费相当长的时间,如果必须阅读整个裁判文书才能发现该判例的先例意义,那么研究和参考判例将变得十分困难,而且也会使读者迷失于确认案件事实和证据的浩繁工作中,很难抓住裁判文书中体现的法律精神。因此,通过引导语的指引阅读裁判文书将会提高效率,方便判例的使用和参考。

3. 关键词

《新法学周刊》中的标准案例都附有关键词,关键词主要起到指示案

---

① 此例为奚晓明法官在《两大法系判例制度比较研究》一书中所举,参见 NJW 2007 29,载 http://rsw. beck. de,该判例涉及一个买卖合同。
② 《德国民法典》第323条第5款第2句规定:"债务人没有依照合同履行的,如果没有严重违反义务,债权人不得解除合同。"
③ 参见 NJW 2011 139,BGH: * Unwirksamer Ausschluss „jeglicher" Haftung bei Springturnier。
④ 参见 NJW 1984 1885。转引自邵建东编著:《德国民法总则编典型判例17则评析》,南京大学出版社2005年版,第57页。

件类型、提示案件信息、帮助案件检索的作用。《新法学周刊》关键词的"检索"作用日益明显,可能因为判例的题目和引导词部分能够覆盖关键词原本的"提示"功能。

"关键词+相关法条"的搭配检索方式一直是德国判例检索中最为经典且高效的检索方式。德国高度的法典化,使得案例中的"相关法条"部分可以紧紧依托法典的存在而发挥指示和索引的作用。加之《德国民法典》《德国商法典》每个条文都有一个题目,通过判例中关键词(当然,现在这一功能也部分地被引导语和标题所代替)的设置,也可以起到将关键词和具体的法条捆绑的效果。具体而言,就是使用者在遇到某一个法律问题希望了解相关判例时,可以用法条作为检索关键词,在判例数据库中查找到关于该法条有哪些判例;也可以输入相关关键词,从而锁定具体的法律问题,了解此前的判例情况。这样一种检索方式可以使判例更好地配合制定法发挥效果。

总之,关键词的作用侧重于辅助判例的索引,而原本所具有的提示案件信息的作用逐渐被标题和引导语所取代。这一点同我国指导性案例中"轻视"标题而强调关键词的信息提示作用的做法大不相同。

(三) 原判决部分

1. 案件事实的概括

案件事实陈述部分是按照事实发生顺序对于判例中案件发生的背景、经过及争议所做的介绍,其意义在于揭示案件的核心争点和属性,因此,对案件事实的归纳是否准确将直接影响到先例原则的适用范围。《新法学周刊》中对案件事实的概括主要体现为围绕诉请一方的请求权要求展开,体现德国民法领域请求权基础分析方法的法教义学特征。例如"原告于某年某月某日基于何种理由向被告提起某某请求权",在德国法学教育中被简称为"五个W"[①]。另外,《新法学周刊》等德国的判例汇编倾向

---

① 即谁(wer)何时(wann)向谁(von wem)基于什么理由(woraus)提出什么请求(was)。

于以直陈式的方式描绘案例事实,而且区别于法院的原始判决书,汇编后的案例将会省略与判决理由、判决结果以及判决要呈现的法律问题无关的事实部分。

法院的原始判决会分别列出当事人双方对案件的描述,然后写出法庭能够证实的部分;《新法学周刊》在描述案例的时候,直接根据时间顺序将法院确认的事实进行陈述,例如《新法学周刊》2011年第142页判例"部分建筑违章建设导致的价款减少"①中的案件事实部分:

> 原告于2003年12月28日签订合同并公证后购买了被告坐落于魏玛郊外的一所住宅,并约定了被告的瑕疵担保责任上限为23.5万欧元。2004年新年被告搬出。原告支付了价款并开始办理产权登记。原告为房产的一处大型改建申请登记时发现,该处房产占用198平方米的土地中有80平方米上的建筑尚未申请批准。市政府仅批准允许原告将未经批准的部分拆除后再进行改建。为了完成改建计划,原告将该处建筑连同地基一并拆除。但计划中的建筑因为邻居通过法律手段提出的反对而没有建成,政府也因此拒绝批准新建计划。因为拆除了旧建筑,原告也丧失了对原建筑物的占有保护。原告之后将土地作为庄园作价2.2万欧元出售。现请求被告按比例支付5万欧元的赔偿,购买时原告共计支付了27.1万欧元价款。

《新法学周刊》以及大多数德国判例对于案件事实的陈述相较普通法国家判例要简略,主要是以时间顺序对重要事实进行叙事性的介绍。而普通法国家更倾向于认为"大多数案件都不牵扯有争议的法律问题,争议只与事实有关"②,基于这样一种对于案件事实的态度,普通法国家在汇编案例时会给予案件事实更多的关注,即便判例汇编中也会有"判决理

---

① 参见NJW 2011 142 BGH:Teilweise Minderung bei Fehlen einer Baugenehmigung für Teile eines Gebäudes。
② 〔英〕鲁伯特·克罗斯、J.W.哈里斯:《英国法中的先例》(第四版),苗文龙译,北京大学出版社2011年版,第46页。

由概要"(syllabus),但"它们只是作为对下面所载判决的大概内容的初步提示以供法官使用,而绝不是作为对判决内容详细探讨的替代物"①。当然,这种差异并不是普遍且绝对的,仅仅是相对意义上的。

此外,德国马普研究所 F. Muenzel 博士曾就日本的不加筛选地公开判决全部信息的做法做过评述:

> 笔者首次看到日本 xxxx 杂志里发表的日本判例时大吃一惊:发表的判例记载当事人的姓名、诉讼程序中两方当事人提出的起诉状、答辩状等大部分资料的内容等等。德国的判例当然也说明事实和证明,但是判例只提供概要,法院觉得不重要的情况,判例中常常不提,案外的读者当然也不得知。这样,读者主要获悉判例中比较抽象的法律理由,而法律理由常常只是案外读者不太了解的事实理由的外衣。研究日本的判例,看得出这种事实理由。可以说,日本的读者不仅看外衣,也看得见案子的裸体。②

从《新法学周刊》判例的截取中我们可以看出德国与日本等国家对判例事实部分的概括方式具有较大差别,主要表现为对案件事实的陈述是否进行缩减。德国是有选择的,尽量隐去案件事实中某些涉及隐私的具体信息,使判例具有概括、抽象的特点,从而更为实用;我国在发展指导性案例时要求对案件事实"准确概括""有针对性地详加阐述"③。这与日本的做法相似。

---

① 刘风景:《判例的法理》,法律出版社 2009 年版,第 124 页。
② 参见〔德〕F. 门策尔:《司法审判公开与德国当代判例数据库》,田建设整理,载《法律文献信息与研究》2009 年第 4 期。
③ 参见《最高人民法院研究室关于印发〈关于编写报送指导性案例体例的意见〉、〈指导性案例样式〉的通知》,http://www.pkulaw.cn/fbm/,【法宝引证码】CLI.3.175399, 2016 年 1 月 25 日最后访问。

2. 裁判理由的选取

司法裁判中强调"无'理由'即无判决"①,现代法治进程要求作出判决必须说明理由。然而,"强调无'理由'即无判决,并不意味着法官必须为每一份判决附上美国式的长篇大论"②。并非判决中的全部内容都适合并且能够上升成为判例的一部分,德国也会对判决理由进行筛选;但民事案例主要是围绕请求权检索的方式展开论述。

《新法学周刊》在汇编时会对判决理由中的各个部分进行取舍。一般情况下,首先保留作为判决理由的依据,即直接的法律理由;其次,作为援引、选择这些依据的依据③等有关法律适用的形式性依据也会予以保留,但是因为这些依据不容易产生争议,而且与案件事实密切联系,对其他案件的普遍指导意义不大,因此会被简化;相比较而言,法律外的实质性依据,尽管并不非常普遍,但却是判例汇编中予以突出强调和重视的部分,也是整个判决理由中可能对成文法起到实质影响的部分。而对于整个判决的说理没有直接影响,或者没有直接关系的部分将会被省略掉。表现在具体形式上,《新法学周刊》的编者会有选择地对判决理由原文进行直接引用;就叙述风格而言,在原始判决中法官通过罗马数字、阿拉伯数字和小写字母的形式对判决理由进行分类和编号,会得到《新法学周刊》编者的原样保留。

以《新法学周刊》2011 年总第 139 号判例④为例,通过阅读该判例的判决理由部分,并且对照其原始判决 BGH, *Urteil* vom 23. 9. 2010-III ZR

---

① 陈林林:《裁判的进路与方法——司法论证理论导论》,中国政法大学出版社 2007 年版,第 5 页。
② 同上书,第 5、8、9 页。
③ 对裁判理由的分类借鉴了陈林林的观点,即主要将裁判理由区分为第一性依据和第二性依据。参见陈林林:《裁判的进路与方法——司法论证理论导论》,中国政法大学出版社 2007 年版,第 9—10 页。
④ 参见 NJW 2011, 139。

246/09（OLG Hamm）（后者收录在联邦最高法院判例数据库中①），发现经过《新法学周刊》整理后的判决理由有以下现象：首先，联邦最高法院案例数据库中公布的原始判决书中，从案件事实起至整个判决结束，在正文左侧会用阿拉伯数字为每段编号（即 1、2、3 等依此类推），这是德文著作中常见的排版形式。而《新法学周刊》在引用该相关部分会用"Randnummer + 编号"的方式明确标注所引用判决理由来自原判决书的哪一部分（即 Randnummer1、Randnummer2、Randnummer3……以此类推）。因此，读者可以清晰地看出《新法学周刊》具体援引和省略了原判决中的哪些部分。以该判例中的判决理由为例，联邦最高法院公布的原始判决中的判决理由分为两大部分 I 和 II，其中 I 对应全文第 8 段和第 9 段，而 II 对应的部分为第 10 段至第 33 段。在《新法学周刊》中，理由的第 I 部分，即第 8 段和第 9 段被全部省略，而理由的第 II 部分，即从第 10 段至第 33 段的内容全部在判决中得以保留。由此可见，《新法学周刊》的编者对于其认为有保留必要的判决理由部分，采取原样呈现的做法，最大程度地尊重原案判决理由，也尽可能地全面呈现判决的说理过程。而由于该案件由高级法院（本案中为 Berufungsgericht，即上级法院）上诉至联邦最高法院，最高法院最终驳回了上诉请求，因此原始判决中对于原审法院的判决理由给予了概括性的表述，此部分被《新法学周刊》的编者所省略。

（四）判例制作技术对判例实质效力的推进

1. 具有实质影响力部分之判别

所谓实质影响力是指判例对法的运行所具有的一种实质影响。综合考察判例各部分的作用以及运行，标题、法条、关键词对法的运行往往起指引和识别作用，案件事实和案件信息部分主要对案件进行描述，判例中的引导语和判决理由分别对判例制度乃至制定法产生某种实质影响。本

---

① 载德国联邦法院官方网站 Der Bundesgerichtshof, http://juris.bundesgerichtshof.de/cgi-bin/rechtsprechung/document.py? Gericht = bgh&Art = en&sid = cdb2e27a1e2f973566e002c6ccf409d5&nr = 53565&pos = 1&anz = 27，2015 年 2 月 26 日最后访问。

章主要考察这两个部分是怎样发生影响的。是相互配合一同发挥作用，还是其中的一部分单独发挥作用？我们将首先进一步明确实质影响力以及推进实质影响力的含义和判别标准，然后从判例对实体法的解释、补充和发展的角度，对《新法学周刊》的判例引导语和判决理由何者对法律起到实质影响，推动判例制度发展进行验证，并提出一些判别标准以供分析。

（1）判例是否被后案引用

只有判例中被后案引用的部分才能谈得上是对制定法具有实质影响力，没有实际上被引用的部分，只能仍被看做是原始案件中的理由说明，是"一次性"的。所以，被引用是具有"实质影响力"的标准。当然，此处的"引用"并不限于直接引用，也包括根据其含义进行的间接引用。

（2）判例是否准确、清晰、全面

无论是占大量篇幅的判决理由，还是短小精悍的引导语，是否能够承担起一个判例的先例意义，取决于其是否能够抓住案件中法律问题的实质，精确、全面又清晰地反映出本案为日后类似法律问题提供说服性意见的理由。实现案件实质影响力的关键，是要在精确、清晰、全面这三项指标中寻找一种平衡。引导语具有准确和清晰的特征，但判决理由则应全面和连贯。具体而言，如果在某一个判决中，引导语自身就足以完整、准确地再现法律事实，传达要义，那么引导语就会事实上超越并代替判决理由，成为此判例的实质部分；反之，如果某一判决中引导语仅仅是以提示等形式出现，或者仅仅是简单、抽象的概括，没有达到"精确、清晰、全面"的标准，那么该判例中起实质影响力的就只是判决理由。

（3）判例是否被法律共同体认可

只有当事人和律师都了解并且认可——此时的"认可"可以简单理解为相信该判例可能会产生效力，即效力的认可——一个判决才能够作为判例对判例制度和成文法具有实质影响力。因此，获得广泛认可是实质影响力的基础。

这种认可一方面源自判例中的哪一部分能够给予公众以稳定的预

期,因为判例始终是通过给予公众(当事人、律师)确定、具体且可靠的预期从而发挥社会作用的。另一方面,起实质影响的部分必须足以说服法律共同体,通过说服力获得广泛认可。

(4) 判例是否对成文法产生影响

任何法律体系都会不同程度地表现为某种不确定性和不完满性——比如可能存在法律规定的语义模糊、法律规则彼此冲突等法律漏洞,加之事实问题又往往形式多样且变动不居,因此事实和规范之间并不是总能处于逻辑上的契合或完全对应关系,而同时,法官又不能拒绝裁判或搁置判断。这也正是判例制度之所以在成文法国家存在的原因。判例的作用在于,通过法律解释、法律推理和法律论证等法律方法,并以逻辑的、修辞的或对话的论证方式辅助法律共同体解决法律问题。因此,判例中的引导语和判决理由担当着对成文法的解释、补充和发展的作用,是具有判例中有实质影响力的部分。可以说,能否对成文法以及既定的法律制度产生作用,是判例是否具有实质约束力的关键。

2. 具有实质影响力部分之使用

从上文列举的判断案例中具有实质影响力的部分的标准来看,对于判例中何者具有实质效力,或曰实质影响力的回答,需视具体情况方能确定。

首先,法官在引用《新法学周刊》中判例的法律观点时,往往采用两种做法。一是直接援引引导语的部分,二是法官通读判决后,用自己的话语对判决理由进行抽象,然后再表达,很少直接援引其中的语句(后文详述)。因为法律问题和事实问题往往相互纠缠,因此为了保证法官在撰写自己判决中能够时刻围绕本案的案件事实展开论述,在援引前例时不会占用过多的篇幅,这也就要求法官或者用自己的理解整合先前判例的法律思想,或者直接援引引导语的表述。

其次,如前所述,"精确、清晰、全面"的标准是具有内在张力的,引导语和判决理由可能在某一判例中表现出不同的特点,从而发挥不同的作用。一般而言,技术型引导语相较其他类型的引导语而言,更为"精确、清晰",而且因为技术型引导语直接帮助后案法官对法律规定具体适用,具有一定的规范性质,因此起到实质影响力。但正如上文所言,法官在大多数判决中并不会轻易创设技术型引导语以明确法律的适用,因此技术型引导语的比例较小;规范型引导语虽然具有清晰和精确的特点,但是因为其规范性的作用而往往高度凝练,对于后案法官而言,这种类似法律条规的表述,适合于作为判案的参考,但是由于规范型引导语自身无法论证自己的正当性,以及无法展开讨论,导致法官对待规范类引导语更为谨慎,在参考和援引技术型引导语时往往还需要配合阅读判决理由,因此技术型引导语自身也不具有充分的实质影响力;提示型引导语并不以具有实质影响力为定位导向,因此在此类判决中,引导语起到的只是形式上的功用,此时只有案件的判决理由起到实质效力。

再者,德国的法律共同体具有高度同质化的特性,这一法律群体共享一致的法律方法和法律思维。在对待判例的过程中,德国的法律共同体相当谨慎和耐心,因而也基本不会出现法官、律师或学者在阅读判例的过程中只读引导语、不阅读判决理由就草草了事的情况。而且,德国司法考试的"请求权基础案例分析方法"的考试模式,也使得法学院的学生需要掌握判决理由。相比较而言,引导语既不具有既判力,也缺乏论证过程,单独的引导语不足以对法律群体产生实质影响。而判决理由因为具有完整的说理过程,所以在判例的运行中往往具有实质影响力。而且,对法官个人来说,德国判决中具有实质效力的部分主要是其裁判理由,德国法院要求法官裁判时必须有非常严密的论证与推理,尤其是联邦最高法院的判决书,其裁判理由部分的论证几乎相当于一篇学术论文。[①]

由此可见,相较判决理由而言,尽管引导语在形式上更加突出,使用时更加方便,但是大多数引导语,比如大量的提示型引导语,并不能对判例产生实质的影响力,技术型引导语和规范型引导语也必须配合判决理

---

① 参见胡伟新:《德国、葡萄牙法院案例:在指导审判和保证法律统一适用方面的作用》,载《法律适用》2011年第2期。

由才能更好地发挥实质效力。因此,引导语在判例中发挥重要作用,但判决理由由于更有说服力,因而对后案产生实质影响。

三、判例的形成和运用

(一) 判例的形成

1. 判例的形成时期

在德国现行法律中经常被援引和使用的判例主要来自于三个时期,分别是帝国法院时期(1897—1945 年)、英占区法院时期(1945—1950 年)以及联邦法院时期(1950 年至今)。其中,帝国法院时期和英占区法院时期的判例不仅常见、稳固,而且其中不乏大量的刑法判例,"像私法一样,刑法的法典化仍然需要判例对法的进一步续造。在刑法总则方面,间接故意、过失、因果关系、原因上的自由行为等制度的具体适用,都是在判例中不断争论和发展的"①。这在"法无明文规定不为罪"的刑法通说原则之下不失为是对判例制度的很好背书。

德意志帝国法院成立于1879 年,成立之初只设立了"联合民事审判庭"和"联合刑事审判庭",用于协调各民事审判庭、刑事审判庭之间的判决冲突。② 第一次世界大战以后,社会形势迅速变化,许多法律规定已经不适应社会生活。在此情况下,帝国法院开始改变态度,弹性解释法律,作出了许多情势变更的基本判决。第二次世界大战以后,这种情况有了进一步的发展。1951 年成立的联邦宪法法院,在为公民基本权利提供保障措施方面,其判决效力高于那些被发现与宪法相抵触的法律。1952 年成立的德国联邦法院,在继承帝国宪法弹性解释法律、创制法律原则传统

---

① 范剑虹、李翀:《德国法研究导论》,中国法制出版社 2013 年版,第 34 页。
② 卢佩:《司法如何统一?——以德国联邦最高法院判例为实证分析对象》,载《当代法学》2014 年第 6 期。

的同时,鉴于社会之需要,更加积极大胆地创造法律原则。①

帝国法院从 1879 年到 1945 年之间的重要判例被汇编进《帝国法院刑事判例集》和《帝国法院民事判例集》,"由于德国近代主要法典和法律理论体系大都是在帝国法院时期确立的,因此,帝国法院的判例至今仍具有很大作用"②。第二次世界大战后德国被占领期间,英占区高等法院实际上担起了英国占领区的最高法院的作用,直至 1950 年被联邦最高法院取代,其间的判例汇编成了《英占区高等法院民事判例集》和《英占区高等法院刑事判例集》。由于美占区和法占区在此期间并未设立类似的最高法院,因此这一时期只有英占区高等法院的判例具有重大影响。③

2. 典型的长期判例回顾

(1) 宪法判例:"索拉娅Ⅰ案"

联邦宪法法院(BverfG)于 1973 年判决的"索拉娅Ⅰ案"(Soraya I-Fall)不仅是《德国基本法》里程碑式的案件,也是德国民法中"一般人格权"得以发展的重要依据。索拉娅·巴列维原系伊朗王妃,在与伊朗国王离婚后回到德国居住,其私生活被德国媒体大肆报道,其中《世界报》(*Die Welt*)的下属周刊记者刊发了一篇杜撰的采访稿"索拉娅:国王不再给我写信了",而该采访其实从未发生过。因此索拉娅以侵害一般人格权为由将该记者和其所在的报纸告上了法庭,联邦最高法院判决被告赔偿索拉娅 1.5 万马克。随后,原审被告以"法院违法裁判"和判决结果侵害德国《基本法》第 1 条第 2 款"言论和新闻自由权"向联邦宪法法院提起宪法诉讼。

该案件有两个关键问题:其一,是对德国《民法典》第 823 条损害赔偿条款(§ 823 Schadensersatzpflicht)的理解,该条第 1 款规定"故意或过失造成他人生命、身体、健康、自由、财产或其他权益的违法损害的人,对他

---

① 何勤华主编:《德国法律发达史》,法律出版社 2000 年版,第 53 页。
② 范剑虹、李翀:《德国法研究导论》,中国法制出版社 2013 年版,第 276 页。
③ 同上。

人的相应损害负有赔偿责任"①。该条款的"其他权益"能否解释为包含该案件中索拉娅的权益？出于对人格的保护，德国民法中将人格权划分为特别人格权和一般人格权两类，前者包含了姓名权②、肖像权③以及前述德国《民法典》第 823 条第 1 款中的生命、身体、健康和自由这四种同等地位的"生活权益"④，后者则是在二战以后人们意识到上述特别人格权仍不足以保护其他各方面的人格，从而通过对德国《基本法》第 1 条和第 2 条的"人的尊严"和"人性的发展"进行进一步解释而衍生出来的权利。因此在学理中"一般人格权"是指受尊重的权利、直接言论(如口头和书面言论)不受侵犯的权利以及不容他人干涉其私生活和隐私的权利。⑤德国《民法典》第 823 条中并未明确列举对于人格权损害是否可以享受金钱赔偿。而在此前 1908 年帝国法院作出的相关判决中，帝国法院又明确表示，"一般人格权"的概念缺乏一种公认的确定含义，对德国《民法典》来说是不合适的，因而也不包含在德国《民法典》第 823 条第 1 款中"其他权利"的兜底条款中。⑥ 因此，索拉娅案作为侵犯一般人格权的重大案件，法院是否对其作出精神损害赔偿对于类似案件具有重大的先例意义。

其二，是保护一般人格权与捍卫新闻自由之间的冲突。联邦德国汲取纳粹德国的教训，在德国《基本法》中对言论和出版自由给予充分肯定，但以不损害他人权益为限，而本案中报社和记者是否侵害了索拉娅的权益，其评价标准又取决于前述第一点对德国《民法典》第 823 条第 1 款的理解。

---

① 德国《民法典》第 823 条第 1 款原文为："(1) Wer vorsätzlich oder fahrlässig das Leben, den Körper, die Gesundheit, die Freiheit, das Eigentum oder ein sonstiges Recht eines anderen widerrechtlich verletzt, ist dem anderen zum Ersatz des daraus entstehenden Schadens verpflichtet."
② 德国《民法典》第 12 条。
③ 《艺术家和摄影家作品著作权法》第 22 条及以下。但对此权利有重大限制，比如不适用于具有历史意义的照片。在被拍照人死后十年内，肖像权属于其家属。
④ 参见[德]卡尔·拉伦茨：《德国民法通论》(上册)，王晓晔等译，法律出版社 2002 年版，第 171 页。
⑤ 同上。
⑥ RGZ69,401,404；79,397。参见齐晓坤《"索拉娅案"评注——德国民法中对损害一般人格权的非物质损害的金钱赔偿》，载《现代法学》2007 年第 29 卷第 1 期。

联邦宪法法院判决驳回了原告的起诉,作出了有利于索拉娅的最终判决。"索拉娅Ⅰ案"的判决实际上突破了德国《民法典》第823条第1款有关损害赔偿的条文内容,使得一般人格权的损害救济可以类推适用德国《民法典》第847条有关精神损害赔偿的规定,"是一项在德国民法中依法律原则进行判决的典型的判例法制度"。①

(2)民商事判例:雇员责任限制

成文法中没有对雇员责任进行限制的规定,是联邦劳动法院的判例逐步建立了雇员责任限制的制度②,细化了侵权的有限责任,为劳动者的保障提供了法律依据。

此外,德国通过判例确定了资合公司的直索责任,这一公司人格否认制度与英美公司法中的"刺破公司面纱"(piercing the corporation's veil)相对应。德国联邦法院通过司法判例区分了几种不同情况的处理方式。③

(3)刑事判例:"盐酸案"

联邦最高法院的第一则刑法判例(BGHSt 1,1)刊登的案件引发了德国刑法学界其后若干年关于"盐酸是不是武器"的学术争论。该案被告携带盐酸泼洒于一名女会计脸上,进而抢走了她的包。法院需要据此判断被告是否违犯了加重盗窃罪。根据当时的德国《刑法典》第250条规定,加重盗窃罪的犯罪构成是"当行为人……携带武器实施盗窃行为,而以武力或以武力威胁,防止或压制他人的反抗时"。该案被告使用的盐酸是否为一种"武器"?联邦法院作出了肯定的答复④,这个判决具有相当大的争议,成为"任何法律规范(Rechtsnorm)都需要解释(Auslegung)"⑤的最好例证。

---

① 参见齐晓坤:《"索拉娅案"评注——德国民法中对损害一般人格权的非物质损害的金钱赔偿》,载《现代法学》2007年第29卷第1期。
② 参见范剑虹、李翀:《德国法研究导论》,中国法制出版社2013年版,第294页。
③ 参见同上书,第152—153页。
④ 〔德〕阿图尔·考夫曼:《法律哲学》,刘幸义等译,法律出版社2011年版,第86—87页。
⑤ 同上书,第23页。

（4）行政法案件："脱脂奶粉案"与"比例原则"

20世纪70年代中期,欧洲共同体为缓和奶粉生产过剩的矛盾,制定了一项计划,规定在生产饲料时必须加入脱脂奶粉代替原来用以保证饲料蛋白质含量所使用的大豆。但奶粉的成本比大豆高出三倍,如此必然给饲料生产者带来损害。对此,共同体法院1976年第116号案件中,判定有关此项计划的法规无效,理由之一就是违反了比例原则。因为强制购买脱脂奶粉并非是减少生产过剩的必不可少的办法,同时也不能以损害饲料生产者利益的手段达到这一目的,通过这一判例,德国的比例原则遂成为欧洲共同体法的不成文法（习惯法）的一部分。①

（二）刑法判例的使用情况考察

"禁止类推原则"覆盖刑法的所有具有可罚性以及包括矫正和保安措施在内的行为的法律后果。但即便如此,刑法中仍有大量判例。它们呈现以下特点:

1. 立法留白

判例的意义在于进一步明确法律界限。在酒精含量大小作为某些行为的关键性判断依据的案件中,法院必须将抽取值计算回（即回算 Rückrechnung）行为时刻的时刻值,如果需要回算的是酒精的消退阶段（Abbauphase）,而个人的消退值又难以确定,则法官无法从法典中找到测算的具体标准。因此在司法实践中是参考先前判例的做法,判例对酒精含量消退值最低的采纳每小时消退0.1‰,最高的采纳每小时消退0.29‰,在有疑问时采取对被告判断刑事责任时最有利的值。② 这为此类案件的裁判提供了操作标准。

2. 帝国法院时期的许多判例仍然有效

德意志帝国于1871年颁布了德意志帝国《刑法典》。联邦德国建国

---

① 范剑虹、李翀:《德国法研究导论》,中国法制出版社2013年版,第254页。
② 参见《联邦最高法院刑事判决汇编》34,29;35,308;36,286;27,231。

后并没有立即废除旧刑法典,而是通过对法典的多次修订以及其后几十年的时间通过判例逐步修改帝国法院时期的判决,从而使得旧法典适应变化了的情况。直到1976年原联邦德国才颁布了新的刑法典。而如今的德国《民法典》则在1891年颁布后,只是在原有基础上进行了若干次修订和判例的补充,没有被废除。这一方面反映了德国法律人对于法典稳定性的重视,同时也印证了判例在法律生活中的作用。这样的例子在德国刑法中处处可见,比如联邦最高法院在"霍费尔本案"(《联邦最高法院刑事判决汇编》)中甚至参照了普鲁士高等法院1859年的一个判决①。

3. 系列判例的变更导致法律的变化

(1)"责打权"(Züchtigungsrecht)

在德国法中,家长适度责打孩子身体的责打权(Rechtsfertigungsgrund)来自于德国《民法典》第1626条和第1631条中的照顾权和教育权。然而这种责打权的主体能否延伸至中小学以及高中教师,则是联邦最高法院通过判例予以规定和更改的。② 在《联邦最高法院刑事判决汇编》判例中,中小学教师以及高中教师依据习惯法也被认可具有责打权(有相应的学生年龄上的限制),这是从他们负担的教育任务中推论出来的。然而20世纪70年代以后联邦最高法院的一系列判例③废除了此类习惯法。

(2)行为认识错误和法规认识错误

帝国法院曾在行为认识错误和法规认识错误中作出区别,比如"遗嘱案"的判决。④ 然而,1945年英占区最高法院的判例开始脱离帝国法院的司法判决,拒绝了上述的学术区分;到20世纪50年代联邦最高法院刑事大法庭作出了一个原则性裁决⑤,"认可不法意识是自立的责任要素,在认识错误的范围内区别构成要件认识错误和禁止性认识错误,给这样的

---

① 〔德〕约翰内斯·韦塞尔斯:《德国刑法总论》,李昌珂译,法律出版社2008年版,第327页。
② 参见同上书,第208—209页。
③ 参见 NJW,76,1949;NJW,77,113以及联邦最高法院《新兴发杂志》93,951。
④ 《帝国法院刑事判决汇编》34,418;57,235。
⑤ 《联邦最高法院形式判决汇编》2,194。

发展画上了句号"①。

4. 由判例创制法律:信赖原则

刑法中司法造法的直接例证并不如民事法律中那样常见,然而"信赖原则"(Vertrauensgrundsatz)是其中一例。信赖原则是从司法判决(主要是道路交通方面)中发展出来的一个基本原则②,对谨慎义务的边界提供了依据和参考。

(三) 法官对《新法学周刊》的援引和使用

1. 引用情况的统计

阿列克西曾在文章中称,"在高级别法院公开发表的判决中很难找到不含有任何先例的情况"。③ 笔者随机选取德国联邦最高法院民事判决④进行观察和统计,发现这些判决在理由部分中无一例外,全部引用先前的判决,用以辅助展开判决的说理。以联邦最高法院民一庭2012年第50/11号判决为例⑤,在长达28页的判决书中,先后共引用判例39则,其中,德国联邦最高法院判例23则,欧盟法院判例11则,德国联邦专利法院判例1则,慕尼黑高级法院判例2则,法兰克福高级法院判例1则,汉堡高级法院判例1则。所引用的判例集中于《新法学周刊》和《联邦最高法院民事判例集》。可见,法官在判决中引用判例的做法已经极为普遍,甚至已经成为某种惯例。

2. 援引技术

法官在使用判例说明判决理由时,主要采用引注的形式。具体而言,

---

① 〔德〕约翰内斯·韦塞尔斯:《德国刑法总论》,李昌珂译,法律出版社2008年版,第249页。
② 同上书,第395页。
③ See Robert Alexy, Kiel and Ralf Dreier, Precedent in the Federal Republic of Germany, in Neil MacCormick & Robert S. Summers edited, Interpreting Precedents: A Comparative Study, Dartmouth Publishing Company Limited, 1997, XXX, pp.26—27.
④ 判决来源于 JURIS 数据库公布的德国联邦最高法院2011年作出的判决。请参见:http://juris.bundesgerichtshof.de/cgi-bin/rechtsprechung/list.py? Gericht = bgh&Art = en&Datum = Aktuell&Sort = 12288&Seite = 0,2014年12月20日最后访问。
⑤ 该判决初审法院为科隆普通法院(Koeln LG),二审法院为科隆高级法院(Koeln OLG),终审结案时间为2012年2月,涉及一项服装商标纠纷。

法官在寻找判例时，可以通过法条检索或者引导语检索的方式锁定判决；援引判决时，依照规范标明判决号，从而指向单一的、具体的判例。

法官在撰写判决理由时会依据既定规范援引判例，在引用法学杂志收集的判例时，先写法院的简称（如联邦最高法院，德文缩写为 BGH），然后写杂志简称（如《新法学周刊》，德文缩写为 NJW）、出版年、该判例起始页码。比如"*BGH NJW 2003，3111.*"表明该判决是《新法学周刊》2003 年收录的联邦最高法院判决，总第 3111 页。联邦最高法院在引用判例时，会先写出作出该判决的法院、法庭、时间，再注明来源期刊，书写方法如"（vgl. BGH, Beschluss vom 1. Juli. 2010-I ZB35/90, GRUR 935 Rn. 8 = NJW 2010 1254）"，意为"（参见联邦最高法院民一庭 2010 年 7 月 1 日 35/90 号判决，总判决第 935 号，第 8 行 =《新法学周刊》2010 年第 1254 页）"。

3. 援引方式

法官在引用联邦宪法法院和《新法学周刊》判例时，很少会直接照搬或者摘抄先例中的引导语，而是将先例中判决理由与本案相关的部分融贯地进行说明和重述。提示型引导语仅仅起到提示案件类型和法律领域的作用，是便利法官阅读案例的工具。而对于规范型和技术型引导语而言，虽然引导语凝结了先例中的法律理念，理论上讲可以作为对自己论证的补充和支持，但不具规范性的意义，因此并不能直接作为判决理由。同时，为了保证判决理由的紧凑和连贯，法官也不会对所参考的判例中的案件事实予以说明。

法官会援引判决理由，但是这种援引并非简单的摘抄其中的若干话语，而是概括性地挑选其中的关联部分，予以表达。加之此前《新法学周刊》在汇编时已经对判决有过整理，这样办案法官对案件理由的抽象就是一种"再加工整理"。所以，法官不是援引之前某一个法院原始判决的某一部分，而是援引经过法律共同体整理、加工，从而在程序上获得广泛认同的观点。基于行文简捷、连贯的考虑，法官不需要直接引用此前判例的原句，事实上，更多的情况是法官在通读判例后，自己对判例中对当前判决理由有意义和重要的部分，予以抽象、总结和重述，从而使引用更为清晰，这也能从形式上简化裁判理由。

以"由女方服用避孕药之约定的效力"①判例为例，该案由联邦最高法院 1986 年审理，因该案"成为情谊行为领域的一个典型案件，为各种民法教科书、民法典评注及其他论著所经常援引"，因而在民法总则部分的法律行为领域具有很大影响，也在德国法律共同体中具有很高的知名度和认可度，而且，该案多次援引《新法学周刊》中所载判例，因而，笔者从此判例出发，分析法官在撰写判决理由时如何援引和使用《新法学周刊》的判例。

该判决全文合计引用判例共 19 则，其中三次引用《新法学周刊》中判例，合计 5 则，详情如下：

第一次引用：判决理由中的表述为"在律师接受委托人的委托，针对第三人实现其委托人声称的权利时，律师有义务审查，在委托人所陈述的事实状态下，他的诉求能否获得成功。"②（援引自：《新法学周刊》1984 年第 791—792 页；《新法学周刊》1985 年第 264—265 页。）

第二次引用：判决理由中的表述为"即使在根据相当合理的法律观点，可以认为委托人的诉请可能会成功，但由于固定的法律判例尚未形成等方面的原因，导致法律状态依然不很明朗的情况下，律师也必须向其委托人说明和探讨该法律状态存在的疑问和顾虑，并根据委托人在听取这些说明后所作的决定来决定是否采取下一步的措施。"（援引自：联邦宪法法院 1960 年 11 月 21 日判决，载《新法学周刊》1961 年第 601、602 页。联邦宪法法院 1974 年 6 月 25 日判决，载《新法学周刊》1974 年第 1865—1866 页。）

第三次引用：判决理由的表述为"但是，他们应该知道，联邦最高法院

---

① 参见 BGHZ 97,372。该判例已被"德国联邦最高法院典型判例研究丛书"译为中文，本案借助其中的部分翻译，参见邵建东编著：《德国民法总则编典型判例 17 则评析》，南京大学出版社 2005 年版，第 57 页。
② 参见同上书，第 6 页。

以及学界大部分学者认为,非婚姻生活共同体的伙伴双方放弃婚姻,说明他们决定不接受法律上的约束,因此,如要认定他们之间存在一项通过法律行为规范其财产法律关系的法律拘束意思,就必须具备特别的意思。"(援引自联邦最高法院 1980 年 3 月 24 日判决,载《新法学周刊》1980 年第 1520—1521 页;德尔勒得文章,载《新法学周刊》1980 年第 545 页。)

以第二次援引为例,笔者对该案判决理由的表述和《新法学周刊》1961 年判决原文[①]进行对比阅读,整理出部分信息如下:NJW 1961,601—602 号判决,案件涉及一起房地产买卖纠纷,但是因为案件原告接受其委托律师的建议对被告提起诉讼,因此法官在判决理由中就律师行为是否妥当给予评论。正因如此,《新法学周刊》将该判例的题目设定为"律师的注意义务";将引导语撰写"律师在委托执行中注意义务的范围";判决理由中的原文为:

"判决认为,律师通常没有义务自己去查询和验证从委托人处得到的信息是否完全真实;委托人其实更愿意被委托的律师完全相信他给出的信息。本案并不适用该惯例。本案中如果律师在不能获得全部案件信息,而是仅根据客观的法律情况给出方案对于委托人更为有利。因此律师必须提出完整法律意见的前提是,他已经通过问询委托人澄清了关键信息,这些关键信息使得他能够据以作出法律判断,且发现了作为法律专家能够和必须发现的事实中的疑点,而且也能够对非法律人士的交易对象隐藏(这些疑点)。一旦发现这些疑点,律师不能仅是针对他陈述的信息进行法律上的评估,而必须努力通过问询咨询者以得到尽可能全面和客观的法律事实。律师必须通过对委托人正确的发问澄清基本的法律事实,也就是说,获得作出准确和全面的法律意见所必需的信息。"

联邦宪法法院 1974 年 6 月 25 日判决,载于《新法学周刊》1974 年,第 1865—1866 页。标题为"律师建议义务的标准",引导语提示了律师在

---

① 载 http://beck-online.beck.de/default.aspx? vpath = bibdata% 2fzeits% 2fNJW% 2f1961% 2fcont% 2fNJW% 2e1961% 2eH13% 2ehtm#A,2015 年 1 月 8 日最后访问。

知道自己的委托人不能或者很可能不会赢得诉讼时的建议义务,以及例外。但是同上面 NJW 1961,601 判例一样,该判例中的引导语和判决理由均未被直接引用,法官仅仅是将上述两则判例中的原理予以总结,得出上文中的结论。

对比可知,判案法官是在综合了几则年代不同的判例后,将其中展现的法律规则进行汇总,然后在当前判决中予以表达。

(四) 判例的援引和演绎推理方法的结合

就法律方法而言,德国长久以来采用演绎推理(德文:Auslegungmethode)作为主要的法律方法。法官裁判方法是演绎推理法生发出的一种裁判文体,以经典的"三段论"的逻辑结构为支撑,并遵循"假设(Obersatz)—法律解释(Defination)—涵摄(Subsumtion)→结论(Ergebnis)"的推理结构。① 法官在撰写判决时依据该分析方法,围绕请求权的检索考查当事人的请求权是否存在,从而确定民事主体之间的法律关系。

通常而言,演绎推理很难适用于判例。但是由于演绎推理是一种主导的法律推理方法,是一种"必然获得"或"保真"的推理方法,因而具有极大的诱惑力。在判例法体系中,遵循先例是一个基本原则,这一制度所依托的乃是类比推理的法律方法。② 而仔细观察则不难发现,类比推理最终仍然要回归到演绎推理的模式中来。在这个意义上讲,判例的运作固然不同于成文法的演绎推理方法,但却又离不开演绎推理的方法。

就体例而言,法官对于先例的援引全部集中于判决理由,对应法官裁判方法中的涵摄的部分。涵摄本意就是强调"不断往返于事实与规范之间",将对判例的援引作为说理的依据,恰好是对演绎推理结构中涵摄部分的内容填充,使得判例制度和演绎推理在形式上能够有机融合。同

---

① *BGB AT Grundwissen*, 2. Auflage 2007, Hemmer/ Wuest Verlagsgesellschaft.
② 类比推理通常包含三个步骤,首先是从来源案件中识别出一个权威的先例原则或规则;其次,是区分来源案件与眼前目标案件之间的相似点与不同点;最后,是判断相似点更重要,还是不同点更为重要,以此决定是遵循先例还是区别先例。

时,笔者认为由于判例在德国并非正式法律渊源,也没有形式上的约束力,因而德国法律共同体对于判例的采纳和应用,相较于其他判例制度国家更加讲求实用。

(五) 小结

在判决中引用判例在德国的司法活动中极为普遍,法官会根据自己判决理由的行文思路,将所引判例的法律问题进行高度抽象的归纳,用自己的语言进行整理说明,通过引注的方式表明对判例的使用,用以增加判决理由的说服力。判例通过实践中的多次使用得以形成。

四、结论

考夫曼教授曾经指出:"制定法的不完备性,并不是一种缺陷,而是一种先验且必然的结果……自身封闭、完备、无漏洞、明确的制定法将使得法律的发展陷入停滞状态。"[①]事实上,历史上的任何立法活动都没有也不可能一劳永逸地解决人类社会所面临的所有问题,势必需要司法对法律进行解释和补充;同时,社会对于"类似案件类似审判"和"确定预期"的社会公正的需求,决定了案件裁判中使用类比推理的可能性以及必要性。立法机关的法律解释虽然有助于在一定程度上解决法律不完备的问题,但是解释的抽象性和非具体针对性仍然使法官难以应对实践中千差万别的具体个案。种种原因使得承办案件的法官会将目光聚焦于成文法典之外的、先前法官作出的大量早期判决之中。也许正因为如此,英美学者曾断称,"先例制度从来都是法律制度中的命脉所在"[②]。然而,"在什么时候,法官应驳回起诉?什么时候,他应该创造一个适合该起诉的新规

---

① 〔德〕阿图尔·考夫曼:《法律哲学》(第二版),刘幸义等译,法律出版社2011年版,第113页。
② 〔英〕丹尼斯·劳埃德:《法理学》,许章润译,法律出版社2007年版,第507页。

范?"这有时难以拿捏。凯尔森指出:"如果并没有原告所声称的被告义务的一般法律规范规定,并且如果法官认为缺乏这样一个规范是不能令人满意的、不公正的、不公平的,那么,法官就必须充当立法者的角色。"①当然,成文法国家对于判例的这种需求不仅是追求实质正义的需要,也是提高司法效率可行而简便的方式。中国的指导性案例,正是由于制定法的必然不完备而产生的。在指导性案例研究中,中国法律工作者所面临的首要问题之一是,指导性案例的性质是怎样的?

---

① 〔奥〕凯尔森:《法与国家的一般理论》,沈宗灵译,商务印书馆2014年版,第224页。

下 篇

指导性案例和案例指导的性质、制度与方法

第五章　指导性案例的"指导性"

中国最高人民法院于2005年10月26日发布了《人民法院第二个五年改革纲要》，针对司法体制中存在的问题，系统部署法院改革各项措施，启动人民法院新一轮的全面改革。该《纲要》的一项重要内容就是规范和完善案例指导制度，建立指导性案例的编选标准、编选程序、发布方式、指导规则。这项改革对于统一司法、准确适用法律、运用法律解决社会问题，进而构建在法治原则基础上的和谐社会具有重要的意义。

从实践的角度看，中国的律师已经开始把案例（不一定只限于我们所界定的指导性案例）用于他们的执业实践，并初步取得了令人满意的效果。但律师们在使用案例的时候遇到了如下问题：其一，案例使用不方便，因为不系统、零散、不连贯；其二，不稳定，案例会没有规则地变化；其三，案例缺乏权威性，律师们不知道法院是否会服从（其实法院也不十分清楚是否应当服从指导性案例）。从理论层面上看，规范和完善这一制度的首要问题是，指导性案例中的"指导性"是什么意思？意味着什么？什么是案例的指导作用？是不是要求法院和法官遵从指导性案例审理案件？如果要求遵从，那么遵从指导性案例的哪一部分？进一步的问题是：指导性案例是不是法律渊源？这些问题不仅具有学理上的意义，而且直接关系到司法实践以及案例指导制度的发展方向。一些学者近年来纷纷撰文探讨与之有关的若干问题,并取得了令人鼓舞的成果。① 我们将在本章对上述有关指导性案例性质的问题进行讨论。

一、指导性案例的指导性、权威性与合法性

《现代汉语词典》(修订本)对"指导"的解释是"指示教导;指点引导"②。按照这个解释,我们可以把指导性的含义归纳为:指示、引导、指点。不过,词典只解释了字面含义。虽然简单明了,但仍不足以说明我们所要探究的在当代中国法律制度中的指导性案例的"指导性"的含义。例如,法院在多大程度上、怎样接受指导性案例的指导?这首先需要根据该术语被提出时的语境进行分析和理解。最高人民法院有关负责人就《人民法院第二个五年改革纲要》答《人民法院报》记者问时指出:指导性案例在中国早已有之,(但是)《纲要》第一次从制度的角度提出对案例指导制度的建立和完善;指导性案例的作用有三,即:统一法律适用标准、指导下级法院审判工作、丰富和发展法学理论;这里所说的案例指导制度与大陆法系国家实行的判例制度相似。③ 最高人民法院给指导性案例的定位给我们提供了把握指导性案例的性质的基本线索。

根据上述定位以及与各级法院有关人士交谈,我们以为,指导性案例的一个重要性质,或者说指导性的一个重要内容,是权威性。因为,指导性案例之所以具有上述作用,与下面两个相互联系的因素密切相关:一个

---

① 例如:刘作翔:《案例指导制度的理论基础》,载《法学研究》2006年第3期;最高人民法院课题组:《关于德国判例考察情况的报告》,载《人民司法》2006年第7期;汪世荣:《补强效力与补充规则:中国案例制度的目标定位》,载《华东政法学院学报》2007年第2期;沈志先等:《重视典型案例 努力提升司法水平和能力——上海市第二中级人民法院的若干实践》,载《人民司法》2006年第7期。
② 《现代汉语词典》(第5版),商务印书馆2005年版,第1753页。
③ 陈永辉:《最高法院有关负责人就二五改革纲要答本报记者问》,载《人民法院报》2005年10月27日。

是发布指导性案例的上级法院所具有的地位①,另一个是指导性案例本身所体现、所具有的对法律和法理的解释、丰富和发展。这两个因素集合在一起,构成了指导性案例的权威性。这里的权威性包含两层意思:一个是发布机关所具有的法律地位的权威性;另一个是案例本身所体现出的在法律的解释、丰富和发展方面所具有的学术、法理上的权威性。② 在中国,如果指导性案例不具有权威性,就很难发挥上述三方面的作用。其实,有相当一部分指导性案例中的判决,是在法律没有明确规定的情况下作出的;后来的法官把这样一些指导性案例用于指导案件的审理,这些指导性案例实际上起到法官审理案件的规则依据的作用,就像在没有明确的法律依据时法官会依据政策、道德规范审理案件一样。这其实也是为什么需要指导性案例的重要原因之一。在这种情况下,指导性案例构成了对法律的发展或补充,例如贾国宇案。③ 以这类案例为指导审理案件,其实是按照由人民法院发展、形成的具有法律性质的裁判规则审理案件。因此,指导性案例实际上起着一种非正式意义上的法律渊源的作用。既然是具有裁判依据作用的规则,就存在着制定机关需要具有一定的权限并保持规则体系的统一性的问题。例如,编选、发布指导性案例的法院是否需要一定级别的限制,是只限于最高人民法院,还是高级人民法院也可以参与其中? 这些问题自然涉及案例指导制度在我国现有法律规则体系中的性质和法律地位的问题。从学理上讲,首要问题就是案例指导制度作为审理案件的规则依据,是否可以成为当代中国法律体系中的一种非正式意义的法律渊源? 它作为一种非正式法律渊源是否具有合法性?

---

① 我们曾经与一位江苏省的基层法院的派出法庭的庭长交谈,请教他法官们是否在审判实践中参看案例汇编之类的出版物,回答是肯定的。当我们问是参看什么样的案例汇编时,他回答是省法院编的《参阅案例》;当我们问是否参看《最高人民法院公报》时,回答是否定的。形成有趣对照的是,省法院看重的是《最高人民法院公报》以及由最高人民法院的有关机构编辑出版的案例汇编。
② 有学者用"指导性案例"的效力基础的形式基础与实质基础表达了与我们观点相近似的意思。具体参见王学辉、邵长茂:《"指导性案例"在行政诉讼中的效力——兼论案例分类指导制度的构建》,载《行政法学研究》2006 年第 2 期,第 30 页。
③ 参见《中华人民共和国最高人民法院公报》1997 年第 2 期,第 68—70 页。

这是一个让人为难的问题。中国学者不大愿意把它作为一个问题来讨论。像某些大陆法系国家的法律家在回答他们国家的司法先例的性质感到为难一样,中国的许多法律家对回答案例指导制度的性质的问题是有困难的。造成这种困难的原因,既有学理上的原因,也有文化上的原因。所谓学理上的困难,就是一些学者认为中国的法律体系属于大陆法系,并误以为大陆法系(民法法系)国家的制定法体系与判例制度水火不容;所谓文化上的原因,就是长期以来误以为中国历史上是一个制定法国家,排斥判例制度的存在。尽管这是一种误会,一些学者已经对此进行过认真的说明①,但许多人还是习惯性地很难接受指导性案例作为一种非正式意义上的法律渊源。因为人们担心,如果承认指导性案例是一种非正式法律渊源,似乎就等于承认最高司法机关具有立法的职能,而这似乎是不正确的。因此,对于这个问题最好不谈。

然而,如果不解决指导性案例制度的合法性问题,不从根本上为指导性案例制度正名,其权威性基础就不牢靠,指导性也无法真正落实。因此我们接下来就讨论指导性案例作为当代中国非正式法律渊源的合法性问题。

二、指导性案例作为非正式法律渊源的合法性

(一) 合法性之辩

这里讲的合法性,是指一种判断法律是否合格的指标。一些学者建议将指导性案例的发布限制在一定级别的一个重要原因,在一定程度上

---

① 关于学理上的说明请见米健:《此"先例"非彼先例》,载《人民法院报》2005 年 12 月 28 日 B1;关于历史上的说明,请见武树臣主编:《判例制度研究》(上),人民法院出版社 2004 年版,第 6—17 页。

也与这个问题有关。① 讨论案例指导制度作为非正式法律渊源的合法性的意义在于,它不仅直接关系到案例指导制度的性质,而且在某种程度上影响着建立和完善案例指导制度的方法。

合法性(legitimacy)一词被学者们在不同的意义上使用,因此有必要在这里先说明一下我们是在什么意义上使用这个词,以便保持该术语的同一性②,顺利进行学术讨论。

合法性的概念是一个舶来品。它可以用在经验意义和规范意义两个方面。经验意义上的合法性指法律整体或个体法律规范事实上被接受。如果在有关团体中实际存在着服从法律的义务感,表现在实际生活中,人们按照法律的要求行事,法律有实效,那么法律就具有经验意义的合法性。规范意义上的合法性指这些法律的可接受性,相当于伦理和道德上正当化的服从义务。③ 这里,法的合法性的主词"法",可以包括若干不同的层次:既可以是一个完整的法律体系,也可以是一条具体的法律规范,或者可以是某一个具体的法律制度,例如陪审制度或者案例指导制度。决定规范意义合法性的关键是法律体系、法律规范或法律制度是否符合一定社会的价值和道德原则。

与实质意义的合法性(legitimacy)意思相近、而又有所不同的概念是形式意义的合法性(legality),它是"指法律的合法性来自规则自身或源于被接受的事实,无需任何基础性价值的支撑"④,或者可以说,它是指法律在程序上符合既定的法律制度所要求的生效条件,因而具有法律效力。当然,这种区别并不一定是绝对的;有时,有些西方学者并不一定是在两

---

① 在中国,是否成为指导性案例与一定的权力或国家的权力结构紧密相连。我们将在后文说明这点。
② 在汉语学界,有些学者把 legitimacy 译为"正统性",并以正统性的意义来使用它。但是在汉英对译中,已经有一个约定俗成的词与正统性相对应,这就是 orthodoxy;而且从语义上看,合法性比正统性更能把 legitimacy 的含义表达出来。
③ See, Christopher Berry Gray, *The Philosophy of Law*, Volume II, Garland Publishing Inc, 1999, pp. 493—494.
④ 高鸿钧:《法范式与合法性:哈贝马斯现代性理论评析》,载《中外法学》2002 年第 6 期。

种合法性(legitimacy, legality)严格区别的意义上使用这两个概念的。①

(二) 法律多样与当代社会

以往的法律概念把法律作为人们主观意志的体现,并且不是所有人的意志的体现,而只是统治阶级意志的体现;统治阶级通过国家使自己的意志上升为法律,所以法律就是国家意志的体现;由于议会是国家的立法机关,因此法律就是立法机关的意志的体现,只有议会通过的制定法才是法律。这是一种标准的、但是过于简单的法律概念。它建立在英国法学家奥斯汀的狭隘的、权威主义法律概念基础之上。它或许与某些国家的法律发展相吻合,但与许多国家的法律发展历史不相符合。在古罗马,在西欧中世纪,法律都是在国家之外形成、发展并发挥作用的。② 可以说,从立法机关所制定的法律的角度界定法律概念,仅仅是法学理论中的一派观点。如果不囿于此种观点,我们其实可以看到在制定法之外有多种法律渊源存在并发挥作用。德国比较法学家茨威格特和克茨在谈到司法判例在法国是否为一种严格意义上的法律渊源的时候指出:

> 一个人对此作出的答复完全是依据他自己对"法律渊源"的界说。倘若一项规则的标准是其在社会现实中的效力和其于事实上的生存力,那么毫无疑问,完全会有那些由法院创制的、复审判决确认的、具备全部法律规则要件的法律规则。③

多元主义的法律观认为法律与国家并没有必然的联系。国家内的许多其他组织与国家一样也是制定法律的机关。一个医药协会禁止会员刊

---

① 参见〔美〕富勒:《法律的道德性》,郑戈译,商务印书馆2005年版,第49—107页。
② 这一点可以从古罗马法律形成的历史中得到证明,参见〔意〕朱塞佩·格罗索:《罗马法史》,黄风译,中国政法大学出版社1994年版,第24—25页;〔美〕格伦顿、戈登、奥萨魁:《比较法律传统》,米健、贺卫方、高鸿钧译,中国政法大学出版社1993年版,第13—17页。
③ 〔德〕K.茨威格特、H.克茨:《比较法总论》,潘汉典等译,贵州人民出版社1992年版,第177页。

登营业广告的规定,就和政府的任何法令一样具有法律性质。①

　　从某种意义上说,法律多元与社会多元相连。社会多元与社会的经济性质具有一定的相关性。一般来说,多元社会多是某种工商业社会。人们的商业经济活动导致社会形成为社会连带关系服务的多样化的法律规则。当代中国正在从传统的农业经济社会向工商业社会发展,多样化的法律渊源正是这种社会转型的必然要求和结果。在中国渐受重视的软法,是这种法律多样性的另一种体现。②

　　如果说以前对法律的简单化界定就已经受到过质疑和否定但没有被太多人意识到的话,那么在今天这样一个多元社会,越来越多的人开始意识到传统法律概念已经无法适应社会发展和时代发展的需要。意大利法学家卡佩莱蒂从现代社会的急剧转变以及由此所致的法律与政府变化着的作用中分析了法官造法的原因,他指出:立法的扩张导致了法官造法的并行扩散。司法的能动性(activism)、推动力(dynamism)和创造性的理由就在于,"'即使最好的立法技术也会留下司法填补的空间,还会留有隐藏的模棱两可和不确定之处交由司法解释',制定法的扩张'已不可避免且仍然在增大司法必定要运作的空间'。"③在这个问题上,法国学者表明了十分相似的观点。④ 德国学者拉伦茨对司法权应恪守"裁判本分"有强烈、明确的表示,即便如此,他也认为:"假使立法者未发挥其功能,而司法权如果不自己发现规则,将产生不能符合最低的法安定性及正义的要求之状态时,则前述要求亦不完全禁止司法权自己去寻求规则,事实上它也多次这样做。"⑤另一位德国法学家贡塔·托依布纳则指出,在环球化时

---

① 参见〔美〕爱·麦·伯恩斯:《当代世界政治理论》,曾炳钧译,商务印书馆1983年版,第105、109页。
② 参见姜明安:《软法的兴起与软法之治》,载《中国法学》2006年第2期。我们在这里以"多样"代替"多元"是为了避免读者无意间与"政治多元"的联想或误解。
③ 参见〔意〕莫诺·卡佩莱蒂:《比较法中的司法程序视野》,徐昕、王奕译,清华大学出版社2005年版,第4—5、22、72—73页。
④ 〔法〕雅克·盖斯旦、吉勒·古博:《法国民法总论》,陈鹏、张丽娟、石佳友、杨燕妮、谢汉琪译,法律出版社2004年版,第418页。
⑤ 〔德〕卡尔·拉伦茨:《法学方法论》,陈爱娥译,商务印书馆2003年版,第254页。

代,法律多元主义需要对其核心概念重新界定,将关注的焦点从团体和共同体转到话语和沟通的网络。①

我们以为,在传统上以制定法为主要法律渊源的民法法系的国家,司法先例或判例,至少是一种重要的非正式意义上的法律渊源。② 在对于这样一种法律发展的认识上,问题不在于是否存在一种多样化的法律渊源,而在于我们是否需要转变我们对法律的看法。因为实际上存在着多样化的法律渊源,如果我们转变旧有的法律观,我们就可以发现多样化的法律发展的客观现实,在理解法律现象的过程中实现一种"视域融合"。

(三) 指导性案例作为非正式法律渊源的合法性

指导性案例是随着当代中国社会转型的展开和深入而出现和发展的。指导性案例具有一般性,即它的效力不仅限于此一案件,对于同类案件它同样有效。这种一般性使得它不同于其他的司法判决。③ 指导性案例的一般性,既是指导性的另一个重要含义,也是其作为一种非正式法律渊源的一个重要证明。

这里所说的非正式法律渊源,是与正式法律渊源相对的,它是"不具有明文规定的法律效力、但却具有法律意义并可能构成审理案件之依据的准则来源"④,它的效力主要是一种说服力,人们服从它是因为它的正确和正当。

指导性案例作为非正式法律渊源的合法性既包括形式合法性(legality),也包括实质合法性(legitimacy)。

---

① Gunther Teubner, *Global Law without a State*, Dartmouth Publishing Company, 1997, p.2.
② 正如最高人民法院课题组在《关于德国判例考察情况的报告》中所描述的:"从整体上看,遵从判例是普遍性的,偏离判例只是一种例外。按照联邦法院法官的说法,这种事实做法是完全依靠法官的自愿来保证实施的,不存在立法上的、司法上的任何制度强制。"参见最高人民法院课题组:《关于德国判例考察情况的报告》,载《人民司法》2006年第7期。
③ 在法国,"从法官是立法机关没有调整领域内的众多规则起源这一意义上,判例是一种法律渊源"。参见〔法〕雅克·盖斯旦、吉勒·古博:《法国民法总论》,陈鹏、张丽娟、石佳友、杨燕妮、谢汉琪译,法律出版社2004年版,第442—448页。
④ 舒国滢主编:《法理学导论》,北京大学出版社2006年版,第78页。

指导性案例形式合法性的依据,是法院组织法以及全国人大常委会有关法律解释问题的决议。1979年7月1日第五届全国人民代表大会第二次会议通过、1983年9月2日第六届全国人民代表大会常务委员会第二次会议修订的《中华人民共和国人民法院组织法》第33条规定:"最高人民法院对于在审判过程中如何具体应用法律、法令的问题,进行解释。"1981年6月10日第五届全国人民代表大会常务委员会第十九次会议通过的《全国人民代表大会常务委员会关于加强法律解释工作的决议》规定:"凡属于法院审判工作中具体应用法律、法令的问题,由最高人民法院进行解释。"有学者可能会说,这里只是为最高人民法院进行法律解释提供了法律依据,并不等于承认指导性案例可以作为非正式意义上的法律渊源。这个说法是有一定道理的,但是并不全面。因为:首先,一个众所周知的事实是,最高人民法院根据这些条款发布了许多发展法律、弥补立法不足的司法解释。这些司法解释不仅是包括人民法院在内的广大法律工作者理解、适用法律的重要依据,而且人民法院在依法裁判的过程中,如果适用了司法解释,还需要在判决书中予以载明。① 其次,长期以来,通过个案解释法律,是最高人民法院进行法律解释的一种有效方式。这种以个案进行的法律解释以其比较强的针对性和与案件事实紧密联系的具体性,在司法实践中发挥了重要的作用。目前的指导性案例是以前就有的以个案进行法律解释的一种自然发展。法院在指导性案例中通过法律解释发展法律的比较新近的实例就是《中国案例指导》。② 周佑勇教授在分析其中的"行政[2005]004号案例"时,针对法院对所争议的第二个问题的解释指出:"法院对这个问题的解释是对法律规定的一种具体化,可以理解为对法律规则的创设,是一种具有规则或原则形成意义的解

---

① 参见《最高人民法院关于司法解释工作的规定》,载《人民法院报》2007年3月23日。
② 最高人民法院和最高人民检察院联合编辑、法律出版社出版的《中国案例指导》丛书于2005年8月出版了2卷本的第1辑。

释。"① 当然,从这个角度看,具有此种形式合法性的指导性案例仅限于最高人民法院公布的指导性案例。

对指导性案例的实质合法性进行考察,可以更好地帮助我们为指导性案例定位。自 1985 年以来,仅以《最高人民法院公报》"案例"的方式公布的指导性案例就有 560 件,2006 年一年就公布了 40 件。近些年来,最高人民法院其他机关和一些省级高级人民法院公布的具有指导性的案例的数量就更多。有关专家在论述指导性案例的性质时说,它们"是协调全国法院审判工作的重要形式,为国家立法机关制定和修改法律提供可资借鉴的经验,是宣传法制的生动教材";从《公报》登载的案例的实际效果看,它们"受到广大法官、律师、教授和其他读者的欢迎"。② 我们接触到的几位律师都表示,包括《最高人民法院公报》所刊登的案例在内的指导性案例在诉讼代理工作中具有重要的作用。可以说,指导性案例在司法实践中发挥着非常重要的作用。③ 指导性案例在事实上被接受,表明它们具有经验意义上的实质合法性。我们可以从此经验意义的实质合法性判断它的规范意义的实质合法性,即它符合我们社会的价值和道德原则,如果不是这样,它是不可能在二十多年的时间里得以存在并发展的。④

在把指导性案例定位于以司法解释形式出现的法律渊源这一点上,

---

① 周佑勇:《作为过渡措施的案例指导制度——以"行政[2005]004 号案例"为观察对象》,载《法学评论》2006 年第 3 期。
② 周道鸾:《中国案例制度的历史发展》,载《法律适用》2004 年第 5 期。
③ 用《中国案例指导》丛书的编者和一些学者的话说,就是这些指导性案例具有实然的法律效力。
④ 王学辉教授、邵长茂同学认为:"从'指导性案例'确立的规则的内容上看,构成其内在力量的主要成分,是凝结于其中的具有真理性的知识和经验。……这种规则之所以能够被人们自觉遵守,其主要原因也是这些规则反映了人类的实践理性。"王学辉、邵长茂:《"指导性案例"在行政诉讼中的效力——兼论案例分类指导制度的构建》,载《行政法学研究》2006 年第 2 期,第 32 页。

我们的认识与法国的判例实践是相似的。① 在法国,"每当法律'无规定','不明确'或者'不完备'时,判例的创造性权力就显现,因为在这种情况下,必须进行审判否则会被以拒绝审判罪论处(《民法典》第 4 条)的法官,将在法律中发现没有明确出现在法律中的一般规则。"②如果说我们的认识与法国的相关实践有区别的话,就是我们在这里明确地使用了非正式的法律渊源来定位目前中国的案例指导制度(我们将在后面集中讨论这一问题)。而在法国,"人们从立法机关的默示接受中,或者从司法管辖者的接受中,推断出判例的强制力,将其作为一种习惯法"③。并且,中国的指导性案例与法律解释的关系和法国的判例与法律解释的关系的另一个主要区别是,在法国,判例是法律解释的唯一形式④,而中国不是。

三、指导性案例的辅助性

我们以为,虽然我国目前的指导性案例具有权威性、一般性与合法性,但是它的权威性、一般性与合法性既不同于我国作为法律的制定法,也有别于其他民法法系国家的判例法或司法先例制度。作为一种非正式意义上的法律渊源,指导性案例的辅助性表现在效力上的说服性和参考性,功能上的从属性,效力位阶上的次级性和产生方法的有限性。

指导性案例在效力性质上的说服性或参考性,是指它的效力取决于

---

① 法国学者指出:在法国,"法律的司法解释为法律带来重要补充,判例的创造性和规范性作用基本上是通过这种补充得以实现的。""今天判例在实体法中已占有重要一席。无论对之遗憾还是赞许,所有的人都一致承认,忽视判例对法律的解释,就不可能认识实体法。"参见:〔法〕雅克·盖斯旦、吉勒·古博:《法国民法总论》,陈鹏、张丽娟、石佳友、杨燕妮、谢汉琪译,法律出版社 2004 年版,第 356、369、370 页。
② 〔法〕雅克·盖斯旦、吉勒·古博:《法国民法总论》,陈鹏、张丽娟、石佳友、杨燕妮、谢汉琪译,法律出版社 2004 年版,第 430 页。
③ 同上书,第 443 页。
④ 感谢天元律师事务所合伙人、法国巴黎上诉法院注册律师程诚先生在此问题上的指教。

它的正确性、妥当性,即对法律的正确解释、对法理的正确发展、对法律原则的正确发现;人们遵从它是因为信服它的正确性。指导性案例的效力来自于法官在其中对有关法律解释观点的论证,来自于其中法律论证所具有的合理性和说服力。① 在最近的几年内,它不具有制定法所具有的强制约束力意义上的效力。作为一种制度,它还需要发展。

指导性案例在功能上的从属性,是指它的功能是帮助法官在解决案件的过程中揭示深藏于法律制度或者事物中的正义。

指导性案例在效力位阶上的次级性,是指在效力等级上它是低于制定法的法的渊源。它不能违反法律,不能取法律而代之。

指导性案例的产生方法是有限制的,即法官在制作指导性案例时要受到法律的限制。首先,指导性案例要受到有关法律原则的限制。这里所说的法律原则,既包括宪法规定的宪法原则,也包括相应部门法、实体法与程序法的基本法律原则。我们会遇到对某一个(类)案件缺乏明确的法律条文的情况,但是,法院或法官在案例中对法律的创造性解释应当与我国的宪法原则和相应的法律基本原则相一致。其次,指导性案例的形成要受到一定的诉讼案件的限制。这意味着指导性案例永远与一定的案件事实密不可分,相应的诉讼程序的规定对指导性案例的形成具有制约性的意义。② 再次,指导性案例要受到相应法律规定所体现出的法律精神的限制。例如,在贾国宇案中,虽然我国《产品质量法》没有规定制造商对产品缺陷导致的被害人精神损害的赔偿,但是,根据我国《民法通则》第 119 条有关民事责任的规定和《产品质量法》第 32 条有关产品质量责任的规定的法律精神,应当对由于产品缺陷导致的被害人精神损害

---

① 也有法国学者从这个角度认识法国的判例。参见〔法〕雅克·盖斯旦、吉勒·古博:《法国民法总论》,陈鹏、张丽娟、石佳友、杨燕妮、谢汉琪译,法律出版社 2004 年版,第 428 页。欧陆国家在这方面有着很长的历史。参见〔美〕米尔伊安·达玛什卡:《司法和国家权力的多种面孔》,郑戈译,中国政法大学出版社 2004 年版,第 57 页。

② 参见〔法〕雅克·盖斯旦、吉勒·古博:《法国民法总论》,陈鹏、张丽娟、石佳友、杨燕妮、谢汉琪译,法律出版社 2004 年版,第 448—455 页。

给予赔偿。①

上述这些辅助性的特点，反过来，又构成考量指导性案例的标准，这些标准是使指导性案例正确发挥作用的保证。为了保证指导性案例作用的正确发挥，为了保证案例指导制度的健康发展，我们还需要解决下面两个重要问题：一个是有关指导性案例本身的问题，即确定与选择什么样的案例作为指导性案例，另一个有关指导性案例的司法机关的制度安排。我们在下面分别探讨。

四、案例指导性的保证之一：确定与选择什么样的案例以保证指导性

（一）确定指导性案例的内容标准与形式标准

确定与选择指导性案例可以从内容和形式两个方面考虑。

从内容上来说，我们以为指导性案例应当包含有关对法律规则的解释，或者有关某一或某些法律尚无规定或规定不清的问题的法律解决方法。如果做进一步的细分，指导性案例可以分为对疑难案件具有指导性的案例，和对新类型案件具有指导性的案例。这两类案例的共同点是包含前述新的法律解决方法，扩展人们对法律的理解。如果仅仅是具有代表性或有重大社会影响，或者易发、多发的案例，而不涉及前述有关法律解决方法方面的内容，则可以只作为一些地方法院已经在积极开展的示范性案例、精品案例或典型案例。这些案例在指导各地各级法院法官正确开展审判工作方面具有积极的参考和示范作用，但是否需要作为指导

---

① 请参见《最高人民法院公报》1997 年第 2 期，第 68—70 页；张骐：《法律推理与法律制度》，山东人民出版社 2003 年版，第 286 页。

性案例是值得进一步研究的。①

从形式标准上说,作为指导性案例的判决书应当提供法官对相应问题的法律解决方案的判决理由,并且通过法律推理、法律论证对该判决理由进行充分、清晰的论证。②在判决书中陈述判决理由并加以公开,同时也是法律职业共同体和社会公众确信案例正当性并对之进行批评以利于今后改进的一种重要方式。③ 当然,我们建议指导性案例应当充分说理,并不是说所有判决书都必须千篇一律地进行法律推理,而是当繁则繁,当简则简。这是保证司法公正、提高司法工作效率的共同要求。

(二) 指导性案例的什么部分具有指导性

指导性案例中的什么部分具有指导性? 这里主要有三种可能的选择:一是针对相应案件事实所作出的判决的具体内容;二是案例中说明判决赖以建立的法律主张的理由;三是案例对有关法律问题或观点的类似于规则的表述。

前两种选择的可能性与法国有关判例性规则的问题相似④,他们的解决办法是"根据每一个判决的具体情况来解决"⑤。德国学者拉伦茨认为,发生先例拘束力的不是有既判力的个案裁判,而是法院在判决理由中对某法律问题所提的答复,是在判例中"被正确理解或具体化的规范",或者说,"是裁判中宣示的标准具有'拘束力',后者尚须以'适切的'规范

---

① 参见陈灿平:《案例指导制度中操作性难点问题探讨》,载《法学杂志》2006 年第 3 期;也有法律界同事与我们有相似的考虑,主张区分指导性案例与参考性案例,对指导性案例做狭义的理解,对此参见沈志先、刘力、范黎红:《重视典型案例 努力提升司法水平和能力——上海市第二中级人民法院的若干实践》,载《人民司法》2006 年第 7 期。
② 法国法学家指出:"判决理由必须包括法官得出争议实际解决方法所根据的法律推理。特别是判决理由必须表达对法律规则的解释。"参见〔法〕雅克·盖斯旦、吉勒·古博:《法国民法总论》,陈鹏、张丽娟、石佳友、杨燕妮、谢汉琪译,法律出版社 2004 年版,第 426 页。
③ 参见〔意〕莫诺·卡佩莱蒂:《比较法中的司法程序视野》,徐昕、王奕译,清华大学出版社 2005 年版,第 58 页。
④ 法国学者的问题是:"应当重视鉴于事实情况而作出的裁判决定的具体内容,还是应该重视说明裁判决定赖以建立的陈述法律主张的理由?"参见〔法〕雅克·盖斯旦、吉勒·古博:《法国民法总论》,陈鹏、张丽娟、石佳友、杨燕妮、谢汉琪译,法律出版社 2004 年版,第 460 页。
⑤ 同上。

解释或补充为基础,或以范例性的方式具体化法律原则乃可。"而先例中的问题于当下待判个案又以同一方式发生。① 借鉴德国与法国在这个问题上的做法,我们以为,一般情况下,指导性案例中具有指导性、一般性的部分,是判决中所确立的法律观点或对有关问题的法律解决方案以及对该观点或该方案的法律论证。

上述三种选择可能性中的第三种,稍微有点中国特色,但也与其他民法法系国家的司法机关所提出的问题相似。这个选择在目前中国司法实践中的体现,就是法律人常见的"裁判要旨"和《中国案例指导》中出现的"案例指导原则"的问题。这涉及民法法系背景下的司法机关如何理解先例的问题。民法法系的法官由于多年的法律训练,习惯于在先例中寻找类似于规则的表述。正如出身于民法法系而如今在普通法法系的美国任教的达玛什卡教授,在谈到欧陆法官对先例的理解的特点时所指出的:"法官在'先例'中所寻找的是更高的权威所作出的类似于规则的表述,而案件的事实却被弃置一旁。"②如果试图在案例中寻找对有关法律问题或观点的类似于规则的表述只是可能没有结果的实践的话,那么在案例之前配编"裁判要旨"一类的东西,则需要格外的谨慎。德国法学家拉伦茨认为:制作司法先例的法官首先考虑的是他所裁判的事件,这些要旨不过是裁判理由中蒸馏出来的结晶,与案件事实密切相关,在很大程度上本身也需要解释。与立法者相比,他比较不能预见他的"要旨"未来可能适用的情况。③ 因此,离开相应的案件事实,它很难被妥当理解并正确适用。拉伦茨的观点不可不思。

---

① 参见〔德〕卡尔·拉伦茨:《法学方法论》,陈爱娥译,商务印书馆2003年版,第301—303页。
② 〔美〕米尔伊安·达玛什卡:《司法和国家权力的多种面孔》,郑戈译,中国政法大学出版社2004年版,第51页。
③ 参见〔德〕卡尔·拉伦茨:《法学方法论》,陈爱娥译,商务印书馆2003年版,第233页。

五、案例指导性的保证之二：谁来制作案例以及怎样确定与选择案例

这方面的问题有三：其一，谁来制作可以成为指导性案例的判决；其二，谁来选择与编辑、出版指导性案例；其三，怎样确定与选择指导性案例。

（一）目前编选、公布和出版案例的实际做法

按照案例编选、公布和出版机关的性质和层级划分，目前我国的案例可以分为以下五类：

第一类，《最高人民法院公报》上刊登的案例，自1985年始，《最高人民法院公报》创刊起，每期都要刊登几个案例。这一直以来被公认为指导性案例，而且具有正式依据。①

第二类，最高人民法院和最高人民检察院联合组成的《中国案例指导》编辑委员会编辑的于2005年8月开始出版的《中国案例指导》丛书。编辑委员会在该丛书前言中指出它具有权威性、新颖性、应用性与客观性这四个特点。②

第三类，最高人民法院有关部门选编的案例。③ 据有关人士估计，在最高人民法院名下编辑出版的案例选编多达十几种。我们按照选编部门的不同，将这个类别的案例，细分为如下三种：

（1）《人民法院案例选》，由最高人民法院中国应用法学研究所编辑

---

① 周道鸾：《中国案例制度的历史发展》，载《法律适用》2004年第5期。
② 参见最高人民法院、最高人民检察院编：《中国案例指导民事卷》（第1辑），法律出版社2005年版，第1—2页。
③ 这些案例被有关人士认定为是不同于《公报》上的案例，是"为教学、研究和指导工作需要而选编的审判案例"。参见周道鸾：《中国案例制度的历史发展》，载《法律适用》2004年第5期。

出版,因其根据案件性质进行分类编排,每个案例后有对该案比较细致的法律分析,因而受到法律界、法学界特别是法官们的欢迎。

(2) 由最高人民法院各审判业务庭编辑出版的各种审判参考、审判指导书籍中所刊登的案例。例如刑一庭与刑二庭主编的《刑事审判参考》中所刊登的案例,其中的每个案例由基本案情、主要问题和裁判理由三部分组成,重点是论述裁判理由。由于这些审判业务庭掌握相应诉讼的最终裁判权,因此它们所编的案例同样受到法律界、法学界特别是各高级法院法官们的重视,被有关人士认为具有一定参考价值。①

(3) 由中国高级法官培训中心(国家法官学院前身)与中国人民大学法学院联合编辑出版的《审判案例要览》。这是一部大型的、内容更为丰富的、有影响的案例汇编。但是由于其内容、篇幅和定价都超过前两种案例选编,因此限制了它在一些基层法院的使用。

第四类,由地方人民法院编选的案例。编选案例的地方法院在高级、中级和基层都有分布。

(1) 高级人民法院编辑的案例。最早的如天津高级人民法院选编的、登载于《天津审判》上的民商事案例,成为天津高院实行的"判例指导"制度的重要文本;四川省高级人民法院选编的登载于《四川审判》的"典型案例"②;江苏省高级人民法院审判委员会主办的《参阅案例》,是发布全省各级法院典型案例的权威载体,该刊的办刊方针是"推出典型案例、塑造知名法官、宣传人民法院、指导审判工作"。据我们了解,该省基层法院的法官也确实很看重其高院所编选的案例选编。

(2) 中级人民法院编辑的案例选编。例如:北京市第二中级人民法院撰写、编辑的《民事裁判要旨》;云南省昆明市中级人民法院编辑的《精品案例汇编》。2003年8月和2004年8月,云南省高级人民法院审判委员会经过审查,先后两次批准将昆明中院首批评选出的精品案例在昆明

---

① 参见周道鸾:《中国案例制度的历史发展》,载《法律适用》2004年第5期。
② 同上。

辖区法院作为指导案例使用,作为全市法院审判工作的指导案例。此外还有四川省成都市中级人民法院发布的登载于《审判委员会快报》上的"裁判规则";河南省郑州市中级人民法院发布的"指导性典型案例"。

（3）基层人民法院编辑的案例选编。如河南省郑州市中原区人民法院编辑的、登载于该院"公告"上的作为先例判决的案例。该院审判委员会决定,合议庭及独任审判员在审理同类案件时应当参照先例判决作出裁判。

第五类,是由各种教学与研究单位或人士编选的案例选编。例如,由最高人民法院建立的全国法院干部业余法律大学,以及由最高人民法院和原国家教委联合创办的中国高级法官培训中心曾经编印的多种案例选编。这些被认为"属于教学辅导性教材"。①

在这些案例中,最高人民法院及其所属单位编辑的各类案例被认为是"指导性案例",有些学者或法律界人士认为高级人民法院确认的案例也应当是指导性案例。而中级人民法院和基层人民法院所编选的案例由于其编选者被认为不宜行使确认指导性案例的权力,因而不是指导性案例。② 照此类推,由教学和研究机构编选的案例也应当不属于指导性案例。在这里,是否成为指导性案例与一定的权力或国家的权力结构紧密相连。

（二）谁来确定与选择案例以保证指导性

以前我国在指导性案例编选方面的实际做法,基本上是按照审判权限各自为政,基本上没有考虑到建立和发展当代中国统一的指导性案例和案例指导制度的需要。这种做法有其历史原因。它的优点是可以发挥

---

① 参见周道鸾:《中国案例制度的历史发展》,载《法律适用》2004 年第 5 期。
② 参见同上;又见蒋惠岭:《建立案例指导制度的几个具体问题》,载《法律适用》2004 年第 5 期。

各方面的积极性,缺点是零散、不系统。① 因此,它既不便于对指导性案例的使用,也不利于指导性案例和案例指导制度的发展。《中国案例指导》丛书的出版,将会在相当程度上改变上述局面。但是我们不清楚这套丛书是否可以解决中国指导性案例的确定与选择的所有问题。

从建立和发展统一的指导性案例和案例指导制度的需要来考虑,指导性案例和案例指导制度应当具有统一性(内在和谐、协调)、普遍性和系统性。

从统一性的角度考虑,由最高人民法院来制作指导性案例,比较来说最能保证指导性案例的统一性。因为它处于司法等级的顶端,全国独此一家,因而便于在指导性案例的统一上发挥决定性的作用。包括法国、德国、日本在内的许多国家的最高法院都对统一判例起着决定性的作用。② 但是,这里有几个问题需要考虑。其一,最高法院审理案件的数量不能太多。据学者研究,目前中国最高法院每年进入实质性审判的案件在3000件以上,各庭法官每年承办的案件多者达40余件、参与合议的案件大约100件。③ 意大利的国际著名比较法学家卡佩来蒂指出:"当一个国家最高法院的裁决数以千计时,其质量、谨慎和终极权威都必定会受损。"无关紧要的裁决之洪水淹没了少数几项有意义的判决。④ 我们可以不完全同意他的观察和研究,但是,我们很难不同意:如果最高法院的审判案件数量太多,在客观上至少会影响它的权威。其二,中国最高法院目前对具体案件的审理并非明确的法律审,即只负责审理法律问题而不处理事实问

---

① 一位法官在对我们谈到判决先例的出版问题时说:"感觉市场上也比较混乱,除了应用法学研究所、最高人民法院的公报出版机构,各个庭室也会编辑出版,让人应接不暇,这样反而降低了权威性。"
② 参见〔法〕雅克·盖斯旦、吉勒·古博:《法国民法总论》,陈鹏、张丽娟、石佳友、杨燕妮、谢汉琪译,法律出版社2004年版,第385—386页。
③ 参见傅郁林:《论最高法院的职能》,载《中外法学》2003年第5期。
④ 参见〔德〕卡尔·拉伦茨:《法学方法论》,陈爱娥译,商务印书馆2003年版,第68、70页。

题。这点与上述一些民法法系国家的最高法院有所不同。① 最高法院对事实问题的处理大大增加了最高法院各业务庭在每一单个案件审理上的负担。其三,案件数量大导致了一个有关最高法院判决结果的特点:正是由于案件数量多,所以无法保证其所审案件在法律上的典型性、代表性,而指导性案例的普遍性是以案件在法律上的典型性和代表性为基础的,由于不能保证案件的这种典型性和代表性,因而很难保证案件的普遍性。因此最高法院审判案件数量多,使得最高审判机关的许多判决不具有普遍性,因而不能成为指导性案例。当然,最高法院审判案件数量多也影响到了案例的统一性(对于同一法律问题或法律条文的理解,各庭之间的判决都可能不协调)。

目前中国最高法院审判案件承载的负荷及审判方式与中国现行政治法律架构中最高法院的功能和职能有着直接的关系,不容易在短时间内改变。考虑到此一实际情况,以及中国目前在指导性案例方面的做法和经验,我们主张在确定与选择案例的问题上,采取"制作机关的多样性、确定机关的相对单一性"的办法。具体来说,为了保证指导性案例具有建立在案件法律典型性和代表性基础上的普遍性与权威性,各级法院、特别是各高级人民法院需要参与指导性案例的制作和选择。而事实上,如前所述,一些省级高院早就进行了有关指导性案例的积极实践并积累了一定的经验。所以,我们以为,指导性案例可以来自各级法院,而主要由最高人民法院、最高人民检察院和省级高级法院进行选择和确定②,或者在省级高级法院的指导下由有条件的中级法院进行限于本管辖区的指导性案例的确定与选择;所有指导性案例都不得与法律、法规、最高人民法院的

---

① 法国学者指出:"同比利时和意大利(和美国——引者注)最高法院一样,法国最高司法法院不是一个第三级法院。其审理的不是诉讼案件,而是审查向其提交的裁判决定,检查这些裁判决定是否是依照法律作出的。因此,最高司法法院是法律法官而不是事实法官。"参见〔法〕雅克·盖斯旦、吉勒·古博:《法国民法总论》,陈鹏、张丽娟、石佳友、杨燕妮、谢汉琪译,法律出版社2004年版,第388页。
② 根据我们的调查与访谈,多数受访者的回答是:编选、发布指导性案例的法院需要限制在最高人民法院,也有些法官认为可以扩展至高级人民法院。

有关司法解释、最高人民法院制作、确定与选择的指导性案例相矛盾。由此形成一种"一元、两级、多层"的格局。

有些法律界人士反对省级的高级人民法院参与确定和选择指导性案例,担心这样会影响指导性案例的统一性。① 也有法律界人士认为高级法院同样可以确定指导性案例。② 我们基于四点理由主张省级高院可以成为指导性案例的确定机关。其一,省级高院参与确定和选择指导性案例已经是事实,硬性禁止或不予承认并不现实。其二,省级高院参与指导性案例的选择与确定有利于提高指导性案例的普遍性和权威性。其三,在普通法系国家,是否构成判例法中的判例是由后来的法官在审理新的案件时来决定的。在民法法系的德国,一个先前判决是否"对正在审理的案件具有某种正式的或者非正式的约束力",也是由后来的法官选择、决定的。③ 当代中国的指导性案例不是正式意义的法律渊源,它的效力主要是一种说服力,这种说服力的基础是案例本身所提出的、对法律规则的具有一般性的解释,或者有关某一或某些法律尚无规定或规定不清的问题的法律解决方法,而这更应当主要是由后来的法院在审理他们所面临的新案件来判断、决定的,因此,不必过于严格地划界,把省级高院排除出去。其四,通过将省级高院所确定和编选的指导性案例加以公布和出版,可以在实践中发现并纠正与最高人民法院所确定的指导性案例相矛盾的案例。④

指导性案例的统一性与系统性不仅要靠对确定与选择机关的规范来

---

① 参见刘作翔:《我国为什么要实行案例指导制度》,载《法律适用》2006 年第 8 期;陈灿平:《案例指导制度中操作性难点问题探讨》,载《法学杂志》2006 年第 3 期;周佑勇:《作为过渡措施的案例指导制度——以"行政[2005]004 号案例"为观察对象》,载《法学评论》2006 年第 3 期。
② 参见黄海:《构建案例指导制度的思考》,载《人民司法》2006 年第 10 期;崔凯:《论我国案例指导制度的建立——兼与西方判例制度的比较》,载《中南财经政法大学研究生学报》2006 年第 4 期。
③ 参见最高人民法院课题组:《关于德国判例考察情况的报告》,载《人民司法》2006 年第 7 期。
④ 关于省级高级人民法院编选案例公布出版的问题,我们受到美国学者 Prof. Donald Clark(郭丹青教授)的启发。

解决,还要通过确定与选择指导性案例的方法来保证。

(三) 怎样确定与选择案例以保证指导性

案例指导制度的统一性和系统性需要以具有统一性和连续性的指导性案例汇编为载体,并且,指导性案例汇编还应当把便利性,即方便各地各级法院的法官以及检察官、律师和其他法律界人士查找、检索和使用作为一个重要标准。① 以这些标准来考量,这种指导性案例汇编可以与制定法相对应,按照一定的部门法、一定的法律制度和一定的法律条文为编辑顺序,将各个时期、各个法院有关同一问题的指导性案例汇集到一起,进行筛选、编辑。这样可以避免产生法官担心的"法律知识的非系统性"的问题。② 汇集和编辑指导性案例的过程,也是发现并消除指导性案例中的矛盾、不协调以保持指导性案例统一性和系统性的过程。汇集和编辑者可以按照制作指导性案例的法院管辖等级并仿照法律渊源的效力等级确定发生冲突的有关案例的取舍,以保持案例汇编的统一性和系统性。

这种具有连续性的指导性案例汇编,不仅方便使用,而且,将来如果在一个缺乏制定法规定的问题上或在制定法规定模糊的问题上,存在一组法律见解相同或一致的指导性案例,那么这组案例本身就具有比较强的要求人们服从的说服力量。③ 同时,它也更便于法律共同体的成员对指导性案例进行分析、研究和批评,为司法和立法创造一个更有效的

---

① 我们当然没有丝毫轻视、贬低已经出版发行的《中国案例指导》的重要价值的意思,仅仅是考虑指导性案例汇编可以有不止一种的模式。
② 参见黄海:《构建案例指导制度的思考》,载《人民司法》2006年第10期。不过我们不认为有必要刻意限制指导性案例的数量,实行"少而精"的做法。指导性案例太少,一方面可能无法反映司法实践中指导性案例的真实情况,另一方面,会使指导性案例无法充分发挥其作用。
③ 法国学者认为:"先例越是数量众多并趋于同一方向,参考就会越经常并对法官越有约束力。"参见〔法〕雅克·盖斯旦、吉勒·古博:《法国民法总论》,陈鹏、张丽娟、石佳友、杨燕妮、谢汉琪译,法律出版社2004年版,第426页;另一位欧洲学者甚至认为,在法国、墨西哥和西班牙语国家,和谐一致的司法决定的重复出现,就具有"遵循先例"的效力或成为具有约束力的先例。See, Peter de Cruz, *Comparative Law in a Changing World*, Cavendish Publishing Limited, 1995, pp. 239—240.

平台。

为了使指导性案例汇编与时俱进,这种指导性案例汇编应当是动态的和开放的,即它可以在体系上和技术上不断充实、修改和更新。在技术上,可以分别制作出版相对稳定的精装版、相对灵活的平装版以及随时更新的活页版,并在条件成熟时发行电子版。不同的版本在满足法律实践和法律市场不同需要的同时,也保持了案例指导制度自身的稳定与鲜活。

为此,可以在现有案例选编、出版格局的基础上,由最高人民法院所属的中国应用法学研究所承担这种指导性案例汇编的组织工作。因为,首先,它是一个研究机构,拥有从事这种案例汇编所需要的智力资源和人力资源。其次,它直接隶属于最高人民法院,这种身份使得它可以比较有效和灵活地与最高人民法院、地方人民法院和法学教育与研究机构合作,组织大量富有经验的资深法官、资深律师、资深检察官、退休法官及检察官和公认的在相应领域具有学术造诣和广泛影响的法学家协同工作;再次,长期以来,它也一直在进行着具有广泛影响的案例选编的工作,具有从事指导性案例汇编的经验基础。因此,由中国应用法学研究所牵头组织新型指导性案例汇编的汇集、编辑工作是一个较为适宜的选择。

汇集和编辑这种新型的案例汇编是一个需要较大资金投入的工作。开始可以向有关的基金会申请资助,一旦新的案例汇编投入使用并投放市场,由于其巨大的市场需求,该汇编的盈利将完全可以使它进入自我更新、不断发展的良性循环中。

六、发展案例指导制度需要处理好的三个关系

2010年11月26日最高人民法院《关于案例指导工作的规定》颁布并施行,标志着中国案例指导制度基本框架已经确立。这是当代中国司法改革和法治发展进程中的一个里程碑。由此开始,当代中国法律人在这方面的工作和研究重点从是否需要建立案例指导制度转到怎样充分发

挥指导性案例在法制实践中的重要作用、使案例指导制度健康顺利发展上来。我们以为，在发展案例指导制度过程中需要处理好以下三个关系：

（一）指导性案例在体制定位中的制度与方法的关系

指导性案例在现行宪法体制中应当如何定位？它是一种制度创新还是一种方法总结？有学者认为指导性案例是一种制度创新。我们认为指导性案例主要是一种方法。它是人民法院、人民检察院和公安机关在现行宪法、法律框架内总结六十多年来的工作经验和传统，提高自身素质和自身能力，发挥自己作为专业机关在实现科学发展观、建设和谐社会中不可缺少作用的一种重要的工作方法；它不涉及重大的制度调整，也不涉及权力的重新配置。

我们在这个问题上的研究思路是一种功能主义的思路，即思考"指导性案例有什么作用"。与之相对的思路，是概念主义的思路，即追究"指导性案例是什么"。有时，研究"是什么"可能并不急需；而且在条件不具备时，也说不清楚。例如对于中国传统医学中非常重要的"气"与"经络"就是如此。直到今天，我们也很难把"气""经络"的性质与存在方式说得十分彻底、十分清楚，但是这并不妨碍我们运用"气"和"经络"造福人类。很多时候，功能主义的思路就够用了。

同样的道理，指导性案例在我国法律体系中具有重要的功能。它的第一个功能、也是它的主要功能，是约束法官的权力。因为，指导性案例的制度性要求是相似案件相似处理，因此，法院须受指导性案例所包含的规则、所体现的法理和法律推理的约束。它的第二个功能是总结法院在解释和发展法律方面的经验。法院、法官、检察院和检察官可以通过指导性案例正确解释制定法、丰富制定法、使制定法更为确定，并使之不断发展、完善，进而通过指导性案例实现司法公正。

（二）指导性案例的说服力与指导性案例实际作用发挥的关系

指导性案例与普通案例的区别在于指导性案例具有指导性。那么这里的"指导性"是什么意思？换言之，在法律实践中，法院在多大程度上、怎样接受指导性案例的指导？我们以为，普遍性与规范性是指导性的两个重要内容，或者说是指导性案例的两个重要性质，即它的效力不是一次性的、不仅限于此一案件，它对于同类案件同样有效。这种普遍性和规范性使得它不同于其他的司法判决。

在法律实践中，指导性案例的普遍性和规范性就是一种权威性。那么，指导性案例的权威性来自何方？指导性案例的权威性与法律的权威性一样吗？我们以为，指导性案例的权威性与法律的权威性不同；它不是来自于立法机关的直接规定，它的权威性来自于三个方面：首先，它来自于指导性案例发布机关所具有的法律地位的权威性。我国的法院组织法、检察院组织法以及全国人大常委会有关法律解释问题的决议是有关机关公布指导性案例的法律依据。我们可以把指导性案例看做是以前就有的以个案解释法律的法律解释的一种自然发展。其次，它来自指导性案例本身的说服力。这是指导性案例本身所体现出的在法律解释、法律推理和法学理论上的权威性。人们服从指导性案例是信服它的正确和正当。再次，指导性案例体系的统一性、一致性所形成的权威性。一旦指导性案例形成内部统一、协调一致的体系，这个体系就会具有一种使人信服、让人参考、仿效的权威。

从这个意义上，我们可以说指导性案例是一种非正式意义的法律渊源，它帮助人们理解正式意义的法律渊源。说指导性案例是一种非正式渊源，是说指导性案例具有辅助性。这种辅助性表现之一，就是其效力性质上的说服性和参考性。指导性案例只具有说服力而没有法律上的约束力与其指导性案例实际作用的发挥是有矛盾的。这是因为：由于指导性案例不具有约束力，它可能不容易被某些地方的某些司法官员采用，所以不容易发挥其应有作用，指导性案例的指导性和权威性会因而相应受损。因此，有约束力比没有约束力好。但是，如果我们赋予指导性案例以约束力，会产生另外一些问题。诸如：(1)这种约束力无法被现行体制所接受，会使指导性案例胎死腹中、中途夭折；(2)贸然使指导性案例具有约束力,则有些不妥当的指导性案例会消极影响实践、并损害指导性案例的整体效果。

指导性案例具有非强制性的说服力,不具有约束力,在一定程度上会影响其实际作用的发挥。那么矛盾应如何解决?我们认为,解决之道就在于鼓励规范使用指导性案例——在使用中发展和完善案例指导制度。我们构建案例指导制度本身不是目的,目的是发挥指导性案例在实现社会公正、建设法治国家中的积极作用。因此,使用比构建更具有目的性和重要性。在司法实践中规范使用指导性案例,不仅可以最大限度地发挥指导性案例在司法实践中的指导作用,而且有助于案例指导制度的健康发展。约束力的问题随着实践的发展是最终可以解决的。这已经为许多大陆法系国家的司法先例实践所证实。

关于指导性案例的使用规范可以有很多内容,这里择其要者,重点讨论指导性案例在法庭审判和法院判决中的使用。

其一,应当鼓励律师、检察官和法官使用指导性案例。律师和检察官在发表法律意见的过程中使用指导性案例作为法庭辩论理由时,应当规范引用指导性案例,即指导性案例应当出自有效的、正式的版本,引用时应当包括案例的名称、案例出版的卷、册(案例制作的法院、案例公布的时间)。

其二,法官应当在法庭审判中认真倾听有关指导性案例的提出、使用和辩论,并应当在判决书中对有关意见给予采纳、不采纳、部分采纳等的明确回应并说明理由,各级人民法院在审理同类案件时应当参照指导性案例所确立的法律适用标准;人民法院在参照指导性案例裁判时应当在判决书、裁定书的裁判理由部分予以说明;法官在将指导性案例作为裁判理由引用时同样应当规范引用;如果在某个问题上存在若干连续一致的指导性案例,而法院要偏离这些案例作出判决,则必须提供更为充分的理由。

其三,对指导性案例的使用可以比照对重要证据的使用,如果当事人不服本案主审法官在判决中对指导性案例的观点,特别是对主审法官偏离连续一致的指导性案例而没有提供充分理由的,可以提起上诉或申诉,请求上级法院进行二审或再审。

其四,由于指导性案例的说服力的特点,对于主审法官在审判中没有注意或者没有充分注意指导性案例中的有关规则或解释,应当从程序公正的角度,根据最高人民法院有关审判程序及证据使用的规定区别情况分别对待。如果不是由于徇私枉法有意不理会律师或检察官在本案中提出的指导性案例,原则上不宜仅仅由于没有注意到指导性案例而采取任何惩戒措施,也不宜由于没有遵从指导性案例而采取任何惩戒措施。

其五,律师协会和律师事务所应当规定,如果由于律师业务不熟,不了解由权威的指导性案例发布机关在权威的指导性案例发布渠道所发布的指导性案例而导致败诉,当事人可以索赔。因为,在当代中国的语境中,从职业群体上讲,律师是案例指导制度最直接、最明显的受益者,律师应当为案例指导制度的发展作出特殊的贡献。

(三) 建立具有统一性、系统性的指导性案例体系与指导性案例的多重发布机构和多样化出版渠道的关系

具有统一性和系统性的指导性案例体系是充分发挥指导性案例作用以及使案例指导制度健康发展的坚实基础。而这需要以具有统一性、连续性和便利性的指导性案例汇编为载体。这里讲的统一性与系统性,是指指导性案例应当形成一个相互协调、内在和谐的体系;便利性是说应当方便各地各级法院、检察院和行政执法机关的法官、检察官、行政执法官员、律师和其他法律界人士查找和使用指导性案例。这里包含两个层面的问题:

首先是法院、检察院、行政机关分别构建的指导性案例相互之间的关系。按照中央有关领导机关的部署,目前我国法院、检察院和行政机关都要构建指导性案例。如何保证我国案例指导制度的统一与协调?我们以为,既有的制度资源基本上可以解决这个问题。如果我们严格按照宪法、有关组织法和有关诉讼程序法对于有关机关分工、配合、制约的规定,并

总结近些年在法制建设、司法改革中逐渐形成的一些符合法治精神的行之有效的工作经验,就可以最大程度地保证我国案例指导制度的统一与协调。

其次,是案例指导制度构建中的最高机关与地方机关的关系。目前的规定是最高审判机关和最高检察机关负责指导性案例的发布。这有益于保证指导性案例的统一。但是,如何弥补最高司法机关发布的指导性案例数量有限的问题,充分运用地方司法机关特别是省级司法机关在案例指导工作的资源呢?

我们以为,最高人民法院《关于案例指导工作的规定》和最高人民检察院的有关规定,都没有排除地方司法机关参与指导性案例的制作、选择工作的多种可能性;为了保证指导性案例具有建立在典型性和代表性基础上的普遍性与权威性,不仅指导性案例可以来源于各级法院,而且省级司法机关也可以选择和确定对本辖区具有指导性的案例,在省级司法机关的指导下有条件的中级法院和相应的检察院也可以选择和确定仅对本管辖区具有指导性的案例;当然,所有地方司法机关确定的具有指导性的案例都不得与最高司法机关发布的指导性案例相矛盾。

第六章　指导性案例效力的性质与保证

一、背景

　　第五章重点在理论上讨论了指导性案例的性质以及案例指导性的保证与实现。指导性案例的实践为我们提供了进一步解决指导性的性质的思路。最高人民检察院于 2010 年 7 月 30 日发布了《关于案例指导工作的规定》，最高人民法院于 2010 年 11 月 26 日发布了《关于案例指导工作的规定》。最高人民检察院于 2010 年 12 月 15 日发布了第一批三个指导性案例，最高人民法院先后于 2011 年 12 月 20 日、2012 年 4 月 14 日、2012 年 9 月 26 日发布了三批共十二个指导性案例。指导性案例的实践虽然不如一些同胞希望的那样闪亮[①]，但还是扎实向前的。

　　与最高司法机关在指导性案例方面谨慎小心的步伐形成鲜明对比的是，有关指导性案例、司法先例及判例的学术研究蓬勃发展、方兴未艾。不仅各种类型、各种规模的研究课题纷纷展开，有关指导性案例的学术研究机构如雨后春笋般纷纷建立，而且相关的学术论文和研讨也百花齐放、百家争鸣。论者包括学者和法律实务工作者。大家或以规范的方法探讨应然层面的制度建设，或以实证的和经验的方法考察、描述指导性案例的发展状况，或者运用比较法的方法借鉴国外判例或先例制度的经验。学

[①] 黄秀丽、孙毛宁：《中国式"判例"头炮有点闷》，载 http://www.infzm.com/content/67395，2014 年 8 月 2 日最后访问。

术论文的数量逐渐增多,学术研究的方法和视角日益多样化,学术作品的质量和水准也令人有日新月异之感。论者们讨论的问题,已经从是否需要建立先例制度或指导性案例制度,进展到应当如何建立指导性案例制度,建立什么样的指导性案例和案例指导制度,如何发挥指导性案例的作用等问题上面。在"两高"先后公布了几批指导性案例之后,许多论者将注意力集中在对指导性案例的效力和实际作用的研究上。正式指导性案例的公布,是中国案例指导制度具有里程碑意义的重要发展,同时,也使得原先存在的问题凸显出来。仍然存在分歧并有待于进一步研究的问题是:指导性案例的效力的性质是什么?怎样实现指导性案例的作用?

我们在本章中,将针对上述问题,根据我国法律体系的制度逻辑,从比较法的角度,以一种建设性的批判眼光总结我国司法改革的历史经验,规范性地探讨指导性案例效力的合适定位及其道理,同时,提出规范指导性案例使用的一些原则性建议。[①] 如果可能,本章希望以上述问题为支点,提出一些对今后指导性案例研究有益的观念和理论,为今后的研究做一些必要的积累,使指导性案例能够比较牢固地树立、契合于我们的法律制度中。

二、难题——共识与制度权威都弱的尴尬

指导性案例效力的性质的问题,是说指导性案例对地方各级人民法院以及最高人民法院自己在今后审理类似案件时具有怎样的影响力?这个问题分别与指导性案例的生成与使用前后关联[②],是案例指导制度的基础之一。最高人民法院《关于案例指导工作的规定》第7条规定:"最高人民法院发布的指导性案例,各级人民法院审判类似案例时应当参

[①] 为了更有针对性,本章所研究的指导性案例集中于最高人民法院所发布的指导性案例。最高人民检察院所发布的指导性案例同样具有重要的研究意义,限于篇幅,这里不做涉及。
[②] 宋晓:《判例生成与中国案例指导制度》,载《法学研究》2011年第4期。

照。"人们非常关心而至今尚无定论的问题是:这里的"应当参照"是怎样一种效力?换言之:法官在审理当下案件时服从还是不服从指导性案例的指导?

对于上述问题,许多学者都进行了认真的研究并提出了自己的观点。王利明教授把有关指导性案例的效力的不同观点概括为"说理功能说""参照功能说"和"指导功能说"三种,并指出他赞同"参照功能说"。① 最高人民法院胡云腾法官和北京市高级人民法院的于同志法官则认为指导性案例应当具有"事实上的约束力"。②

与学者的热议和制度设计者的设想形成一定反差的是司法实践的相对平静。四川省高级人民法院与四川大学法学院组成联合课题组,从2011年9月至2012年3月在四川10个基层法院开展了为期半年的案例指导制度试点工作。通过对前期试点工作进行分析,课题组发现"案例应用情况不甚理想"。③ 我们以为,导致这种情况的原因很多,也比较复杂,但是,作为"建立案例指导制度的重点"④的指导性案例的拘束力问题尚未得到恰当定位与充分论证和说明,不能不说是一个原因。这也是我们不敢断然赞同指导性案例具有"事实上的约束力"的观点的一个原因;我们感觉指导性案例的约束力仍然是个规范性观点(一个设想),而不是事实。

指导性案例虽然是一种非常具有中国特色的法律现象,但是它与西方普通法系国家的判例法和民法法系国家的先例或称判例在功能上、形

---

① 王利明:《我国案例指导制度若干问题研究》,载《法学》2012年第1期。
② 胡云腾、于同志:《案例指导制度若干重大疑难争议问题研究》,载《法学研究》2008年第6期。
③ 四川省高级人民法院课题组:《指导性案例的应用障碍及克服——四川法院案例应用试点工作的初步分析》,载《法律适用》2012年第5期。
④ 胡云腾、罗东川、王艳彬、刘少阳:《统一裁判尺度 实现司法公正》,载《中国审判》2011年第1期;宋晓:《判例生成与中国案例指导制度》,载《法学研究》2011年第4期。

成方式上还是有一些相似之处的。① 借用西方国家学者在研究判例和先例的效力时所使用的概念工具,有助于我们更好地研究中国指导性案例的效力定位。在西方国家有关判例或先例效力定位的研究中,有一种比较方便、简明的二分法,即约束力和说服力。所谓约束力,在普通法系国家,是说判例(法)是一种主要的法律渊源,作出判例或先例判决的上级法院及其下级法院在今后审理同类案件时需要遵循判例或先例中所确定的法律规则审理案件。所谓说服力,在普通法系国家,是说下级法院对并非自己直接上级的法院或者与自己同级的其他法院的判决,如果认为该判决正确,他们会接受该判决的法律规则或判决理由,这些判决具有一种影响力;在民法法系国家,是说下级法院在审理同类案件时需要考虑先例或判例,或者遵照先例或判例中所确定的规则、法律推理或者法律解释(其区分与界定并不严格);但是这种遵照,是由于审理当下案件的法官被先例或判例中的法律推理的正确性或妥当性所说服,而并非法官负有遵照先例的法律义务,如不遵照将承担法律责任,所以判例或先例的效力是一种说服力。先例或判例因此被作为一种非正式意义上的法律渊源。这是一种不具有强制性的"约束力"。

　　中国在设计指导性案例之初,同时面临着两个困难,或者说存在两个尴尬之处:一是缺乏共同体共识;二是缺乏制度规定。② 由于缺乏共识,所以需要制度加强权威,需要制度权威③;但由于缺乏明确的制度授权,所以又需要诉诸理性共识。最高人民法院《关于案例指导工作的规定》第 7 条"应当参照"的规定旨在同时解决上述两个问题。在这样一种安排下,一方面,中国指导性案例的效力具有一种说服力,即"指导性案例本

---

① 我们对陈兴良教授有关两种法系中的先例制度的逻辑差异的观点是基本同意的。参见陈兴良:《案例指导制度的法理考察》,载《法制与社会发展》2012 年第 3 期。但是此处讲的是共性。
② 此观点受傅郁林教授的《建立判例制度的两个基础性问题》一文的启发,请参见傅郁林:《建立判例制度的两个基础性问题》,载《华东政法大学学报》2009 年第 1 期。
③ 我们在做田野考察时,不止一次听到地方各级法官在这方面的要求,上至某省高级人民法院常务副院长,下至基层法院的法官。

身具有的'正确的决定性判决理由'",另一方面,是"经最高审判组织确定认可的程序安排"。前者,是一种说服力,说服力产生的权威是理性的权威,是"理由产生权威";后者则是一种制度权威。按照最高人民法院有关人士的意见,"指导性案例本身具有的'正确的决定性判决理由'和'经最高审判组织确定认可的程序安排',共同构成了指导性案例的说服力和指导作用"。①

这里,我们遇到了类似于拉兹教授在《法律的权威》中所讲的权威概念的悖论。拉兹教授在那本书中研究的是法律的合法性权威问题。他指出了权威与理性或自治的不相容问题。他说:"理性要求我们权衡所能意识到的各种行为理由,'三思而后行'。权威的本质要求服从,即使我们认为这种服从与行为理由相冲突。由此可见,服从于权威毫无理性可言。"②按照拉兹的分析,服从于权威与听从理性互相抵牾。③ 也许是看到了理性与权威的这种复杂关系,中国的指导性案例同时希望人们注意到指导性案例的超理性(理性之外)的因素——即"经最高审判组织确定认可的程序安排"。这是一种制度的力量、权力的力量。在此,又是"权威产生理由"。不过,在当代中国法律体系的正式法律制度中,明确规定指导性案例效力的法律文件只有最高人民法院《关于案例指导工作的规定》和最高人民检察院《关于案例指导工作的规定》;立法机关对此尚无明确规定。这多少让人有点最高司法机关是在为其指导性案例自我正当化的感觉。可能正是由于缺乏立法机关对此的法律规定,最高法院的有关人士认为,指导性案例虽然是有约束力的,但是"其拘束力是内在的、事

---

① 胡云腾、罗东川、王艳彬、刘少阳:《统一裁判尺度 实现司法公正》,载《中国审判》2011年第1期。
② 〔英〕拉兹:《法律的权威》,朱峰译,法律出版社2005年版,第3页。
③ 李友根教授的研究为这个观点提供了非常精彩的实证。李教授的研究表明,即便是以前刊登在《最高人民法院公报》上的指导性案例,如果得不到法官的理性认可,还是没有必须被适用的权威。参见李友根:《指导性案例为何没有约束力——以无名氏因交通肇事致死案件中的原告资格为研究对象》,载《法制与社会发展》2010年第4期。

实上的作用,而不能直接援引为据,作为裁判依据适用"①。

由上观之,中国指导性案例的效力既不是单纯的说服力,也不是单纯的约束力。② 可以说,它既是说服力,又具有一定的制度支撑。所以,我们称其为具有一定制度支撑的说服力。在这里,理性、制度与权威三者之间,呈现出复杂的关系,即动态的三角关系。良好的案例指导制度安排是:三者相互促进,相辅相成,相得益彰——制度加强了理性/说服力,理由正当化了制度安排。但是,如果搞得不好,它们则会正向抵牾——削减——由于缺乏制度授权而削减了先例的制度权威,由于缺乏理性共识而抵消了说服力的权威,先例缺乏权威,则又损害了先例的制度安排和理性共识。③

我们将在下文分别讨论:其一,如果指导性案例的权威是来自制度的,怎样证明制度安排支撑着指导性案例的说服力? 怎样证明这种支撑是正当、合法的? 其二,如果指导性案例的权威性来自理由、理性,怎样保证这种理由和理性转化成权威?

三、为支撑说服力的制度证明

(一) 民法法系国家先例的说服力与亦此亦彼的约束力

民法法系国家的法律体系中原本是没有司法先例的,但是在 20 世纪以来,特别是在第二次世界大战结束后,司法先例作为一种非正式意义上的法律渊源逐渐发展起来。当代民法法系国家的法学家对于司法先例效

---

① 胡云腾、罗东川、王艳彬、刘少阳:《统一裁判尺度 实现司法公正》,载《中国审判》2011 年第 1 期。
② 称其为事实上的约束力未尝不可,但它给人的感觉是一种描述性概念,不过它目前还缺乏事实的支撑。
③ 萧伯纳对一个女演员求爱信的幽默回答:"But, what if the children take my appearance and your wisdom?"

力的研究或许对我们具有启发意义。有些民法法系国家的法学家认为民法法系国家的先例具有"公认的规范性力量"(Acknowledged normative force),一般应当被遵从,除非有充足理由证明不遵从先例是正当的。①在这些国家,先例的权威被认为是说服性权威。它们可以重构司法决定的实践。有的学者认为先例具有低层级的规范性效力。但更多的时候先例是被当作说服性权威。② 在德国,宪法法院的判例具有约束力。而普通法院的先例的作用被认为是认知性的,其影响力有赖于它们的正确性,即在帮助人们理解法律方面发挥作用,是一种说服力。③ 德国学者因此认为,先例的效力是间接的,它作为对成文法的解释而发挥作用,所以其效力依附于成文法。人们通过先例中的司法解释来适用某个成文法规定,先例的效力来自于它所解释的那个成文法规定的效力。从形式上看,是那个成文法具有约束力,但从实质上看,真正发挥作用的是那个先例,是那个先例具有约束力。④ 我们认为,当那些德国法学家说是法律而非先例具有约束力的时候,更多的是一种修辞,只是满足人们的某种心理需要而已。由于司法权与立法权的分立,他们对于公开承认司法先例具有约束力有政治心理障碍。

法律上的约束力与事实上的约束力,是学者用来讨论民法法系国家先例效力的另外一对概念。这是一对非此即彼的概念。它的作用主要是帮助人们理清思路,而不是描述事实。因为在实践上,一些民法法系国家的先例实践,并不是非此即彼、黑白分明,即要么有法律上的约束力,要么有事实上的约束力;而是亦此亦彼、黑白相混的。例如解亘教授指出:

> 这种非此即彼的二元式的理解方法未免失之粗糙,至少用来描

---

① Neil MacCormick & Robert S. Summers Edited, *Interpreting Precedents: A Comparative Study*, Dartmouth Publishing Company Limited, 1997, p. 9.
② 在民法法系国家,法官并不怎么在判决书中讨论、区分先例在事实上的约束力和法律上的约束力,虽然在德国学术界这两个术语还是比较重要的。Ibid., pp. 28, 463—464, 465.
③ Ibid., pp. 29—30.
④ See, Ibid., pp. 32—33.

述日本最高法院的判例就不十分贴切。日本最高法院判决的先例拘束性并不是仅仅停留在事实层面之上,换言之,日本最高法院判决的拘束力是介于规范层面与事实层面之间的。①

如果约束力代表制度的力量,说服力代表理性的力量的话,在民法法系国家的先例问题上,说服力所代表的理性当然具有至关重要的意义。但是,这并不意味着制度上的安排完全不存在或没有意义。不是非此即彼,而是亦此亦彼。理性(理由)与制度像太极球的阴阳两半共同发挥作用。在民法法系,虽然没有要求法官遵循先例的明文规定,但是,如果说民法法系国家的司法先例只具有说服性,而完全不具有约束力,其实不太准确。其先例的效力以说服力为特点,但是它并非完全不具有制度上的效力。例如,法院或者法官一般都会遵照先例审判案件,先例对未来同类案件的审理具有指导性。② 律师如果由于不了解先例而败诉,当事人因此起诉,则律师需要赔偿。在日本,违背最高法院的判决构成绝对上告理由;(至少)在日本(和德国),如果法官或者法院要偏离长期确立的先例、最高法院要改变立场,则需要召开最高法院的大法庭,由参加法庭的多数法官表决决定。③ 由此看来,说服力与制度保证不是分离的和对立的。

(二) 三点区别与三组矛盾

我们虽然指出民法法系国家的司法先例与中国指导性案例具有相似性,但是,我们也应当注意中国指导性案例与民法法系国家的司法先例在制度安排上的区别。在我们看来,它们至少有三点区别:

(1) 在西方民法法系国家,先例由诉讼起始而到达上级司法机关,而在中国,则是地方法院逐级报送或者由最高法院案例指导工作办公室负

---

① 解亘:《日本的判例制度》,载《华东政法大学学报》2009 年第 1 期。
② Neil MacCormick & Robert S. Summers Edited, *Interpreting Precedents: A Comparative Study*, Dartmouth Publishing Company Limited, 1997, p. 2.
③ 请参见解亘:《日本的判例制度》,载《华东政法大学学报》2009 年第 1 期。所以有西方学者用"too...to"的句式,说民法法系国家的先例的说服力太强,以至于相当于有约束力。Ibid.

责指导性案例的遴选、审查和报审工作;

(2)在西方民法法系国家,先例由司法机关内部通过审级制度由法官讨论决定,而在中国,则是在最高法院的案例指导工作办公室报送后由最高法院审判委员会讨论认定;

(3)在民法法系国家,先例由先前判决构成,而在中国,指导性案例是由案例指导工作办公室在先前判决的基础上加工制作而成。①

所以,一些中国学者认为,中国的指导性案例的制度安排是行政性的,因为它虽由法官决定,但却是由司法机关在诉讼之外、运用司法机关的科层制力量主动挑选而形成的。相比之下,民法法系国家的制度安排是司法性的。

为什么我们目前的指导性案例是这样一种生成机制?我们可以用三组矛盾来描述致使中国指导性案例建立与发展的制度逻辑的特点。这三组矛盾是:法律与政治的矛盾、司法与行政的矛盾、演进与建构的矛盾。

首先,是法律与政治的矛盾。从社会学的角度讲,法律与政治是不同的社会控制(治理)手段。指导性案例原本是中国法律人推进法治的一种法律适用方法,与政治迥然有别。② 而在推进指导性案例的实践中,给它以关键动力的,恰恰是政治。正是由于中共中央政法委 2010 年春下发文件,要求"中央政法机关要加快构建具有地域性、层级性、程序性的符合中国国情的案例指导制度,充分发挥指导性案例在规范自由裁量权、协调法制统一性和地区差别性中的作用,减少裁量过程中的随意性"③,中国

---

① 波兰也有一个"司法决定办公室",它由法官、学者和司法部的代表组成。但是他们的工作似乎只是挑选案例,而不进行加工。在此之前,首先由负责写作判决的法官挑选,然后由该法院同一审判庭的其他法官进行挑选,最终由"司法决定办公室"决定。波兰的这种做法似乎比较特别。See, Neil MacCormick & Robert S. Summers Edited, *Interpreting Precedents: A Comparative Study*, Dartmouth Publishing Company Limited, 1997, p.454.
② 四川省高级人民法院课题组、陈明国、左卫民:《指导性案例的应用障碍及克服——四川法院案例应用试点工作的初步分析》,载《法律适用》2012 年 05 期。
③ 《用"许霆"判决统一"许霆们"中国式判例制度实验在即》,载 http://www.infzm.com/content/49100#commentlist, 2014 年 8 月 3 日最后访问。作为长期参与最高人民法院有关文件讨论的学者,我们以为中央政法委发文的具体时间与该文记者所述有所出入。

的案例指导制度才在调研、论证若干年后,被有关机关放行,于2010年夏秋揭开面纱问世。法律与政治在中国指导性案例的形成与发展中如影随形。在案例指导制度各种方案的研讨过程中,政治考虑不时进入人们的视野,是人们进行制度设计的一个重要因素。实际上,法律与政治的这种关系,并不仅仅发生于指导性案例的形成与发展中。回顾1978年底以来这三十多年来,不论是重大的法律改革与司法改革决定,还是法治理念的形成,政治从来就没有离开过法律。因此,当我们思考中国指导性案例的效力的时候,需要把政治对法律的影响作为一个常规的变量考虑进来。政治的影响是塑造中国指导性案例的重要因素。

其次,是司法与行政的矛盾。在现代社会,由于市场经济和社会分工的发展,司法权、司法机关与行政权、行政机关在任务、角色和组织机构等诸多方面都有明显的分工和比较大的区别。司法以公正为首要价值,而行政以效率为首要价值;司法以独立、中立和被动为其机构组织和工作方式的特点,而行政则以科层制、下级服从上级和主动履行职责为自己的特点。但是,由于中国尚处于现代化的进行时,也由于历史的原因(中华人民共和国成立前和其后),不论在角色定位,还是在组织结构与工作方式上,司法都处在行政的缠绕与包裹之中。行政对司法的缠绕与包裹,当然体现在指导性案例的形成上。①

再次,是演进与建构的矛盾。"瓜熟蒂落""水到渠成"是中国人行为的传统智慧,也是对人类文明演进发展的一种描述和形容。判例法在普通法系国家、判例或先例制度在民法法系国家的发展都源于它们的国家与社会管理、纠纷解决和规则供给的需要,拥有相对比较充分的时间和比较宽松的空间②。那种时间和空间条件使得普通法系国家的法官可以比

---

① 参见陈兴良:《案例指导制度的法理考察》,载《法制与社会发展》2012年第3期;王晨光:《制度构建与技术创新——我国案例指导制度面临的挑战》,载《国家检察官学院学报》2012年第1期;宋晓:《判例生成与中国案例指导制度》,载《法学研究》2011年第4期。
② 所谓宽松的空间,一是无行政、政党、政治权力的强力挤压;二是国土面积不大,法官人数相对不多、但同质性比较高。

较从容地形成逐渐有约束力的判例制度,在民法法系国家使得司法机关形成其说服力愈益强烈几乎成为约束力的制度。而在当代中国,转型时期错综复杂的社会矛盾,一元化的集中的政治权力,仍不成熟、不自主、尚待发展的法律职业,都使得中国指导性案例的形成与发展有着强烈的建构色彩。①

中国指导性案例生成制度的行政性特点,与上述三组矛盾的运动有着直接的关系。中国的案例指导制度在这三组矛盾的发展中向前推进。这三组矛盾是形成中国指导性案例的制度逻辑。而这样一种制度逻辑与指导性案例作为一种法律适用方法、一种司法制度的司法逻辑是存在着紧张关系的。通过最高司法机关认可的制度安排,其实是在特定历史时期以建构的方式发展案例指导制度的方法。行政认可不免行政强制,这会损害对指导性案例和案例指导制度至关重要的理性及理性共识。陈兴良教授、吴英姿教授对指导性案例行政化的生成机制的担心是有充分理由的。我们虽然不认为行政对司法的缠绕、包裹是一个值得称道的"中国经验",但这种情形并不是在短期内可以消除的。我们需要在正视它们的基础上,妥当解决影响中国指导性案例发展的这三组矛盾,我们尤其需要克服三组矛盾中政治、行政、建构理性对指导性案例的生成的内在影响,发现在建立和发展案例指导制度中与此有关的除弊兴利之道。这是建立健康的案例指导制度的必要条件。

同时,上述三组矛盾中的每一组矛盾的两个方面,既是对立的关系,又在客观上是共生的关系,在一定程度上甚至是互补的关系,犹如阴阳两半。我们应当认识并处理好这三组矛盾的关系,因势利导、扬长避短,尽量缩小政治对指导性案例形成的消极作用,推动中国案例指导制度的健康发展。怎样以建构的方法栽种出演进的果实?这实在是一个巨大的挑战。就好像想用"转基因"的方法制造出与在大自然中历经千万年演变进化,在生物特性上一样的植物,其挑战的难度着实不小。民法法系国家

---

① 参见陈兴良:《案例指导制度的法理考察》,载《法制与社会发展》2012 年第 3 期。

的先例实践可能会给我们一定的启发。

(三) 民法法系国家先例的纠结中的实践

上述三种矛盾关系在民法法系国家的先例生成中基本不存在,至少不会对司法先例的形成产生重要的制度影响。但是在这些国家,人们对司法先例的效力的认识还是呈现一种纠结状态。这种纠结与另一个纠结有关,即法院是否可以创制法律?法院或者法官所创制的法,被称为法官法。纠结的问题是:人们是否(应当)承认法院或者法官合法地拥有创制法官法的权力?

美国法学家艾森伯格认为法院履行着数种职能,但其中有两项职能是首要的:一个是解决纠纷,另一个是充实法律规则。[①] 他认为:"即使法院唯一职能是解决纠纷,司法活动中确立法律规则的情形也会出现",他把法院发挥确立法律规则的职能的模式分为两种,即副产品模式和充实模式。"在副产品模式下,法院所确立的规则只是解决纠纷的附带产品";在充实模式下,确立法律规则来规制社会行为被认为是法院自身的需要,法院有意识地承担起在个案累积的基础上发展一定法律体系的职能。他认为,通过对司法实践的一些重要因素的观察,可以发现,普通法国家的法院遵循充实模式。[②] 我们以为,民法法系国家的法院,主要是这些国家的宪法法院、最高法院和上诉法院,在司法活动中同样具有确立规则的职能。借用艾森伯格的概念,我们可以说民法法系国家法院确立法律规则的模式是副产品模式。之所以是副产品模式,是因为其确立规则的模式具有辅助性、补充性、从属性的特点。确立规则的职能其实是民法法系国家的最高法院和上诉法院无法回避的职责。但是,他们有于政治心理、既有观念或者利益关系的束缚,没有在制度上开宗明义地宣称。所

---

① 〔美〕迈克文·艾隆·艾森伯格:《普通法的本质》,张曙光、张小平、张含光译,法律出版社2004年版,第5页。我们以为,根据其原著的英文书名 The Nature of Common Law 和书的内容,中文译名翻译为"普通法的性质"更为合适。

② 同上书,第7页。

以,我们就会看到这些国家的学者在这个问题上的纠结。

由于同样的原因,我们会看到民法法系国家的司法机关在先例与法律解释的关系上说的与做的不一致的情况。根据民法法系国家法学家的研究,这些国家的法院宣称他们只是在解释法律并对正确的解释说明理由,但在事实上他们是在遵从先例而又不对此做任何反应;或者他们做一下反应,但是所反应的更多的是对法律的解释而不是对先例的解释。① 亚历山大·佩赞尼克认为:在欧洲大陆法系国家有一种趋势,即否认法院创造性权力的存在、否认先例所具有的十分重要的创造性作用,而维持多少有些克制的先例观念。理论的重构和界定与他们的工作现实有着巨大的而且是很难跨越的鸿沟。②

在欧洲大陆法系国家的司法界,在先例问题上,似乎存在着一个特殊的"哈姆雷特问题":"一个既定的法律体系对法官法的存在是正式承认还是否认?"如果回答是肯定的,进一步的两个问题是:这种法官法怎样广泛地创制先例,以及这些先例对于先例创制者以外的法官和法院具有何种或什么程度的规范性效力?③ 欧洲的法官似乎并不喜欢这个问题。他们对此问题并没有一个明确的、定于一尊的回答。有学者认为:先例作为一种权威理由,说起来没有成文法重要,但是实际上很重要。④ 在欧盟法院、欧洲人权法院以及欧洲一些国家的法院,在涉及宪法审判或者成文法的基本原则方面的案件中,会有那种里程碑式的案件,对于模糊的法律赋予具体的含义,这些判例实际上创制了新法。但是人们宥于前述限制,并不旗帜鲜明地承认此点,他们更愿意把它们说成是法律解释。因此,研究者指出,在这种情况下,把那些判例的效果归为法律创制还是法律解释,

---

① See, Neil MacCormick & Robert S. Summers Edited, *Interpreting Precedents: A Comparative Study*, Dartmouth Publishing Company Limited, 1997, pp. 60, 459.
② See, Ibid., pp. 458—459.
③ See, Ibid., p. 481.
④ See, Ibid., pp. 467—469. 这类似于中国刑法解释与刑法的关系。

具有人为性或者虚拟性,并不具有实际的意义,因为它们本就是密不可分的。①

(四) 时势所需、职责所在、制度所涵——指导性案例的正当性

哈佛大学法学院教授邓肯·肯尼迪在认真研究了自 1850 年以来的三次法律全球化后认为,第一次全球化的英雄人物是代表古典法律思想的教授,第二次全球化的英雄人物是社会法学的立法者或行政官员,他们在当时发挥了非常重要的作用。而在第三次全球化中,英雄人物是被奉为一贯正确的法官,"他们宣称代表公民社会的政府组织和非政府组织所争论的问题,以此为基础,尽其所能地或运用政策分析的手段,或采取新形式主义的方法"②。时势造英雄。法官成为英雄,与此时全球化的社会发展需要和法律制度的积累都有关系。

中国的社会发展与法律改革,与第三次法律全球化的此一特点不期而遇。确有中国学者指出,"中国改革开放后的第一个 30 年是立法时代,而第二个 30 年是司法时代"③。在中国,法院和法官原本并不太受重视或信任。当前,由于处在迅速发展的社会转型时期,多种社会矛盾突出,司法机关作为纠纷解决者的重要作用愈益凸显出来;"依法治国,建设社会主义法治国家"的基本方略逐渐被人们真正理解和接受,司法机关因此越来越受到人们的关注并被寄予厚望。中国最高人民法院通过司法解释参与法律创制已经至少三十多年。目前虽然成文法没有规定最高人民法院通过司法解释丰富、发展法律的法律创制职责,但是我们很难否认这是一个事实。

比利时法学家胡克结合哈特的第一性规则与第二性规则的理论和卢

---

① See, Neil MacCormick & Robert S. Summers Edited, *Interpreting Precedents: A Comparative Study*, Dartmouth Publishing Company Limited, 1997, p.485.
② 〔美〕邓肯·肯尼迪:《法律与法律思想的三次全球化:1850—2000》,载高鸿钧、於兴中主编:《清华法治论衡》,清华大学出版社 2009 年版,第 107 页。
③ 蔡定剑、王晨光主编:《中国走向法治 30 年》,社会科学出版社 2008 年版,第 157 页。

曼、托依布纳的法律系统理论指出:"法律本身明确规定谁有权力去创制、改变或废除法律规则;为了在法律系统内形成有效的法律,法律也规定了前述行为必须如何进行。""这种制度化有两个方面:结构与程序。"①胡克在对当代法律实践进行分析后认为:

> 法律的创制不能被视为一个单向的(one-way),即"公民—选举—议会立法—司法适用"的过程。法律和社会复杂性的显著加剧已经使得这一图式成为陈词滥调。法官作用的加强、特别是宪法法院和超国家法院的建立,相对于政府和行政机关优势地位的议会作用的减弱,不仅仅是"错误的发展",而必须得以正当化(corrected)以使传统的理论适应于现实的发展。这是新的现实,也可能是不可避免的现实;我们必须阐发出(developed)与之符合的新理论,包括描述性的和规范性的。②

我们同意胡克教授的观点。但是从我们的研究看,那种有关法律制度化的结构与程序应当包括正式的结构与程序、非正式的结构与程序两个部分。那些在成文法中明确规定的结构与程序是正式制度,那些虽然没有在成文法中明确规定但是在实践中为人们所实行的制度,是非正式的制度,是行动中的法和埃利希所说的"活法"。例如上述一些西方民法法系国家有关司法先例的法律实践。它们不一定都"有法可依""有章可循",但它们为法官所实践,为法律职业和社会所认可,并在社会生活中发挥积极的作用,已经成为其法律制度的一个组成部分。我们认为,中国最高法院通过司法解释参与法律创制就是当代中国法律的一种非正式制度。

在有些民法法系国家,不管先例是否被界定为"法律渊源",先例都被普遍用作对判决进行正当性证明的重要参考。然而,在法学描述上,却存在着司法先例向着法律解释的定位与定性的"位移"——法院在权能

---

① 〔比利时〕马克·范·胡克:《法律的沟通之维》,孙国东译,法律出版社2008年版,第31页。
② 同上书,第17页。

上既然可以解释法律,那就可以以形成先例的方式解释法律;由权能的等位,又进一步到性质的"等位":先例就是一种法律解释。但在实际上,先例与法院的司法解释还是有许多重要区别的。中国在最高人民法院2010年11月26日出台《关于案例指导工作的规定》之前,在指导性案例效力的问题上存在着相似的二重(性)难题:最高人民法院有解释法律的权能——所以把指导性案例比做法律解释,来为指导性案例提供合法性的证明。① 但是,司法解释需要特殊程序,而指导性案例没有,所以指导性案例毕竟不是司法解释。中国指导性案例当时的情形与一些民法法系国家的情形十分相像。最高人民法院出台《关于案例指导工作的规定》之后,特别是2011年12月20日最高人民法院审判委员会讨论通过,决定将上海中原物业顾问有限公司诉陶德华居间合同纠纷案等4个案例作为第一批指导性案例予以公布,这种具有一定制度支撑的说服力使上述二重(性)难题基本得到化解。

概而言之,支撑指导性案例说服力的制度安排是完全可以得到正当性证明的。首先,指导性案例是司法机关适应当代中国社会发展需要的必然选择;其次,指导性案例是司法机关服务法治的职责所在;再次,指导性案例亦为我国法律制度所内涵。这三方面的结合共同构成了我们所说的具有制度支撑的说服力。

问题是,在中国,由于目前正处在转型时期,包括哈特所说的第二性规则在内的法律规则还不健全,还处在制度化的形成过程中。我们需要通过进一步完善有关的程序安排以保证指导性案例的说服力和指导作用。接下来的问题是:如何保证指导性案例本身具有的"正确的决定性判决理由"真正具有理性的权威?

---

① 郎贵梅:《中国案例指导制度的若干基本理论问题研究》,载《上海交通大学学报(哲学社会科学版)》2009年第2期。

四、通过实现共识来保证指导性案例的效力

我们以为,指导性案例的说服力与指导作用,以及其"正确的决定性判决理由"需要建立在社会沟通与共识的基础上。因为,如果"正确的决定性判决理由"代表的是理性的力量的话,那么,人们在法律问题上服从理性是需要共识的。从先例的说服力上来分析,先例的效力不仅取决于先例本身所被赋予的性质,而且取决于共同体对先例的理解、接受、认可(沟通)。① 奥塔·魏因贝格尔指出:"一项规范的实际效力,特别是在涉及一项受外界支配的'应当是这样'时,通常与各规范的主体之间的交流有关。"② 对于希望发挥裁判规则作用的指导性案例来说,尤其需要共同体的认可。因为它并不是国家行使立法权的产物,不具有来自国家强制力的当然保证与支持。所以,发展指导性案例需要法律共同体乃至社会的共识。以共识为基础的理性对于指导性案例的发展、效力及其实现都是必不可少的。只有把指导性案例本身具有的"正确的决定性判决理由"建立在理性共识的基础上,才能使指导性案例真正得到理性的权威。在此,我们提出建立、使用指导性案例形成共识需要注意的几个问题,以探讨对上述问题的解决之道。

(一) 坚持法治

政治与法律共舞、行政嵌套司法,是我们在建立和发展案例指导制度过程中需要面对的挑战,已如前述。就政治与法律的密切关联而言,这也

---

① See, Neil MacCormick & Robert S. Summers Edited, *Interpreting Precedents: A Comparative Study*, Dartmouth Publishing Company Limited, 1997, pp. 27, 54;〔比利时〕马克·范·胡克:《法律的沟通之维》,孙国东译,法律出版社 2008 年版。
② 〔英〕麦考密克、〔澳〕魏因贝格尔:《制度法论》,周叶谦译,中国政法大学出版社 1994 年版,第 44 页。

与邓肯·肯尼迪所研究的第三次法律全球化时代的特点不谋而合。他认为,在第三次法律全球化时代,法律意识中的关键问题"是法律与政治之间的关系。法官同时针对国内的立法政治和国际的主权政治表述了法律,由此必须回答的难题是,作为法官的她/他缘何成为篡权者,即'以其他手段从事政治'"。肯尼迪教授将之理解为那些国家的精英战略的组成部分,"即借助于司法权和法律话语,以一种中立的机制来应对各具特色的冲突压力"①。从世界各国的现代化进程和环球化态势来看,他的描述是有说服力的。

从中国的情况来说,不断推进改革、促进经济与社会发展、维护社会稳定确实是很重要的政治目标。在中国,法官也讲政治,或者说更讲政治。但语境不同,政治与法律的关系亦与那些发达国家相比有很大区别。与外国同行相比,中国法官的讲政治,常常是被动的,也是粗糙的。案例指导制度建设的正式启动,是一项政治决定;案例指导制度的酝酿和目前的发展,也离不开最高司法机关与地方各级司法机关的政治考虑。

肯尼迪教授认为:如果法律是政治,它也是以其他手段继续的政治,政治源于现实世界中基于伦理理性无法满足的需求,它同样源于经济利益或在逻辑上常常与之关联的权力欲望。在这个意义上,他借用施米特的句式,提出:"政治是以其他手段继续的法律。"②我们以为,肯尼迪教授之所以这么讲,是因为在现代社会,至少是西方发达国家,政治角力往往通过法律、以法律的方式进行。德国法兰克福大学法学院的托依布纳教授则指出,"现代社会所发生的事情就是专家语言的增长"③。法律就是这样一种专家语言,而且是一种符合社会分化、社会分工、有助于社会稳定的专家语言或者说专业语言。在民法法系国家,遵从先例与根本的宪

---

① 参见〔美〕邓肯·肯尼迪:《法律与法律思想的三次全球化:1850—2000》,载高鸿钧、於兴中主编:《清华法治论衡》,清华大学出版社 2009 年版,第 113、115 页。
② 同上书,第 117 页。
③ 〔德〕贡塔·托依布纳:《法律:一个自创生系统》,张骐译,北京大学出版社 2004 年版,第 2 页。

政和政治道德价值紧密相连,法院在先例使用中维护法律的统一,既是实现法治的要求、实现公民在法律面前一律平等的需要,也是实现法律的确定、稳定、可预期的要求。①

在中国,在当前迅速发展的社会转型时期,为社会所需要的司法机关的工作,应当是一个中立的机关,依照法律,根据其专业分工,运用其专业知识与经验独立审判案件。法官讲政治,应当是通过法律来讲政治,而不是撇开法律搞"政治裸奔"。高全喜教授指出:"现时代中国国家问题的关键,就是在建立一个真正的现代国家中,如何在国家主权和国家利益的基础之上,处理个人权利、民族利益和政党政治的关系问题。"他认为,解决此一问题的办法是:在党的领导下,按照现代国家例行的分权机制,国家机构之间既分权又合作,既联合又制约,严格遵循宪法和法律治理国家。② 在目前的社会形势下,切实发挥司法机关的独立、中立的作用,不仅是捍卫法治与宪法的必要条件,也是维护社会稳定、维护国家长治久安,保证社会可持续发展的必要条件。③

在案例指导制度建设中坚持法治,就是要根据法律的原则、法律的程序和法律精神发现、确立指导性案例,形成案例指导制度;在发展案例指导制度中注意形成规则,注意指导性案例的典型性、稳定性、连续性和可预测性。这些对从根本上维护国家与社会的长治久安具有重要的政治意义,当然也是建立案例指导制度的要义。

(二) 在促进社会和谐中维护法律体系的统一与和谐

法律是促进社会和谐的工具。法律自身的和谐是实现其功能的前提。比利时法学家胡克认为:"法律旨在调整即组织人的互动。为了至少

---

① See, Neil MacCormick & Robert S. Summers Edited, *Interpreting Precedents: A Comparative Study*, Dartmouth Publishing Company Limited, 1997, pp. 487—488.
② 高全喜:《现代政治五论》,法律出版社 2008 年版,第 133、178 页。
③ 参见清华大学社会学系社会发展研究课题组:《"维稳"新思路:利益表达制度化,实现长治久安》,载《南方周末》2010 年 4 月 15 日,E31。

在最小范围内达到这一目标,法律规范集合体内的某种统一性(unity)即融贯性(coherence)是一项根本要求。"①麦考密克和萨默斯教授在概括普通法系和民法法系的先例制度时认为:先例诸方法之要务是不仅要从法律中、而且要从社会行动中发现某种具有一般性的理性。② 其观点与我们曾向之请教的一位美国联邦巡回上诉法院的资深法官的经验是相通的。这位法官说,先例方法的核心是驾驭好两匹马(或者两个轮子),即一方面,先例是应社会需要而生的,另一方面,先例需要与既定的法律体系相符合。③

上述学者虽然谈论的是普通法系和民法法系国家的先例推理,但是对我们思考中国的案例指导制度同样具有参考和启发意义。我们不妨问我们自己:我们确立和使用指导性案例的目的是什么？在民法法系国家,遵从先例的目的是维护法律统一、保持法律制度的融贯性。④ 我们以为,维护法律统一是所有现代法治国家所共同追求、共享的价值,也是我们建立案例指导制度的目的。

我们以为,为了在促进社会和谐中维护法律体系的统一与和谐,我们需要运用批判性智识,根据维护一以贯之的法律原则整体的需要,从若干先前案件中选择、确定指导性案例,并按照待判案件的特点使用最相类似的指导性案例。在民法法系国家,确定先例的标准具有多样性,但有两点是共同的,即"重要且值得在今后被遵从"。⑤ 从指导性案例的选择来说,我们可以把指导性案例的选择分为内容考量与形式考量两个方面。

英国法学家拉兹在《法律的权威》一书中对法院和法官怎样使用先例、怎样通过使用先例造法的分析,对我们研究选择指导性案例的内容标

---

① 〔比利时〕马克·范·胡克:《法律的沟通之维》,孙国东译,法律出版社 2008 年版,第 29 页。
② See, Neil MacCormick & Robert S. Summers Edited, *Interpreting Precedents: A Comparative Study*, Dartmouth Publishing Company Limited, 1997, p. 5.
③ 2011 年 6 月我们在美国第一联邦巡回上诉法院与法官的访谈。
④ See, Neil MacCormick & Robert S. Summers Edited, *Interpreting Precedents: A Comparative Study*, Dartmouth Publishing Company Limited, 1997, pp. 486—487.
⑤ See, Ibid., p. 454.

准具有启发意义。① 他将需要法官使用先例解决的争议的类型分为法律有规定的争议和法律没有规定的争议。对于前者,法官使用的发展法律的具体方法,有区别、推翻、辩论终结规则等。而对于法律没有规定的争议案件,又分为由法官填补空缺的案件和由陪审团判决的案件。所谓空缺,是这样一种情况:"如果法庭拥有管辖权的某些法律问题没有完整答案,就存在法律空缺。"②在由法官填补空缺案件的情况下,法官的意见成为判例,而在由陪审团判决案件的情况下,陪审团的判决没有得到解释因而是没有约束力的判例。③ 所有这些情况,都受到法律的制约。拉兹指出,"法官的造法过程也是他们将限制和规制造法活动的法律加以适用的过程。"④这些观点对于我们选择、确定指导性案例具有启发意义。在指导性案例的选择、确定、解释方面,那些对具体法律规则具有廓清、解释⑤、延展意义的案例对于法律适用具有重要的指导意义,应当是为各级法院和法官需要的具有指导性的案例。换言之,我们应当选择对现有法律规则具有廓清、解释、延展作用的案例。

进言之,我们可以从内容方面把"重要而且值得今后被遵从"的案件分为三类:首先,是那些在法律适用中的疑难案件,包括缺乏法律规则或者说存在法律空缺的疑难案件(如贾国宇案)⑥、法律规则模糊或者法律规则相互冲突的疑难案件。其次,是法律适用中的复杂案件(如许霆案),或者在法律适用和事实认定方面都比较复杂的案件。这些案件之复杂,不一定是由于法律规则本身不确定,而是在如何适用法律规则上颇费周章。再次,是法律适用中的典型案件(如吴英案),此类案件,既非法律规则不确定,也非在法律适用本身上有多困难,而是在适用法律、定罪量

---

① 拉兹在该书中虽然以普通法系国家为重点,但认为其研究不仅限于普通法国家。
② 〔英〕拉兹:《法律的权威》,朱峰译,法律出版社2005年版,第61页。
③ 同上书,第62、159—169页。
④ 同上书,第170页。
⑤ 如指导性案例第7号。
⑥ 《最高人民法院公报》1997年第2期,第68—70页。

刑过程中被投入许多非法律因素,因此在中国成为典型案件。[1]

从形式方面看,我们应当选择那些与法律体系具有融贯性、在法律体系中具有稳定性、确定性的案件。司法公平是确立和适用指导性案例的重要形式价值。

确定指导性案例的内容标准与形式标准应当是统一的、相关联的。也就是说,当我们在选择、确定一个案件应否成为指导性案例的时候,不仅要考虑它在内容上是否为疑难案件、复杂案件或典型案件,而且要考虑它是否与法律体系和法律学说相协调、具有稳定性和确定性。单纯的社会热点案件或有重大社会影响的案件,如果在内容上不具有法律意义的疑难、复杂或典型性,或者在形式上不具有在法律体系中的融贯性、稳定性和确定性的案件,一般不宜采用。因为这种案件虽然被一时关注,但它在法律体系中不具有持续的意义,不符合最高人民法院2005年所发布的《人民法院第二个五年改革纲要》中提出的建立案例指导制度的初衷,即:统一法律适用标准、指导下级法院审判工作、丰富和发展法学理论。

艾森伯格教授在《普通法的性质》一书中指出:"普通法推理的关键问题在于社会命题和学说命题的相互作用。"法院不仅要考虑社会协调、体系一致,而且必须考虑历经时间的法律学说的稳定性。法院所确立和适用的规则,"必须采用可以被法律职业重复的推理过程"[2]。薛军教授认为:"意大利的判例制度在运作上,在很大程度上调动了法律职业者共同体各方的参与,通过法律职业者共同体参与的'辩论——淘汰——固化'的模式,来控制最高法院判例的生成和发展。"[3]

---

[1] 对于有学者概括的"新型案件",放在我们上述概括中,或者属于疑难案件,或者可能是复杂案件。由于与前述两类重合,所以没有单列。
[2] See, Melvin Aron Eisenberg, *The Nature of Common Law*, Harvard University Press, 1991, pp. 43,47. 中译本将"Doctrinal"译为规则,似与作者在书中表达的原意差别较大,而且与汉语法学界的惯常译法不同。所以我们在此直接引用英文原文。
[3] "在意大利的判例制度中,这种推动判例发展的力量主要就来自理论学说上对包括最高法院在内的各级法院判例的持续的关注、批判。可以说,学界的批评是推动判例制度发展的最重要的力量之一。"参见薛军:《意大利的判例制度》,载《华东政法大学学报》2009年第1期。

虽然我国不是普通法国家,我们在疑难、复杂和典型案件上,常常无法做到众口一词,但是,法律共同体成员从法学理论的角度对指导性案例的确立和使用的意见,对于指导性案例维护法律体系的统一与和谐、使指导性案例获得具有建立在共识基础上的说服力,是必不可少的。毕竟共和国成立六十多年来、改革开放三十多年来,我们的法律界和法学界积累了相当的经验,法律共同体或法律职业在专业领域也在走向成熟。法律共同体对相应法律领域的疑难问题的判断,不仅有助于最高司法机关有关案例是否具有指导性的判断,而且有助于最高司法机关克服在确立指导性案例的过程中政治、行政的不当影响,有助于司法机关妥当解决法律与政治、司法与行政的难题。一个和谐的案例指导制度,既要与社会需要和谐、与法律制度和谐,还要与法学学说和谐。指导性案例的生成与使用,需要法律共同体的共识和集思广益,法学家的见识、法律共同体的参与和共识是指导性案例健康发展的必要条件,也是指导性案例获得权威性的必要条件。

当然,我们不排除这样一种可能性,即一个案例可能从内容上来说,具有指导性,即可能是疑难案件、复杂案件或者典型案件,而它与既有的法律体系并不十分协调,但如果其判决符合社会公正、且为法律共同体所认可的话,也应当确立。在波兰,法律家认为不能为了统一法律而不适用先例。① 在社会转型时期,这种可能性是存在的。②

为了提高指导性案例的指导性,我们需要在确定指导性案例时形成一种能够吸收法律共同体意见的稳定、可靠的机制与渠道。当然,当我们的指导性案例形成机制彻底转变到司法程序,即通过诉讼程序生成指导性案例的时候,吸收法律共同体意见的机制应当有所改变。

---

① See, Neil MacCormick & Robert S. Summers Edited, *Interpreting Precedents: A Comparative Study*, Dartmouth Publishing Company Limited, 1997, p.491—492.
② 指导性案例体系应当是个开放的体系,对于过时的或者不再公正的案例,应当有一个撤销机制。既重要,又可撤销,See, Ibid., p.493.

(三) 提供正当性证明

虽然我们把捍卫法律、依据法律进行纠纷解决、裁判是非的权力托付给法院和法官,但是,法律体系是开放的,法官对案件的审理和判决会受到社会目标、国家政策、道德标准、政治集团的意向等因素的影响。即使两个人拥有共同的道德观,他们都按照自己的道德判断行为,也不能保证他们会采取同一行为,因为他们的生存环境和能力存在差异。① 因此,为了促使法院和法官真正按照法治和法制统一的原则确定和使用指导性案例,法院和法官需要在他们的相关工作中向法律共同体和社会提供正当性证明,通过法律推理或论证证明他们的选择或判决(或裁定)是公正的、合法的。在民法法系国家,法官对于判决书进行正当性证明是一种法律义务。在意大利,法官在作出判决时说明理由是一项宪法义务。意大利的最高法院通过判例规定法官有义务对背离先例说明理由。② 在德国,法官可以改变先例,但需要提供更强的理由。③

我们以为,中国最高法院应当把法官在判决书中对有关指导性案例的区别、赞同或背离的论证,规定为审案法官的一项义务。这是对要求法官审理类似案件时"应当参照"指导性案例的一种制度保证。④

如果法官应当对指导性案例的确定和使用进行正当性证明,那么,在确定和使用指导性案例时,进行正当性证明的文本根据是什么?法院或法官需要对什么问题进行正当性证明?哪些部分需要证明?

---

① 〔英〕拉兹:《法律的权威》,朱峰译,法律出版社 2005 年版,第 174 页。
② 薛军:《意大利的判例制度》,载《华东政法大学学报》2009 年第 1 期。
③ 在德国,对先例的使用分为几种:如果先例被认为与待判案件足够相似,先例会被法院直接适用,而不再进行类比证明;如果先例被认为与待判案件不足够相似,先例不会被适用。如果法院所希望参照的先例与待判案件只是模糊地相似,法院将接受支撑先例判决理由的原则,而非判决理由本身。See, Neil MacCormick & Robert S. Summers Edited, *Interpreting Precedents: A Comparative Study*, Dartmouth Publishing Company Limited, 1997, p.50.
④ 胡云腾、于同志:《案例指导制度若干重大疑难争议问题研究》,载《法学研究》2008 年第 6 期。另一个制度保证,当事人认为当下案件与有关指导性案例相似而没有得到类似处理的,可以成为其上诉或申诉的理由。

在西方普通法法系和民法法系国家,法官记载判决理由、为其判决提供正当性证明的文本是判决书。同时,由于先例是具体的,先例中的规则是与具体案件事实紧密联系的。所以一般来说,了解判决理由的可靠途径是"阅读判决的所有内容"。① 为什么判决书对于判例及其正当性证明那么重要？因为它与案件事实密切相连。那么,案件事实为什么重要？在什么意义上重要？与霍姆斯的名言"法律的生命是经验而不是逻辑"相呼应,在德国研究、任教多年的美国现实主义法学家卡尔·卢埃林,在实际上是为德国读者写的《美国的判例法体系》中指出:对日常的正义问题具有决定性意义的是事实。"'逻辑'和'体系'的基础,比任何事情都重要的,常常是对特别事实的洞察,以及富有启发性和具有相关性的洞察力。"② 可以说,案件事实是确定案件性质、决定对案件的法律解决方案的基础。

按照我国目前的指导性案例编写方式,对指导性案例进行正当性证明的文本根据是指导性案例中的"基本案情"和"裁判理由"。最高法院在第一批、第二批和第三批指导性案例中,设置单独的裁判理由部分,在这部分提供对判决理由的说明。③ 这样做的优点是事实精练,要点清楚,方便法官掌握。但是,这样做也存在一定的问题和风险,即容易使人们忽视对判决书的研读,特别是忽视一些决定判决的必要事实情节。而且,还有一个值得注意的问题是,有的学者或法官对裁判要点或者裁判要旨过分看重④,可能会使得人们忽视指导性案例的裁判理由,更不要说研读判决书文本了。这样,指导性案例的正当性证明就会变成空中楼阁,指导性案例客观上也会变成另一种形式的条文化的"司法解释",甚至是成文法。

---

① 薛军:《意大利的判例制度》,载《华东政法大学学报》2009 年第 1 期。
② Karl Lleweyllyn, *The Case Law System in America*, ed by Pau Gewirtz, translated by Michael Ansaldi, The University of Chicago Press, 1989, p. 63.
③ 从对指导性案例提供正当性证明这一点来说,这种做法是值得赞许的。当然,还是有进一步改进空间的。
④ 例如,杨雄教授认为:"具有指导价值的是要旨或裁判规则。"参见杨雄:《刑事案例指导制度之完善与发展》,载《国家检察官学院学报》2012 年第 1 期。

在德国和意大利,裁判要旨对于理解先例确实具有重要意义。① 但是,有三方面的内容在裁判要旨中是很难包括进来的:案件事实,支持判决结论的法律论证,判决的逻辑与法律结构。② 而这三方面的内容是司法先例的独特价值和生命力所在。因此,虽然"裁判要旨"在民法法系国家是重要的,但真正重要的仍然是容易查阅的判决书。③ 在德国,裁判要旨的作用更多的是一种寻找恰当先例的线索,真正具有先例意义的是判决书的原文。④ 如果我们把注意力只集中在裁判要旨上面,将有以偏概全的风险。在意大利,"解决这一问题的最佳的办法仍然是:不只是阅读判决要旨,而且要精细阅读、分析判决书的所有内容。只有通过阅读判决的所有内容,才可以精确认知法律在其中的运用"。⑤

虽然中国案例指导制度与西方判例法体系或先例制度不同,但是,从通过案例来指导法律适用来说,它们在方法论上还是有很大的共同性的。目前我们在指导性案例中所提供的由案例编选机关制作的"基本案情",是后天裁剪的案例。这种做法虽然为现在所需要,但却是有风险、有代价的。即可能简略、牺牲掉对全面理解指导性案例有(重要)意义的某些案件事实。因此,我们在制作指导性案例时,一定要对案件事实给予最大限度的重视。

我们认为,在制作"基本案情"时,为避免挂一漏万,要注意把握对确定案件性质、决定案件的法律解决方案具有重要意义的事实。卢埃林的观点是对我们有启发意义的。他认为:在众多未经加工的事实中,那些"基础(essential)事实"格外重要,因为它们与某一有法律意义的事实范

---

① See, Neil MacCormick & Robert S. Summers Edited, *Interpreting Precedents: A Comparative Study*, Dartmouth Publishing Company Limited, 1997, p.22;薛军:《意大利的判例制度》,载《华东政法大学学报》2009 年第 1 期。
② Ibid., p.452.
③ See, Ibid., p.453.
④ 我们 2010 年 7 月在北京与德国法官交谈时所得。
⑤ 薛军:《意大利的判例制度》,载《华东政法大学学报》2009 年第 1 期。

畴相契合,提供了适用某一法律规则的"把手"。① 另外,作为一种补救方式,在公布指导性案例的同时,在对当事人信息进行适当隐蔽处理之后,可以通过适当媒体公布作为指导性案例蓝本的判决书原文。

指导性案例的决定机关在选择、确定指导性案例的时候,需要对什么问题进行正当性证明?哪些部分需要证明?我们以为,我们需要表明并论证指导性案例的规则要点和法理要点;重点对指导性案例对哪一(些)具体法律规则进行了廓清、解释、延展的法律和法理依据进行正当性证明。而法院和法官在使用指导性案例时,对于赞同或者反对使用指导性案例的,也都应当表明指导性案例的规则要点和法理要点,对赞同、区别或背离指导性案例的给予正当性证明。法官在判决中对与指导性案例有关的证明,可以分为支持性证明、区别性证明和背离性证明。我们以为,在第二种和第三种情况下,即审案法官认为不应参照指导性案例的,法官必须在判决书中提供正当性证明。

判决书的结构与风格直接影响着法院对判决的正当性证明。普通法系和民法法系国家虽然都把判决书作为对判决进行正当性证明的载体。但是在判决书的结构与风格上是有区别的。拉兹在《法律的权威》一书中重申了普通法的研究者们有共识的一个观点:"存在一条基本原则:即只有案件的判决根据具有约束力。法官从未宣布管辖法律某个完整领域的规范。"②他解释说:"从本质上说,判决根据是法庭论证其判决的理由。"拉兹这里所说的判决根据,是写在判决书中的判决理由,与判决书中的附带意见相对。所谓"遵循先例",实际上遵循的是先例中的判决理由。不过,判决理由与附带意见的两分法恐怕更多是在普通法系的国家才有效。民法法系国家的判决书又是另一种结构。例如德国的判决书就

---

① Karl Lleweyllyn, *The Case Law System in America*, ed by Pau Gewirtz, translated by Michael Ansaldi, The University of Chicago Press, 1989, p. 53.
② 〔英〕拉兹:《法律的权威》,朱峰译,法律出版社2005年版,第171页。

不太区分判决理由与附带意见。因为其先例并不具有正式的拘束力。①意大利似乎对此也没有作出明显的区别。

与结构方面的特点相关联,普通法系国家法院的判决书风格是论说型的,是与法律共同体的同仁对话;而民法法系国家的判决书风格是演绎型、长官型、法条型的,是向当事人宣告、并简单证明这种宣告是正当的。但是近年来,民法法系国家的判决书有从其原本的演绎型、长官型、法条型向普通法系国家法院的论说型转变的趋势。② 这个趋势在一定程度上说明了法官对来自社会的要求法官对其判决进行进一步正当性证明的响应。在中国,我们即使不能达到西方国家判决书的风格,但是提供尽可能充分的正当性证明,则既是可欲的,也是可行的。

(四) 公开引证

公开引证是法官与法学家围绕先例或指导性案例进行对话、论说的前提,是取得法律共同体共识的必要条件。比利时法学家胡克认为:"一个充分发展的法律系统包括三种法律职业:职业化的法律制定者(比如,议会议员)、司法的专职人员(比如,法官)和专于法律学说的专职人员(比如,法律学者)。"③我们虽然不一定同意胡克对法律职业的划分,但是,随着社会分工的细化和法律制度的发展,致力于法律制度建设的人员的专业性和职业性的不断加强是个事实。他们相互之间进行制度化的交流、沟通,将有助于我国法律的制度化的良性发展。

公开引证是要求法官在使用指导性案例时,对于赞同、反对或区别使用指导性案例的,应当在裁判文书中予以恰当引用,包括提及案号、案名、

---

① 区分判决理由与附带意见是为了在需要遵循先例时只遵循先例中的判决理由。但是,在德国联邦最高法院,一个审判庭要作出与以前另一个审判庭审判的类似案件不同的决定,而要向"大审判庭"进行说明时,区别判决理由和附带意见是必要的。See, Neil MacCormick & Robert S. Summers Edited, *Interpreting Precedents*: *A Comparative Study*, Dartmouth Publishing Company Limited, 1997, pp. 48—49.
② Ibid., pp. 21,448—450.
③ 参见〔比利时〕马克·范·胡克:《法律的沟通之维》,孙国东译,法律出版社2008年版,第37—38页。

裁判文书是指导性案例的主要载体。① 它是形成具有指导性的规则或法理的文本基础,也是人们判断案例是否相似从而是否可以接受案例指导的文本基础。目前,中国的(民事)判决书大体包括以下几个部分:标题、编号、当事人基本情况与案由;当事人陈述(事实与观点);法庭查证的事实;判决理由,即法庭的说理;判决的法律依据;判决正文;结尾。在中国,由于指导性案例并不具有法律渊源的地位,所以对它的引证不能放在判决书中的法律依据部分。司法改革以后,法院的裁判文书增加了"说理"部分,以"本院认为"导引。② 这是具有非常重要意义的改革。对指导性案例的引证,即应当放置在这一部分。因为,法官对于赞同或者反对使用指导性案例的观点和理由,是法官在本案中有义务加以论证的重要内容。

与对指导性案例的正当性证明相对应,对指导性案例的引证,可以分为支持性引证、区别性引证和背离性引证。我们以为,在第二种和第三种情况下,即审案法官认为不应参照指导性案例的,法官必须引证相应的指导性案例,并说明不应参照的理由。正如艾森伯格教授所言:"法院没有义务服从律师,但是他们有义务对律师所不得不说的作出回应。"③其实,我国最高法院对在诉讼中法官回应诉讼当事人及其律师所提的证据或主张有强制性规定。律师提出有关适用指导性案例的要求,法官回应律师的要求并作出决定,这对中国案例指导制度的发展具有十分重要的意义。

在西方国家,通过先例来阐释法律是一个缓慢渐进的事业。因为它是一种个案性的、演进的过程。④ 中国案例指导制度的发展与完善同样如此:需要在一个一个指导性案例或参考案例的选择、确定与使用中,积累经验、发现问题、修正不足、不断改进。而且,我们也需要看到,先例或指导性案例在法律中的作用具有两面性。一方面,先例或指导性案例是

---

① 中国法律界目前对指导性案例的载体还没有完全达成共识。
② 傅郁林:《建立判例制度的两个基础性问题》,载《华东政法大学学报》2009 年第 1 期。
③ Melvin Aron Eisenberg, *The Nature of Common Law*, Harvard University Press, 1991, p.12.
④ See, Neil MacCormick & Robert S. Summers Edited, *Interpreting Precedents: A Comparative Study*, Dartmouth Publishing Company Limited, 1997, p.5;[英]拉兹:《法律的权威》,朱峰译,法律出版社 2005 年版,第 170 页。

过去作出的判决,遵照先例或参照指导性案例都不可避免地含有向后看的、保守的因素;另一方面,法院或法官可以运用自由裁量权对先例或指导性案例进行解释,作出遵照(参照)、区别、推翻(反对)的决定,并且在这一过程中个案性地延展、扩展先例或指导性案例的疆域,这又不可避免地含有面向未来、向前看的因素。这令我们想起中国传统文化经典《周易》所言,"穷则变,变则通,通则久"。[①] 案例指导虽然以过去的案件为参照,但其运用过程和方法却可以是向前的。而向前与向后的交汇点是当下,是法官正在审理的现实案件。由于现实的丰富多彩,所以保证指导性案例的效力的方法也是丰富多彩的。

---

① 《周易·系辞下》。

第七章　寻找指导性案例的方法
——以审判经验为基础

最高人民法院 2005 年 10 月 26 日发布的《人民法院第二个五年改革纲要》提出规范和完善案例指导制度。自该《纲要》发布以来,全国法院系统有关指导性案例的实践有了显著的发展,使用指导性案例的方法也随之成为人们越来越关心的问题。运用指导性案例指导审判工作的前提,是找到合适的指导性案例。可是这样的指导性案例不会不请自来。我们通常需要花番工夫才可以找到所需要的指导性案例。① 那么,法官怎样才能找到所需要的指导性案例?什么是合适的指导性案例?如果我们同意对相似案件相似处理,那么根据什么判断案件之间相似与否?法官在实践中如何判断待判案件与"指导性案例"相似或不相似,从而决定参照或者不参照指导性案例审理案件?2007 年 8 月间,我们与最高人民法院应用法学研究所的郎贵梅、黄斌二位博士一同先后到三个省高级法院、三个市中级法院、五个区法院进行专题调研。结合这次调研,我们拟在本章集中讨论上述问题。我们在本章中将以描述性方法为主,尽量客观、准确地总结司法实践的经验。同时,辅以一定的规范分析方法,尝试提出一些理论思考和建议。本章的目的是,一方面,研究、总结我国法院

---

① 为了使本章集中研究指导性案例的法律方法,在此对指导性案例实行一种模糊界定,即所有对法官审理案件有指导、参考作用或意义的案例,这与我们主张的指导性案例的参考性和辅助性的特点相一致。指导性案例的内涵和外延是一个与寻找指导性案例关系紧密的十分重要的问题,我们在本书第五章和第六章进行了探讨。

目前在这方面所创造、积累的实践经验,另一方面,从理论上对适合我国指导性案例的法律方法进行分析和探讨,以期对法律实践有所助益。

一、通过案件的相似性发现指导性案例

(一)判断案件相似性的理论基础

寻找、确定所需要的指导性案例是一个理性的思维过程。方法得当,会事半功倍。方法得当的前提是具有合适的理论基础。我们以为,类比法律推理就是判断案件相似性的合适的理论基础。

所谓类比法律推理,是我们把法律针对某构成要件甲所赋予的规则,转用于法律没有规定、但与前述构成要件相类似的构成要件乙;或者,是把指导性案例针对某构成要件甲所赋予的规则或法理,转用于与前述构成要件相类似的(待判案件的)构成要件乙。由于待判案件与指导性案例的构成要件相似,所以应用于指导性案例的法律或法理同样可以(大体)被应用于待判案件。这里,类比的基础是二者构成要件相类似。由于二者构成要件相类似,所以对二者应作相同的评价。①

这里的关键问题是,什么是二者构成要件相类似?如何判断二者构成要件相类似?回答上述问题的前提是解决:构成要件的含义是什么?什么是构成要件?借助德国法学家拉伦茨的研究,这里的构成要件是指与法律对特定问题的评价有关的重要观点。② 拉伦茨举了这样一个例子:法律没有明确规定出卖人故意诈称买卖标的物具有实际上不存在的优点的法律责任,但是规定了出卖人故意不告知瑕疵的法律责任。如何确定前种情况的法律责任?我们可以对上述这两种情形进行比较,然后

---

① 参见〔德〕卡尔·拉伦茨:《法学方法论》,陈爱娥译,商务印书馆 2004 年版,第 258 页。
② 参见同上。

根据比较的结果决定是否可以将法律对后种情形的规定适用于前者。从出卖人都认识到买受人对物的性质有所误认、并且故意利用此项错误认识促使买受人缔结契约而论,两者是一样的。在这里,故意利用已知的买受人的认识错误,是法律评价的关键,即与法律对特定问题的评价有关的重要观点,也就是构成要件;至于出卖人究竟是借"不告知"瑕疵以维持买受人的误认,或只是没有向买受人作必要的说明,还是借"诈称"有利的性质使买受人认识发生错误,两者在评价上没有根本差别。第二种情况即"诈称"倒是更严重一些。所以,按照平等处理的原则要求:法律为后种情况所定的规则也应当适用于前者。

构成要件存在于一定的案件事实之中。因此,研究分析案件事实以及与之密切联系的法律关系,对准确把握构成要件具有重要的意义。法官们所关注的具有可比性的案件事实,是具有法律意义、成为法律评判对象的事实,尤其是根据法律确定案件事实性质的关键点或争议点。[①] 这就是构成要件。在这里,我们一方面要确定:待判的案件事实在所有这些要件上,与指导性案例已经判定的要件全都一致;另一方面要确定:二者间的不同之处不足以排斥上述法定评价。[②] 我们以为,下面这些因素对我们准确把握构成要件、判断案件的相似性具有帮助。

(二) 几种对判断构成要件具有重要意义的因素

1. 诉讼标的

诉讼标的是诉讼当事人诉争的对象,也常常是有待进行法律评价的对象,因而可以成为上文所说的构成要件。所以,准确把握诉讼标的,并

---

① 例如目前在知识产权领域,有关 MP3 的作品下载、在网上随意提供链接等行为是否构成对知识产权的侵权?如果构成侵权,如何确定赔偿额度?某法官提出的"基础事实"的说法表达了类似的意思。这里的"基础事实",与前面所说的案件事实的关键点在很大程度上是相似或重合的。他们认为在使用案例时,要注意认定基础事实,基础事实用于识别案件特征,只有识别出案件特征,才能判断案件的相似性。识别的过程,就是寻找案例的过程,而分析基础事实的过程离不开对法律规定的研究和解释,法律原则有助于法官对案件事实的考察和判断。

② 参见〔德〕卡尔·拉伦茨:《法学方法论》,陈爱娥译,商务印书馆 2004 年版,第 258—259 页。

对待判案件的诉讼标的与指导性案例的诉讼标的进行对比和类比,有助于我们通过把握构成要件来判断案件相似性。下面的两组案例分别从不同角度说明了根据诉讼标的进行类比的具体方法。

两起有关婚姻登记的行政诉讼案的相似处理:在成都的一起行政诉讼案中,妻子起诉婚姻登记机关,要求撤销婚姻登记。其诉讼理由是婚姻登记当时双方没有到场。制定法对如何处理这种情况没有明确的规定。承办法官在互联网上查到武汉有一个同样是由于婚姻当事人在婚姻登记时没有到场而要求撤销婚姻登记的案子。在那起案件中,武汉的法院认定婚姻登记合法有效,婚姻当事人没有到场属于行政瑕疵,因此维持了原来的婚姻登记。成都的法官将武汉的案例出示给当事人并进行讲解,成都的当事人因此撤销了自己的起诉。在这两起案件中,案件当事人和案件发生的空间不同,但都是以婚姻登记时当事人没有到场为由而要求撤销婚姻登记的行政诉讼,案件基本事实及其所涉及的法律关系是相同的,因此两案的构成要件相同,属于同类案件,可以同样处理,适用于先前案例的法律解决办法,也可以适用于后者。

两起"相似的"撤销离婚登记案的区别对待:在待判案件中,男方的母亲代表当时没有民事行为能力的男方要求撤销离婚登记。同样,法律对应否受理此种起诉没有明确规定。承办法官通过检索了解到一个案例,是法院受理了当事人要求撤销离婚登记的起诉。但是,在该案例中,当事人的诉讼请求是重新处理与离婚有关的财产分配,而在离婚问题上没有异议。在该先前案例中,法院受理了当事人的案件,作出了维持离婚登记、撤销财产分配决定的判决。待判案件的承办法官认为,这两起案件是不同的。因为,待判案件主要争讼的是身份关系,而在该先前案例中,争讼对象是财产关系。[①] 我们认为,争讼点不同,导致案件的构成要件也不相同。虽然两案都含有撤销离婚登记的因素,但是先前案例中有关身份关系的离婚登记并不是争讼问题,提出异议并要求法律判定的是离婚

---

① 参考案例来自《人民司法·案例版》2007年第4期,第40页。

中的财产分配,所以其构成要件是由离婚引起的财产分配。而待判案件当事人争讼的是婚姻关系,其构成要件是对离婚登记效力的判定。案件事实有别,作为诉讼标的的法律关系性质不同,所以两案的构成要件不同。适用于先前案例的法律解决方案,不适用于后面的待判案件。

2. 损害结果及过错情形

在一起由出生缺陷引起的损害赔偿案中,原告起诉医院未能在产前超声波检查中发现胎儿的先天手缺失,导致孩子不当出生,因此要求赔偿损失。承办法官检索了国内外与此相关的先前案例,发现了一个由于产前检查未能发现胎儿缺陷、孩子出生后医院给予赔偿的案例。[①] 但是,在那个先前案例中,新生儿的左手肘关节以下完全没有,右手只有三根手指,右脚膝盖以下部分缺失,左脚只有两根脚趾,而医院在B超检查时竟没有发现。待判案件的承办法官根据相关法律条文与相关文献认为:首先,在前案中,据法医鉴定,应该发现胎儿畸形而未发现,而且B超内容过于简单,因此医院存在过错。而在本案中,医院没有任何违反法律或违反医院医师操作规程的行为,不存在过错。其次,对比两个案件中胎儿缺失的身体部分,一个是手缺失,一个是几乎整条手臂缺失,因此,两案的案件事实不同,不具有相似性,不能参照。我们同意承办法官的意见。在这里,案件事实有一个由量的不同而达致的质的差异;同时,根据相关的法律规定及行业规范作出的对医师是否具有过错的判断,也是案件事实的一部分。上述两点是前后两个案件构成要件的重要区别。所以,两案不具有相似性,先前案例的法律解决办法不适用于待判案件。

3. 当事人的意思表示行为

在有些案件中,当事人的意思表示行为对判断案件的构成要件具有重要的影响。例如,在一起房屋买卖纠纷中,上诉人是开发商,被上诉人是商品房的购买者。上诉人要求被上诉人交付剩余的购房款。被上诉人,即购房者,认为尚未交付的款项是有关公摊面积的款项,而根据该被

---

① 《中国审判》2006年第8期,第29—30页。

上诉人提出的一起涉及公摊面积的购房纠纷的先前案例,他不应当交付这笔款项。在那个先前案例中,购房合同将公摊面积与套内面积混在一起,而购房人在签订购房合同当初对此并不了解;在交付剩余款项时,购房人方才知道其中包括公摊面积,但拒绝交付公摊面积部分的款项。法院认为该购房合同属于格式合同,对于合同规定不清楚的地方,应当从有利于消费者的角度解释。因此判定购房者不支付公摊面积的费用。此待判案件的被上诉人认为自己的案件与先前案例相同,所未交付的款项是公摊面积的费用,因此要求法官按照该先前案例审理、判决。

上诉法院认为,此诉争案件与先前案例不同,因为本案购房者在购房付款时已经承认还有包括公摊面积费用在内的余款未还,并写下欠条;欠条是当事人承认、认可公摊面积费用的意思表示;由于欠条的存在,此案成为有关欠款的债权债务关系。所以,不能按照先前案例办理。我们认为,从构成要件的角度分析,这两起案件确实不同。先前案例的构成要件——存在争议、有待法律解决的问题是有争议的公摊面积费用,而待判案件的构成要件则是有关欠款的债权债务纠纷。导致两案差别的关键是购房者书写欠条、承认公摊面积款项的行为。因为这个欠条表明当时双方对公摊面积的存在是清楚、没有争议的。其后发生的争议则是在欠条具有合理性和法律效力的基础上,履行承诺、偿还欠款的问题。因此,先前案例与待判案件的构成要件不同,两案不具有相似性,前案不构成待判案件的指导性案例或参考性案例。

4. 法律目的及当事人行为的目的

诉讼标的、损害结果、行为人的过错情形和行为人的意思表示都是有助于判断构成要件的因素。但有时上述因素仍然不足以帮助我们确定构成要件。这时,我们往往需要了解法律对有关重要问题的决定性评价,或回归到法律调整的目的、法律原则上思考,并结合当事人的行为进行权衡、比较,得出结论。同时,对当事人行为性质的认定,不是一个单纯的物理学的描述;仅看外在事实往往不够,我们常常需要结合行为人的行为目的来考察行为的性质。

例如,为了比较两起同样有关地名使用的商标侵权争议案件是否相似,就需要明确法律规定的目的以及行为人从事特定行为的目的是什么。我们需要明确:在这两起案件中,法律规则的目的是为了保护知识产权。那么,行为人使用特定地理标识的目的是什么?是为了标示地理位置,还是为了使人对有关知识产权标的产生误认?我们发现,在这两起案件中,行为人使用地名的目的是各不相同的:一个案件的行为人是为了用地名标明楼盘——不动产商品的地理位置①,另一个案件行为人的目的是为了攀附以地名形式出现、具有较高知名度的白酒商标。② 由于两个案件行为人使用地名的目的不同,导致两个案件构成要件的重要区别,并进而导致对它们的法律评价的重要区别。前者的行为不构成对知识产权的侵犯,而后者的行为则构成对知识产权的侵犯。

此外,我们有时可以借助案由判断案件的相似性。案件事实是客观的,法律关系具有一定的人为性、主观性。在众多的纯粹客观的案件事实面前,人们常常按照一定的目的来确定它们所归属或所涉及的法律关系。当我们根据法律关系判断案件相似性的时候,如果可以进一步对法律关系进行分类,就可以相对迅速、便捷地对案件之间的相似性作出判断。案由是诉讼案件的名称,反映案件所涉及的法律关系的性质,是人民法院对诉讼争议所包含的法律关系的概括。③ 案由确定以后,案件所涉及的法律关系就相对确定了。例如在对行政诉讼案件的审理中,不同的行政管理领域有其各自的特点,其中一个重要特点是这些案件大都有特定的行政管理机关,因此形成特定的行政管理法律关系,如工商行政管理法律关系、金融行政管理法律关系。法官可以以案由为基础寻找相似的先前案例并从中得到指导。在案由的导引下,可以相对容易地对案件事实、法律

---

① 参见《利源公司诉金兰湾公司商标侵权纠纷案》,载《中华人民共和国最高人民法院公报》2005 年第 10 期。
② 参见《灌南县预算外资金管理局、两相和公司诉陶芹商标侵权纠纷案》,载《中华人民共和国最高人民法院公报》2007 年第 2 期。
③ 参见《最高人民法院关于印发〈民事案件案由规定〉的通知》,载《人民法院报》2008 年 3 月 3 日,第 3 版。有法官指出,他们是从案由上找相似性,而在全案上借鉴。

关系进行比对,并在此基础上具体确定案例或案件的构成要件,从而判断案件之间的相似性。2008年4月1日起施行的最高人民法院《民事案件案由规定》对于在民事审判工作中准确确定案件诉讼争点和案件与案例的相似性会有更大的帮助。不过,当我们借助案由把握构成要件的时候,需要提醒自己,案由的确立取决于许多因素,而且相同案由下的具体案例可能是千差万别的,因此在绝大多数情况下案由仅具有十分有限的作用,我们只能把它作为判断构成要件的一个向导,而不能夸大它在这方面的作用。

二、价值判断在进行案件相似性判断中的作用

运用指导性案例意味着我们无法直接从制定法的条文中通过演绎推理的逻辑操作得出解决案件的结论,也无法运用归纳推理解决问题。所以我们要以类比推理为基础,在众多先前案例中选择具有相似性的指导性案例指导我们审理待判案件。类比推理作为辩证推理的一种,侧重对法律规定和案件事实的实质内容进行价值评价。因此,价值判断在判断案件相似性的过程中具有重要作用。如果说在有些情况下,我们可以借助于研究行为人的意思表示、行为目的、损害结果及行为人的过错情形等把握案件的构成要件、对案件的相似性得出结论,因而价值判断的作用还不是非常明显的话,那么在有些情况下,价值判断在决定案件之间是否具有相似性的过程中就发挥着很明显的作用。下面是法官的价值判断明显影响案件相似性的决定的几种情况。

(一)根据价值判断"定向选择"相似性

所谓根据价值"定向选择"相似性,体现为下面两种不同的情况。

首先,根据价值判断,在结果不同的几种判决之间进行选择,法官选择与自己的价值判断相一致的案例作为具有相似性的案例。例如,南京

一个区法院受理了一起当事人在公园遇害的案件。此案争议的关键问题是公园作为收费公共场所的安全保障义务。如果公园对游客有安全保障的义务，那么公园就应当对游客在公园受到的伤害承担赔偿责任。法官通过查找，发现国内发生过好几起类似案件，而几家法院的判决却非常不同。例如，发生在广州五月花餐馆的案件，受害人与家人在该餐馆用餐，在隔壁用餐的顾客的酒瓶爆炸，受害人被严重炸伤。广东省高级人民法院判决部分支持原告的赔偿要求，由餐馆对被害人进行了赔偿。而发生在北京圆明园的游客被歹徒杀害案，法院则判决驳回被害人家属的赔偿要求。南京这位承办法官认为从公平的角度考虑，被害人应当从公园得到赔偿，因为公园对游客有安全保障的义务。在这样一种价值判断指导下，他认为广东的案例与当前案件具有相似性，因此判决全额支持被害人家属的赔偿要求。

其次，根据价值判断，认为填补法律空白的先前案例具有指导性并进而确定其相似性。对案件之间相似性的把握，与对指导性案例的指导性的判断，本来呈现一种前后相继的因果性，即由于待判案件与先前案例具有相似性，因此先前案例中对特定问题的处理对待判案件的解决具有指导性，但是，这两点有时是纠缠在一起的，有时甚至可能出现"本末倒置"的情况：不是由于相似才有指导性，而是因为具有指导性才（"让"它们）相似。价值判断在这个过程中的重要作用是：承办法官对先前案例的法律解决方案具有倾向性，然后再证明先前案例与待判案件之间具有相似性，从而使得待判案件得以参照先前案例审理。法官在寻找相似案件时，首先是对先前案例特定性质的寻找和判断。所谓特定性质，就是对法律空白的补充或者发展。也就是说，研究、分析和判断：先前案例是如何适用法律的？其判决是否填补了法律空白，或者对法规进行了修正？如果先前案例填补了法律的空白或者发展了法律，或者对现行法规进行了修正，那么这种案例就可能是具有指导性的案例。

法国不承认判例是正式的法律渊源，但是法官可以运用司法先例发展或改变法律规定。① 在中国,同样存在着通过司法先例发展制定法的实践,这种实践构成了法官发现指导性案例的"抓手"或"把手"。这类情况在行政诉讼领域中体现得较为明显。由于现在还远做不到在所有问题上都有法律规定可依循,因此审理行政诉讼的法官要花很大的精力回溯该行政领域的上位法律,根据对该上位法律的立法目的的研究来决定对下位法律、法规的适用。例如,在适用《工伤保险条例》《工伤认定办法》处理工伤事故的时候,先前案例有关工作时间、工作原因、工作场所的处理,在很大程度上超过了或者说高于具体法规条文的规定,但是它们却符合有关法律和行政法规关于工伤事故处理的立法目的,即保护劳动者。这样的案例对后来的法官审理类似案件非常有帮助。

例如,南京某区法院2007年受理了一个新类型案件:一位职工在下班途中被火车撞死。对于职工在上下班过程中死亡能否认定为工伤,《工伤保险条例》没有规定,劳动局根据《道路交通安全法》,认为火车不是机动车,因此不属于该法规定的交通事故,所以认定不能按照工伤补偿。《人民法院报》上曾经登载过四川省成都市金牛区法院一个有类似情节的案例。该案受理法院认为,虽然火车不是《道路交通安全法》所规定的机动车,但从保护劳动者的合法权益以及《工伤保险条例》的立法本意来说,应当对机动车的范围作更为宽泛的理解,因此该案件中的火车应该属于机动车范围。所以法院作出了维持劳动部门工伤认定的判决。南京的这位法官认为职工属于弱势群体,对弱势群体应当予以特殊保护,而《道路交通安全法》与《工伤保险条例》适用范围不同,认定为工伤并不违法,因此参照四川的案例,判决按照工伤对亡者的家属给予补偿。这里,显示出中国法官运用法的价值处理先前案例的方法。美国法学家列维提出的问题有助于我们对这个问题的更深入思考。他的问题是:"将不同的案件

---

① 例如运用先例,在不对法典进行任何正式修改的情况下,使法律体系对机动车事故的处理由过错责任标准转到无过错责任标准。参见〔美〕马丁·夏皮罗:《法院:比较法上和政治学上的分析》,张生、李彤译,中国政法大学出版社2005年版,第199、201页。

视如相同,在什么情况下是正当的?"①在根本上,对案件相似性的判断取决于人们对该问题的正当性证明方面的思考和结论,而这种思考是以价值判断为基础的。

需要说明的是,有时先前案例可能对法律没有具体、明确规定的问题作出了判决,但是我们不一定就因此认为先前案例填补了法律空白。我们需要根据立法目的、立法原则,审查、判断先前案例是否正确反映了立法精神和立法原则。只有正确反映了立法精神、立法目的和立法原则的判决,才可以被认定为填补了法律的空白。这项工作具有挑战性。对于这类情况,有法官提出了如下需要考虑的因素:案由、事实、案件背后的诉讼目的、判案理由、当时的社会环境、判决的社会效果、案例的基本方向、对事实的评析、最新的学术理论、相关的法律规定等。

(二) 具有多种表现形式的构成要件——看似不同种类案件之间的相似性

对于那些填补法律空白的指导性案例来说,引起"法律填补"的空白问题是该案例的构成要件。这种构成要件与前述许多案例中的构成要件有所不同。因为它有时使得该指导性案例可以对看似不同种类的案件产生影响。例如刊登在《最高人民法院公报》上的贾国宇案,此案中法院首次在我国对由于产品缺陷导致受害人的精神损害判令赔偿。② 这个指导性案例填补了我国法律对由于产品缺陷导致受害人的精神损害没有规定的空白。它不仅对审理由于产品缺陷导致的精神损害案件具有指导性,而且对由于其他侵权行为导致的精神损害赔偿案件同样具有指导性。2001 年云南省高级人民法院审理了一起医疗事故纠纷。在这个案件中,当事人在一家美容店做医学美容,由于美容师操作上的原因,美容失败了,对当事人的容貌造成了损害,受害人要求在赔偿治疗费、修复费的同

---

① 〔美〕艾德华·H. 列维:《法律推理引论》,庄重译,中国政法大学出版社 2002 年版,第 6 页。
② 参见《贾国宇诉北京国际气雾剂有限公司、龙口市厨房配套设备用具厂、北京市海淀区春海餐厅人身损害赔偿案》,载《最高人民法院公报》1997 年第 2 期。

时赔偿精神损害,一审法院予以了支持。被告美容师对法院判决赔偿精神损害不服,进行申诉。再审法官在"驳回申诉通知书"中,参考贾国宇案论证了精神损害赔偿的合理性,该"驳回申诉通知书"说服了申诉人,因而平息了诉讼。

我们从这个案例可以看到,在判断案件相似性中具有关键作用的构成要件,具有多种表现形式。有时,构成要件表现为成为当事人诉争基础、法律评判对象的案件基本事实,诸如:当事人的意思表示行为、当事人的侵权行为、行为的损害结果、当事人的主观过错、当事人行为的标的物、诉讼请求等;有时,构成要件表现为法律解决方案所针对的案例、案件中的某一个争议点。例如在此案中,我国法律、法规对由于行为人的不同侵权行为给受害人造成的精神损害没有一个统一、全面、明确的规定,而在现实生活中,这种损害确实存在,对其给予赔偿是实现正义的要求。如果有指导性案例对此问题作出了明确的判决(例如贾国宇案),即便两案在具体案情上不同,但侵权行为给当事人造成了精神损害这一点是相同的,在这一点上,我们可以说先前案例与待判案件的构成要件是相同的,先前案例对待判案件具有指导性。虽然待判案件与指导性案例在案情上看似不同,但后案法官仍然可以发现两个案件的相似性,进而从指导性案例中得到指导。在这个过程中,法官的价值判断起着指示方向的作用。

(三) 通过审看主审法官的思路选择指导性案例

有时,法官对指导性案例的选择是在对手边案件的法律性质有了初步认识之后,主动寻找支持性案例、支持自己对待判案件的法律确信的过程。这时,待判案件的法官与先前案例法官在审案思路和法律理解上的一致,对相似性案例的寻找、选择和确定,具有很大影响。① 这是一个主动的收集事实、比较案情、归纳与对比要点的过程。在这种情况下,法官需要"被支持该判决的实质理由所说服"②,因而认定该先前案例与待判案件具有相似性,所以具有指导性。根据我们的了解,这一点在知识产权案件的审理中体现得更为明显。很多知识产权案件的原告在不止一个地方提起诉讼,常常是已经在外地有相同的案子判决结案,当事人拿着对自己有利的判决到另一个法院提起基于同样案情但针对另一个被告的诉讼。在这个时候,法官在判断外地法院的判决是否具有指导性或参考性的时候,往往不是考虑案件是否相似,而是考虑先前案例法官的审判思路。或者说,他们更倾向于考虑先前案例的"法官审判思路是否能够使自己信服,不一定要求结果完全相同"。

承办法官通过审看先前案例主审法官的审判思路确定指导性案例,让人觉得多少有点专断和太过个人化。中国法官之所以用这种方法决定先前案例的相似性,是因为中国指导性案例与普通法系国家以遵循先例为原则的判例法不同,它不具有严格意义上的拘束力,其实际影响主要是说服力;而具有说服力的部分常常是先前案例中的法律说理。③ 如果承

---

① 在一定意义上,这是各取所需。如一位法官在回答我们请教时所说:即使案件事实不同,观点相同的,也接受。在昆明市中级人民法院受理的一起行政诉讼案件中,行政相对人对由于驾车打手机被公安机关处罚不服,因而向法院起诉公安机关行政处罚违法。诉讼争议的焦点是行政相对人在驾车时是否打了手机? 在案件审理过程中,对于驾车人"是否打手机的证据"举证很难,而且此案标的很小。一审判行政被告败诉。行政被告人向二审法院提供了北京法院审理的类似案例。二审法官自己也在互联网上找到了与行政被告人所提供的相同的案例。二审法院基于个人利益让位给公共利益的考虑,认为此案与北京案例具有相似性,因此决定参考北京的案例,撤销了一审判决,驳回原告诉讼请求。这里,法官的价值取向使得法官认为北京案例对昆明的此案具有参考性。
② 参见〔英〕P. S. 阿蒂亚、〔美〕R. S. 萨默斯:《英美法中的形式与实质》,金敏、陈林林、王笑红译,中国政法大学出版社 2005 年版,第 96—97 页。
③ 南京的一位法官指出:在处理房地产争议和劳动纠纷的案件时,对于待判案件与指导性案例在案件事实与裁判理由方面一致,但诉讼请求不一致的,同样可以认为案件具有相似性,具有指导意义,可以从指导性案例中得到启发和指导。因为很难找到两个完全一样的案例。我们可以在看似不同的待判案件与指导性案例之间找到具有指导意义的那一点。例如,在处理商品房买卖纠纷中,关于商品房的质量瑕疵的纠纷,在同一个房地产小区内、针对同一个开发商,可能会有众多的原告起诉。诉讼请求也可能不一致,但是裁判结果却可能相同。这时,后判案件的法官,就应当关注先前案例的裁判理由,关注判决的价值取向和对利益的平衡,设法把握、抽象出法律适用点。

办法官认为先前案例的法律适用(在这里是对法律漏洞的填补)及其法律说理具有说服力,他或她就会认为该案例具有指导性,所以才会进一步研究相似性的问题。但是,这种做法会带来指导性案例的效力和适用效果的一定程度的不确定性,并影响在全国范围内适用指导性案例的统一性。这里存在着适用指导性案例的实质合理性与适用过程与结果的确定性、统一性之间的紧张关系。对此需要通过其他方法加以解决或尽量降低其负面效果。

三、在若干指导性案例中选择

(一)判断相似性的步骤

如果我们要对查找指导性案例或参考性案例,即判断案件之间的相似性的方法做个总结的话,以下几个步骤是需要的:

第一,全面掌握案件事实,完全吃透案情。这是准确认定案件事实的前提。这里所说的案件事实和案情,既包括先前案例的案件事实和案情,也包括待判案件的案件事实和案情。

需要说明的是,对案件事实的判断并不是一个单纯的客观描述过程。承办法官考察、分析、判断案件事实时,是戴着法律这个"有色眼镜"的,他(她)要根据法律的指示去考察发生了什么,为什么发生,如何发生,以及产生了什么结果。因此"事实问题"与"法律问题"并不是泾渭分明的。正如德国法学家拉伦茨所指出的,在形成案件事实之时,就必须考量个别事实的可能意义:

> 困难的根源在于:在提出实际上是否发生某事的问题之前,首先必须以某种方式把"某事"描绘出来。它可以用一般用语,或者用法律用语来描述。如果是后者,那么在提出"事实问题"时,似乎多少已经有法律判断的影响了。然而,许多表达方式是法律用语及日常

用语共有的,法律用语中的这一类表达方式,只有在少数的"临界事例"中才具有精确的意义。①

第二,根据法律分别确定待判案件和先前案例所属的法律关系及其性质。有时,对复杂、疑难或新型案件的性质的确定很困难,存在着不止一种可能性,法官需要了解、把握案件的具体情节,因为只有从案件的具体情节出发,才有可能比较妥帖地确定案件可能涉及的法律关系。这里所说的案件的具体情节指:意思表示、当事人的行为、行为目的、行为后果、行为人的主观过错情形,以及民事案件中的合同标的、合同履行情形等。

第三,根据待判案件和先前案例的案件事实、法律关系、具体情节和诉讼标的或请求,确定它们的构成要件,并对构成要件进行比照。

第四,根据比照构成要件的结果,确定可以适用的法律规定、指导性案例或参考性案例。

(二) 确定案件相似性的关键及案件构成要件的实质

确定案件相似性的重要步骤是确定案件的构成要件。我们在本章的第一部分探讨了有助于把握构成要件的若干因素;在第二部分探讨了价值判断在进行相似性判断、把握构成要件中的具体影响。这里所说的构成要件同德国法学家考夫曼所说的在进行类比推理时对案件进行比较的"比较点"的意思是一致的。② 那么,什么决定了我们对比较点或构成要件的确定?是什么决定了是此一因素成为构成要件或比较点、而不是彼一因素成为构成要件或比较点? 这是构成要件的实质,也是确定案件相似性的关键。

现任美国哈佛大学法学院教授的孙斯坦曾经分析了类比推理的五个步骤,这五个步骤是:

---

① 参见〔德〕卡尔·拉伦茨:《法学方法论》,陈爱娥译,商务印书馆2004年版,第168、187页。
② 〔德〕考夫曼:《法律哲学》,刘幸义等译,法律出版社2004年版,第116页。

（1）某种事实模式 A（即"源"案例）有某些特征；我们可以把这些特征称作 X、Y 和 Z。（2）事实模式 B（即"目标"案例）有特征 X、Y 和 A，或者 X、Y、Z 和 A。（3）A 在法律中是以某种方式处理的。（4）在思考 A、B 及其之间相互关系的过程中建立或发现了一些能够解释为什么那样处理 A 的原则。（5）因为 B 与 A 具有共同之处，B 也应当得到同样的处理。这为同一原则所涵盖。

孙斯坦指出其中的第（4）个步骤是关键步骤，即发现解释为什么那样处理源案例（相当于本章的指导性案例或先前案例）的原则。① 孙斯坦的这个观点与英国牛津大学教授拉兹的观点是一致的。但是，拉兹对此的分析似乎更深入一些。拉兹指出，在进行类比推理时需要判断哪些相同点和不同点是重要的，而哪些相同点和不同点是不重要的。为此需要确定：检验重要性的标准是什么？拉兹的看法是"答案在于 P（即判例——引者注）中规则的定律（rationale）②，规则服务的目的"③。这里的定律（即合理性或实质理由）是指可以证明该判例中的规则正当性的目的和价值。而"类比论证在本质上是指，如果某一理由是证明某一规则的好理由，那么它同样可以证明与这一规则具有相似性的另一规则"④。

司法裁判是要通过提供正当性证明来说服当事人以解决纠纷。我们之所以要运用指导性案例解决待判案件，是因为待判案件中的那个特定问题（构成要件）需要依法解决但法律又没有现成的规定，而指导性案例提供了解决该特定问题的法律方法或方案。这个特定问题，可以是前文第一节中的某一特定诉讼标的、某一特定意思表示行为，或者是某种损害结果与行为人过错情形的结合，也可以是第二节中有待解决的某一特定

---

① 参见〔美〕凯斯.R.孙斯坦：《法律推理与政治冲突》，金朝武、胡爱平、高建勋译，法律出版社 2004 年版，第 77—78 页。
② 此处的 rationale 译为"合理性"似乎更为适合；它相当于上文所引美国法学家阿蒂亚和萨默斯在《英美法中的形式与实质》中所说的"实质理由"。
③ 〔英〕拉兹：《法律的权威——法律与道德论文集》，朱峰译，法律出版社 2005 年版，第 176 页。
④ 同上书，第 177 页。

问题,例如,收费公共场所的安全保障义务、侵权行为导致被害人精神损害的赔偿,等等。它们在下面这些问题上是共同的:人们相信指导性案例中法律解决方案(某种规则或某种法理)的合理性或正当性,或者说,人们认可使得指导性案例中的裁判规则或法理获得正当性证明的目的或价值;而待判案件中有待解决的特定问题与先前案例中已经解决的特定问题具有相似性,证明指导性案例中裁判规则或法理的正当性的目的或价值,同样可以证明把这一方案用于解决与该指导性案例相似的待判案件的合理性和正当性。

所以,确定案件相似性的关键,是确定指导性案例中法律解决方案的合理性或实质理由,或者说,是确定使得指导性案例中的裁判规则或法理获得正当性证明的目的或价值。

不过,上述关于构成要件的实质或确定案件相似性的判断,不是具有很高抽象性和大范围普遍性、基本原则性的判断,而是一种"未完全理论化的判断和适用于低层次或中等层次抽象概念的原则"。① 这一判断过程,在很大程度上是决断、决疑,因而取决于权力的运用②,所以,我们需要一定的程序与方法来规范适用指导性案例过程中权力的运用。

(三) 程序与方法——在形式与实质之间寻求平衡

在一定意义上讲,法律就是一套形式规则体系,并且通过这种形式规则体系避免人的行为的主观随意性、任意性和专断,以及由此造成的生活的不确定和不可预测。美国法学家阿蒂亚和萨默斯在谈到法律的形式与实质的相互关系时正确地指出:在法律体系中,如果不存在充分权威性或形式强制性的法律,就根本不可能根据法治来治理,它甚至不能成为一个

---

① 〔美〕凯斯·R.孙斯坦:《法律推理与政治冲突》,金朝武、胡爱平、高建勋译,法律出版社2004年版,第80页。
② 〔德〕考夫曼:《法律哲学》,刘幸义等译,法律出版社2004年版,第116页。

具有可行性的法律体系。① 所以,指导性案例的可靠性、确定性、可预测性以及适用指导性案例的统一性,是正确、充分发挥指导性案例作用的重要条件。从目前中国指导性案例的实践看,由于指导性案例不具有约束力,法官寻找和确定指导性案例的过程在相当程度上受其个人的价值判断的影响。从积极的方面讲,这可以避免机械照搬先前案例以及由此造成的实质不公正。但是,它也会在一定程度上造成适用指导性案例的不确定、无法预测和不统一。因此,为了指导性案例的健康发展以及贯彻法治原则,形成某种形式化的寻找并确定指导性案例的原则、程序或方法是必要的。

从当代中国的司法实践看,由于现行体制上的原因,中国法官在使用指导性案例时,多半愿意采取形式主义的程序或方法解决问题。所谓体制上的原因,是指中国的法官在运用指导性案例的时候,需要时常应对他们的上级领导:庭长、院长、审判委员会、政法委员会以及它们的负责人。如果运用指导性案例的工作比较多的是一种形式主义、程序主义操作,那么就会比较容易地应对甚至减少来自方方面面的对法官审判活动的干涉。正如阿蒂亚和萨默斯所说:"一个形式依据的功用通常就像一道屏障,它或明或暗地将尚未整合入规则中的实质性依据从决定过程中隔离出去。"②

借鉴法国有关确定不同司法先例的权威性高低的做法③,我们在此提出在不同指导性案例之间进行选择的几点粗浅建议:

(1)根据制作或发布指导性案例的机关决定指导性案例的指导性高低,最高人民法院所制作或发布的指导性案例的指导性高于高级人民法院制作或发布的指导性案例;

---

① 参见〔英〕P. S. 阿蒂亚、〔美〕R. S. 萨默斯:《英美法中的形式与实质》,金敏、陈林林、王笑红译,中国政法大学出版社2005年版,第20—23页。
② 同上书,第2页。
③ 〔法〕雅克·盖斯旦、吉勒·古博:《法国民法总论》,陈鹏、张丽娟、石佳友等译,法律出版社2004年版,第427页。

（2）根据指导性案例制作的日期决定指导性案例的指导性高低,在同一(级别的)法院制作或发布的指导性案例中,最近的一个具有较高的指导性,因为它最可能表达裁判决定的趋向;

（3）根据发布指导性案例的专业领域决定指导性案例的指导性高低,某些法院由于其在某些特殊领域,如在知识产权领域的专业化,其所发布的相应专业领域的指导性案例拥有更高的指导性,例如受理以国家知识产权局为被告、涉及知识产权争议的北京市高级人民法院所发布的有关知识产权方面的案例具有较高的指导性;

（4）根据待判案件争讼的关键事由决定指导性案例的指导性高低,如果同一法院的不同业务庭就同一类争议所发布的案例互相不一致,那么对待判案件争讼的关键事由的主管业务庭所发布的指导性案例具有更高的指导性。

总之,中国法官寻找指导性案例的方法是多种多样的。以类比推理为基础、通过对比案件相似性而发现指导性案例是基本的方法,同时,一定的价值判断对判断案件相似性也具有重要影响,指导性案例或参考性案例对法律空白的补充或发展,或者承办法官对先例中主审法官审判思路的审看,对于发现、选择指导性案例也会具有重要影响。在当代中国法官寻找、确定指导性案例的过程中,存在着确定性、统一性与实质合理性的紧张关系,或者说存在着形式合理性与实质合理性的紧张关系,而确定一定的、在不同指导性案例之间进行选择的程序和方法,有助于缓解这种紧张关系,从而可以更妥当地使用指导性案例。

第八章 对指导性案例中具有指导性部分的确定与适用

自从中国最高人民法院于 2005 年 10 月 26 日发布《人民法院第二个五年改革纲要》，提出规范和完善案例指导制度作为一项重要内容以来，全国各地法院的案例指导工作程度不同地有了很大的发展。但是，各地法院在实践中遇到了一系列方法论方面的问题亟待解决；最高法院在制作关于加强和完善案例指导工作的指导性意见时，也面临着与各地法院所提问题相关联的不同选择及不同观点。这些问题是：当确定了与待判案件具有相似性的指导性案例或参考性案例以后，法官怎样运用、参照指导性案例审理待判案件？指导性案例中的什么部分具有指导性？当我们寻找指导性案例的时候，我们期待从指导性案例中发现什么样的对我们司法实践有价值的内容？我们参照、撷取指导性案例的哪一部分或哪几部分审理手边案件就算是做到相似案件相似处理了？从另一个角度看，当面对中国法官的实践时，我们想到的是：中国的法官在实际运用指导性案例或参考性案例指导、帮助自己审判案件的时候，他们关注指导性案例或参考性案例中的哪些部分？先前案例中的哪些部分对他们来说具有指导性或参考性？这些问题关系到指导性案例作用的实际发挥以及中国指导性案例工作未来的整体发展。

我们拟在本章集中讨论上述问题。我们的基本思路是：指导性案例具有指导性的部分可以有三种存在方式：判决书、裁判要旨与案例评析；判决书是指导性案例的本体，裁判要旨与案例评析是判决书之外具有指导性的部分,应当规范对裁判要旨和案例评析的制作;目前对指导性案例的使用具有任意性和隐含性,科层制结构对指导性案例的使用具有影响;指导性案例与司法解释具有一种交叉关系;完善对指导性案例的选择和使用需要积累经验、提高能力、增加共识。我们分述如下。

一、裁判要旨与案例评析——判决书之外的指导性案例

中国法官在开始运用指导性案例时,最先进入他们视野的,是裁判要旨与案例评析。这两者是指导性案例的添加物。它们首先受到关注与中国长期以来以制定法为正式的法律渊源所形成的法律思维特点有着直接的关系。那么,裁判要旨就是我们所以为的裁判规则吗?裁判要旨在指导性案例的实践中具有什么样的功能?应当由谁来撰写裁判要旨?怎样撰写裁判要旨才能比较好地发挥它的作用?如果裁判要旨比较好地表现了裁判规则,我们是否可以把注意力集中于裁判要旨而不需要再去费心研读指导性案例本身?这些问题影响着各级法官及其他法律人的相应法律实践而有待于从理论上辨析、厘清。下文逐一探讨上述问题。

这里需要首先解决裁判要旨与裁判规则的关系问题。关于裁判规则,最高人民法院的蒋惠岭法官认为,"裁判规则是指通过案例的裁判结论所确立的法律性质的规则,是案例的灵魂所在"[①]。裁判要旨,也称"判例要旨""裁判摘要""本案要旨"或"示范点"。[②] 曾经在日本研究学习法律九年的马太广博士,在谈到日本最高裁判所商法判例要旨时说,"判例要旨是法院判决书法定记载理由的主要意旨,是判例的精华、主眼及理由所在"。[③]

[①] 蒋惠岭:《认真对待作为"动态法典"的案例》,载《人民法院报》2005 年 8 月 1 日 B1 版。
[②] 系由成都市中级人民法院从他们整理出来的示范性案例中提炼而成。
[③] 马太广编译:《判例所表现的商法法理——日本最高裁判所商法判例要旨(1962—2004)》,法律出版社 2004 年版,第 5 页。

关于裁判规则与裁判要旨的关系,论者们的理解不尽一致。从马太广博士上述的文字看,他认为判例要旨与裁判规则是没有区别的。而北京市高级人民法院的于同志法官认为:"裁判规则主要表现为对案件争议焦点涉及的法律问题进行评析后形成的'裁判要旨',裁判要旨集中体现了指导性案例的核心内容。"①蒋惠岭法官也是把裁判要旨作为裁判规则的表现形式。

我们同意蒋惠岭法官和于同志法官的观点。根据目前中国在指导性案例方面的实践、多数论者的意见和自己在这个问题上的理解,我们对裁判要旨做如下界定:裁判要旨是通常被置于案例之前、以简洁的文字表现出的人们对指导性案例中所蕴含的裁判规则的概括、归纳和总结;裁判规则是裁判要旨的内容,裁判要旨是裁判规则的形式。人们通常所看到的是裁判要旨,但所希望得到的是通过裁判要旨所表现出的裁判规则。

裁判要旨的功能,在于方便后来的法官或法律界以简洁的方式认识、了解有关该指导性案例对法律的补充、发展以及对适用相互冲突的法律条款或模糊不清的法律条款的法律解决方案的基本点,以及指导性案例对法律、法规的替代或补充。裁判要旨在我国的作用是明显的。用法官的话说就是:"裁判要旨归纳精华,直奔主题。"②因此一些法官表示他们最喜欢看裁判要旨。③

裁判要旨在我国的指导性案例实践中受到特别关注,与许多以制定法为主要法律渊源的国家的情形比较相似。裁判要旨在这些国家受到重视有几方面的原因。一方面,是技术上和法律文化上的原因,即法官对条文的习惯性依赖。这是指大陆法系的法律人的思考平台、话语平台,是制定法式的、条文式的。另一方面,可能也是一种出于历史惯性的选择。曾

---

① 于同志:《谈裁判规则的归纳与生成》,载《人民法院报》2008年5月14日第5版。
② 根据我们2007年8月23日、24日在昆明市中级人民法院和昆明市官渡区人民法院的调研所了解。
③ 根据我们2007年8月20日、22日在四川省高级人民法院和成都市中级人民法院的调研所了解。

长期在前南斯拉夫法律界任职的美国耶鲁大学法学院教授米尔伊安·R.达玛什卡教授,谈到欧洲大陆国家在16和17世纪,中世纪后期、近代资产阶级革命前夕,随着中央集权的官僚体制成为欧陆国家中占据主导地位的政府组织模式,法官成为效忠国家的专业人士,为了保证强有力的中央权威的完整性,"严格依循规则的治理被认为是必要的"。而这种"对规则的效忠也影响到人们对司法先例的态度"。法官在高等法院的判决"先例"中所寻找的是更高的权威所作出的类似于规则的表述,而案件的事实却被弃置一旁。达玛什卡将这种对待司法先例的态度称为"逻辑法律形式主义",指出先前的判决仅仅是一种"更加精确的法律文本";法律家们"试图在先前的判决中寻找具体的规则"。①

　　中国法官和法律人对裁判要旨、裁判规则的需要,虽然不会是由于上述的历史原因,但在逻辑上则不无相似之处。我们以为,中国法官和法律人对裁判要旨及裁判规则的需要,主要基于两个原因。首先,是体制上"功能代位"的自然结果。中国法官对立法机关制定法律的权力和司法机关适用法律的职责坚信不疑,但是他们在审判实践中又必须不时面对立法机关没有提供明确法律规则的棘手纠纷和新的争议。在这种情况下,他们只好自己动手,仿佛他们是立法者那样,在解决纠纷的过程中形成他们需要的规则。其次,是法律文化和思维方式上的,即条文化的、规则取向的思维特点。长期以来,中国法律人所受的标准的法律教育和法律训练,是以条文化的规则为法律依据审理案件;成为法官审理案件依据的,或者是以制定法形式出现的各类法律和法规,或者是主要模仿制定法形式表达的司法解释,或者是在形式上类似于制定法的各种政策。普通法国家的那种事实与法律水乳交融的判例法在中国并不存在,因此即便有的中国法学院刚刚开始案例教学,所用的中国案例也大多是事实问题与法律问题"油水分家"的案例。因此,当我们想到指导性案例具有指导

---

① 参见〔美〕米尔伊安·达玛什卡:《司法和国家权力的多种面孔——比较视野中的法律程序》,郑戈译,中国政法大学出版社2004年版,第50—51、56页。

性的部分的问题时,主要想到的自然是从指导性案例中抽象出来的裁判规则和裁判要旨。

准确把握、提炼指导性案例中的裁判规则,是发挥指导性案例作用的一个重要基础,而裁判要旨常常是指导性案例得以影响后来案件的核心。所以,写好裁判要旨就成为发挥裁判要旨作用的一个重要条件。对此,蒋惠岭法官和于同志法官已经做过很出色的研究和论述。于同志法官所提出的合法性、合理性和实效性三原则可以作为对裁判要旨的内容上的要求。① 在此,我们试图从形式上探讨对裁判要旨的要求及可能存在的困难,以便更好地撰写裁判要旨。从形式上看,裁判要旨应当具有规范性、概括性和抽象性。

首先,裁判要旨应当具有规范性,即裁判要旨要用专业化、规范化的语言进行表述。裁判要旨是法律共同体成员研究、运用指导性案例的踏板,也是法官或法律人进行有关指导性案例对话的平台,因此,在表述裁判要旨的时候,语言应当规范、准确,以便大家准确、有效地把握具有指导性的部分。

其次,裁判要旨应当具有概括性,即裁判要旨要概括指导性案例的法律要点,尽可能包涵案件中争议的法律和事实问题以及解决争议的规则与原则。② 这里涉及两个问题,其一,裁判要旨对法律和事实问题的概括要准确。我们以为,刊登在《最高人民法院公报》2005 年第 10 期上的"陈清棕诉亭洋村一组、亭洋村村委会征地补偿款分配纠纷案"③的裁判摘要,对案件争议法律问题的概括是比较典型的详略得当的概括。其二,裁判要旨对法律和事实问题的概括要全面。问题在于,有的案件的争议问题比较单一,因此在裁判要旨中比较容易概括,有的案件的争议问题不止

---

① 参见于同志:《谈裁判规则的归纳与生成》,载《人民法院报》2008 年 5 月 14 日第 5 版。
② 根据我们 2007 年 8 月 27 日、20 日、23 日分别在南京市中级人民法院、四川省高级人民法院和昆明市中级人民法院的调研所了解。
③ 参见《陈清棕诉亭洋村一组、亭洋村村委会征地补偿款分配纠纷案》,载《中华人民共和国最高人民法院公报》2005 年第 10 期。我们对此案的了解受益于昆明市中级人民法院的法官。

一个,如何概括为佳?我们以为,既要避免冗长,也要避免挂一漏万,最好用有限的文字尽可能多地包含指导性案例中的法律信息。

最后,裁判要旨应当具有抽象性。这里的问题是裁判要旨需要抽象到什么程度?是否需要具备于同志法官提出的"立法语言的规格要求"①?我们以为不好把它作为一种普遍性的要求。因为,第一,此种要求太高,不容易达到;第二,裁判要旨依附于指导性案例,指导性案例的特点同时也是它的优点,恰恰与案件事实紧密联系。而立法语言则是舍弃了具体案件事实的抽象语言,抽象程度一般高于指导性案例所需要的程度。因此,我们同意蒋惠岭法官所做的论述,即"其抽象性程度只能比案情的具体化程度高一个层次"。②

裁判要旨的撰写者,既可以是作出该裁判的法官,也可以是研究此裁判的其他法官或从事法学研究的法律家或法学家。基层法院的法官们一般希望由承办法官以外的、有理论基础的人来撰写。③ 据我们了解,在实践中,在多数情况下,中国指导性案例的裁判要旨也确实是由承办法官以外的法官或其他法律工作者来撰写的。

在目前一些以制定法为主要法律渊源的国家,裁判要旨的特点及其直接目的,是从案例中提炼出类似于制定法规则的裁判规则。这种裁判要旨在这些国家的法律实践中的确具有重要的作用。但是,它并非没有缺点,例如:由于其不得不具有的概括性和抽象性,它"省略了基本的事实,或只予提示,而从不提供判决所根据的理由"④,因而降低、减少了指导性案例中与案件事实相联的生动与鲜活;有时还可能遗漏案例本身具有指导性的法律点。⑤

与制定法中的法律规则不同,在传统上以判例法为主要法律渊源的

---

① 参见于同志:《谈裁判规则的归纳与生成》,载《人民法院报》2008年5月14日第5版。
② 蒋惠岭:《认真对待作为"动态法典"的案例》,载《人民法院报》2005年8月1日B1版。
③ 根据我们2007年8月21日在成都市彭州区人民法院的调研所了解。
④ 〔德〕K.茨威格特、H.克茨:《比较法总论》,潘汉典、米健、高鸿钧、贺卫方译,贵州人民出版社1992年版,第467页。
⑤ 我们因此以为对指导性案例的裁判规则的概括不应是绝对的、一劳永逸的。

普通法系国家,判例法规则呈现一种可以随着对案件事实的不同把握而进行宽窄调整的情形,法官往往根据源于案件事实的实质理由来调整先例的范围;而制定法则不然,它具有更高的形式性或者说抽象性,如果"过于执著于细节事实上会弄巧成拙,使得制定法复杂化且难以解释和适用,从而鼓励对实质推理的使用以及不愿太认真地对待文本的态度"①。所以,有时它要么过于宽泛,要么又过于狭隘。相比之下,判例法规则就具有更大的可以控制的灵活性,并且蕴涵了更为丰富的法律资源。

因此,我们以为,我们最好具有超越裁判要旨的眼光;对通过裁判要旨把指导性案例抽象化的努力要保持适度的警惕,避免舍本逐末、过分执著于发掘指导性案例中的抽象规则,而忽视后面将要详细讨论的包括判决书说理与事实认定、案例评析等在内的指导性案例的其他方面的丰富资源。②

案例评析是另一种在判决书之外可能具有指导性的组成部分。它独立于判决书之外,是对判决书中的判决结论、法律适用、事实认定等问题的评论、分析和解说。在德国是出现在判例汇编中的评论,在其他大陆法系的国家,表现为对判例的注释。夏皮罗教授指出大陆法系的法官对判例法的依赖可以通过主要的上诉法院判决理由的出版物得以印证,而这些出版物"几乎全是有注释的报告"。③那么,案例评析具有什么样的作用?谁来撰写案例评析?如何撰写案例评析?或者说案例评析最好是什么样的类型与风格?下文尝试对这些问题进行探讨。

案例评析在指导、帮助法官从事审判方面具有重要的作用。在我国,有时承办法官对棘手的案件作出了出色的判决,但是由于种种原因(例如

---

① 参见〔英〕P. S. 阿蒂亚、〔美〕R. S. 萨默斯:《英美法中的形式与实质——法律推理、法律理论和法律制度的比较研究》,金敏、陈林林、王笑红译,中国政法大学出版社 2005 年版,第 82—83 页。
② 事实上,法官们也确实重视裁判要旨以外的法律资源。例如,法官们希望看到指导性案例的判决书原文,他们尤其重视判决书原文中的法律论证或推理部分,因为它可以为后来的法官提供审判思路,使他们了解对于同样的案件,别的法官是怎么判的。
③ 〔美〕马丁·夏皮罗:《法院:比较法上和政治学上的分析》,张生、李彤译,中国政法大学出版社 2005 年版,第 191 页。

没有时间)未能把判决在适用法律或对法理发展方面具有重要意义的问题进行足够充分的说明和论证。案例评析则可以对这些案例进行充分的评论、分析和解说,从而有效地利用案例资源,帮助后来的法官从指导性案例中得到足够的启发和指导。我们在调研中遇到的许多法官都对案例评析的作用给了积极的评价。有些法官讲,他们对案例评析的关注甚至超过了对判决书本身的关注;有的法官甚至表示,他们主要看评析,而不是裁判文书,他们看评析中的方法,原《人民法院案例选》的编辑杨洪逵先生所做的"案例评析"对他们审理案件非常有启发。① 冯象先生在谈到杨洪逵先生所写的案例评析时说:"许多《最高人民法院公报》上的'典型案例',到了他的手里,才获得了完整的表述。"② 根据夏皮罗教授的研究,在大陆法系国家,"基于对学术权威的敬重这一民法法系的特征,这些由著名的法律学者作出的注释,在建构法律原则方面,经常与判决理由具有相同的影响力。"在这些国家,最重要的判决以及几乎涵盖法典每个条款的判决注释对于理解法律具有非常重要的意义。③

案例评析是法律共同体合作的产品。在民法法系的国家,案例评析或注释的作者是一些著名的法学家,"他们中的一些人是法学教授,其他人则是高等法院的法官。他们对法院所作出的模糊意见作出一个经过扩展的详细解释,揭示它基本的推理过程,将其与过去的判例相互对应,并在法律推理和公共政策方面进行评论。"④

我们可以将当代中国的案例评析的类型分为两种,一种是置于判决书后面的篇幅不大的短文型案例评析,例如《人民法院案例选》中的案例评析,另一种是论文型的案例评析,例如最高人民法院和最高人民检察院联合编辑、法律出版社出版的《中国案例指导》丛书,该丛书于 2005 年 8

---

① 还有法官认为,最有指导意义的,是案例评析。根据我们 2007 年 8 月 23 日、22 日和 20 日分别在昆明市中级人民法院、成都市中级人民法院和成都市青羊区人民法院的调研所了解。
② 冯象:《木腿正义》,北京大学出版社 2007 年版,第 142 页。
③ 参见:〔美〕马丁·夏皮罗:《法院:比较法上和政治学上的分析》,张生、李彤译,中国政法大学出版社 2005 年版,第 191 页。
④ 同上书,第 202 页。

月出版了两卷本的第 1 辑。从方便广大法官使用的角度考虑,我们发现第一种形式对于法官使用来说更为便利。①

对于案例评析的风格,我们以为,案例评析可以有多样化的风格,短文型的评析平实、便于阅读,论文型的评析则深入、全面。当然,短文型的评析也可以深入,论文型的评析也可以平实。不过有法官建议:"案例评析不要高、精、尖。"②这是可以理解的。因为平实的案例分析有助于广大法官在有限的时间内尽快地理解其中的要点。法官们希望,在一般情况下对案件事实的叙述要精练,对适用法律的评析部分要加强。③

二、判决书中的指导性案例——不应被忽视的"富矿"

判决书,是记载法院对特定案件事实适用法律的情况和决定的法律文书。我国研究者在研究中国指导性案例、思考中国指导性案例的发展途径时,多数并不把注意力放在判决书上,而是集中在裁判要旨或案例评析上。我们已经在上面分析了其中的大部分原因。还有一方面原因,则是在于中国法院的判决书与普通法系国家判决书的历史上的区别。在普通法系国家,判决书是判例法的载体;法律家们在承载着判例法的判决书中还具体区分具有不同法律意义的判决理由和附带意见。而中国的指导性案例并不具有判例法那样的效力,由于历史、文化和体制上的原因,中国的判决书也完全不像普通法系国家的判决书那样详细。但这并不意味着当代中国法院的判决书在指导性案例中没有意义。事实上,中国的法官同样关注判决书。因为中国指导性案例的作用主要是指导和参考,而

---

① 冯象先生认为案例评析只有"突出要点",才能起到指导作用。参见冯象:《木腿正义》,北京大学出版社 2007 年版,第 145 页。
② 根据我们 2007 年 8 月 27 日在南京市中级人民法院的调研所了解。
③ 根据我们 2007 年 8 月 23 日、24 日分别在昆明市中级人民法院和昆明市官渡区人民法院的调研所了解。

不是依据;也就是说,在理论上、体制上,法官审理案件的依据是制定法的条文,而不是指导性案例,法官是依法判案而不是依(案)例判案,判决书中的一些特定部分可以对法官的审判实践提供重要的指导性参考。我们将在下面考察和分析:判决书中的哪些部分是可能具有指导性的部分?如何辨识、分析这些部分?怎样通过改进判决书的写作来奠定未来指导性案例的基础?

在判决书中,有三个部分可能具有指导性。它们是:法律说理、事实认定和判决结果。这里所说的法律说理是指在判决书中所存在的或所表现出来的有关本案的法律论点、法律理由和法律论证。其中的法律论点是指有关适用法律的观点,或体现为判决结论的法律观点;法律理由是支撑判决结论的观点;法律论证是对如此适用法律的说明、说理,对判决思路及对法律条文的说明、解释。事实认定包括对案件事实的认定方法、认定规则与原则。

为什么判决书中的法律说理可能具有指导性?我们以为,从法律渊源上讲,指导性案例只具有第二位的意义,所以,许多中国法官对指导性案例的期待,主要不是期待寻找指导性案例中的规则性因素,即不是指望从指导性案例中找到有关某一争议问题的规则或规定;他们更重视案例中论理性的因素,即期待从案例中得到关于适用法律的理由、对法律的解释、法律说理及判决思路方面的启发。[①] 他们需要指导性案例帮助确定待判案件或案件事实的性质。[②] 而他们在阅读案例时,关注判决理由、法律适用是否与他们对法律的理解相符合,期待指导性案例"为法官裁判案

[①] 一位法官认为:案例的判例部分最重要,是灵魂,就是法律的补充,法官的造法。根据我们2007年8月23日、24日分别在昆明市中级人民法院和昆明市官渡区人民法院的调研所了解。

[②] 有法官指出:"我看案例主要是看它的切入点,这是闪光的地方;之所以寄予期望,是因为,在运用法理和逻辑时出现问题,每个法官都有不同,需要高质量的案例给法官一个引导、指向标。"根据我们2007年8月20日在成都市青羊区人民法院的调研所了解。

件方面提供思路和思考上的帮助"①。张千帆教授认为:先例判决的判决理由比判决结论更为重要,因为判决结论仅适用于特定案件,而判决理由却可以举一反三地适用于其他类似但不完全相同的案件。② 正因为如此,一些法官认为最高法院业务庭编的"审判与指导"丛书对审判工作(更)有针对性,因为这类"审判与指导"在为法官提供规则性帮助的同时,也满足了法官理解法律适用的论理的需要。③

案件事实是确定案件性质的基础。有时,对案件事实的查证十分困难。所以,指导性案例中关于证据采信、证据使用方法及事实认定的规则与原则的部分,为后来法官审理某些案件提供了一种参考思路,因而具有指导性。同时,待判案件的承办法官不仅需要这部分内容指导自己认定待判案件的事实,而且需要通过这部分内容向对疑难案件处理具有讨论、监督职责的审判委员会说明,取得他们的认可。④

先前案例的判决结果同样可能具有指导性,或许我们可以将此称为指导性案例中的结果主义。这往往是在涉及适用法律解决争议的过程中,出现了需要进行道德考量的情形,案件的判决结果及形成判决结果的过程可以给法官解决棘手案件以启发。⑤ 例如四川省成都市彭州法院审理的一起汽车事故保险案,儿子在修车过程中误把父亲轧死。父亲是否算汽车事故赔付中的第三人? 如果父亲算第三人,家属可以得到保险赔付;如果父亲不构成第三人,则亡者家属无法得到赔付,这与情理和道德不符。法院参考了国内和国外的四五个类似案例,这些类似案例对亲属

---

① 另一位法官说:"我看别人的案例,(是)学习别人对法律的理解、适用。在案情相似的情况下,回到案由上,看对判决的说理,以及怎么做到准确地适用法律条文。"根据我们2007年8月20日在成都市青羊区人民法院的调研所了解。
② 张千帆:《再论司法判例制度的性质、作用和过程》,载《河南社会科学》2004年第4期。
③ 根据我们2007年8月27日、28日分别在南京市中级人民法院和南京市白下区人民法院的调研所了解。
④ 四川省高级人民法院的一位女法官甚至认为有关对案件事实的认定、认定的规则与原则、如何运用法律经验认定有争议的案件事实,是判例的精华。根据我们2007年8月20日在四川省高级人民法院的调研所了解。
⑤ 根据我们2007年8月28日在南京市白下区人民法院的调研所了解。

也按照"第三人"给予了赔付。法院为了"防止道德风险",参考国内外案例,判决将亡者作为第三人,按照保险合同给予赔付。① 在知识产权案件中,由于判决结果对后案法官把握赔偿尺度具有一定的参考作用,所以它同样比较重要。②

有关填补法律空白、发展法理的判决结果及其说理也具有指导性。对法律没有规定的问题,指导性案例可以填补法律空白;或者虽然法律有规定,但是规定模糊,法官没有办法将这一法律规定适用于某些"非典型"的案件中。因此,这几种先前案例的判决结果对待判案件的法官就具有指导性或参考性。例如在一个有关自首认定的先前案件中,犯罪嫌疑人有自首意愿,但没有主动到公安机关投案,而是由家属带着公安人员到家里对其采取法律措施。对于这种情况,能否将犯罪嫌疑人的行为认定为自首?刑法典和现行的有关司法解释都没有规定。四川的法院认定为自首。四川省高级人民法院将上述案例编选进《案例指导》中。四川省高级人民法院的法官认为,"这种有关案件定性的案例,在法理方面是有发展的,对本辖区的法院和法官审理类似案件会起到一种指导作用"③。我们赞同这种观点。

如果我们同意判决书中存在着具有指导性的部分,那么我们如何确定、如何把握那些具有指导性的部分?

由于判决结果相对比较确定,不容易出现歧见,因此对判决结果的辨析不太成问题;容易出问题、因而需要研究的是,怎样界定指导性案例中法律说理的范围和具有指导性的对案件事实的认定。有法官就提出:判决中引用的案例,其(指导性)效力或既判力是及于判决书的主文(结论)中的事实呢,还是判决书中"经审理查明"的部分?抑或是判决书中已经认定的部分?说到事实,是对当事人诉辩双方提出的事实的一种尽量客观的描述吗?

---

① 根据我们 2007 年 8 月 22 日在成都市彭州区人民法院的调研所了解。
② 根据我们 2007 年 8 月 23 日在云南省高级人民法院法院的调研所了解。
③ 根据我们 2007 年 8 月 20 日在四川省高级人民法院的调研所了解。

这位法官认为,"本院认为"部分是对指导性案例中蕴涵的具有法律意义的事实的认定,但不同的法官对这部分有不同的叙述,叙述的角度、内容等都是不同的。① 一位高级法院的法官同样表达了对判决书中"本院认为"部分的重视:"基层法院在同样事实的基础上同样判决。(他们)引用(指导性案例中的)'本院认为'部分的观点。"②

辨析判例(或者指导性案例)中的法律观点、法律理由的过程也是对判例或指导性案例进行解释的过程。中国法官遇到的上述问题,民法法系国家的法律家也同样遇到。③ 德国法学家拉伦茨指出:"可能被视为'判例'的法院裁判,同样也需要解释。它们需要解释的程度,恐怕还高于法律。因为它们与案件事实紧密相关,因此,显现在裁判中的准则,其适用范围如何,能否适用于其他事例,将更滋疑义。"④对于如何确定判例的说理范围,拉伦茨认为,

> 解释法院裁判主要涉及:理解法院的思考过程,清楚地表达其中的思想并划定其界限,及区别支持裁判的主要理由与"装饰性的附件"。判决理由对于法院就该案件的裁判具有决定性的意义(只要它不是"旁论"),这样,解释裁判的目标只能是:探求法官实际上的意见。⑤

拉伦茨所论说的区别支持裁判的主要理由与"装饰性的附件"(或"旁论")的问题,在普通法系国家已经被研究、实践多年。在普通法系国家,法官使用区别技术以实现"遵循先例"的原则。其区别技术包括狭义的区别技术和广义的区别技术。其中广义的区别技术是指在判例中区别判决理由(大体相当于拉伦茨所说的"支持裁判的主要理由")与附随意

---

① 根据我们2007年8月27日在南京市中级人民法院的调研所了解。
② 根据我们2007年8月20日在四川省高级人民法院的调研所了解。
③ 日本存在事实上的判例制度,在日本的判决书中也存在着类似的两个部分。参见王亚新:《对抗与判定——日本民事诉讼的基本结构》,清华大学出版社2002年版,第321—322页。
④ 〔德〕卡尔·拉伦茨:《法学方法论》,陈爱娥译,商务印书馆2003年版,第232页。
⑤ 同上。

见(大体相当于拉伦茨所说的"装饰性的附件")的技术。在美国,法官只对争讼的事实作出处理。争讼的事实是与本案争议问题直接有关的案件事实。在一个判例中,法官对与本案直接有关的案件事实发表的法律意见是判决理由,对后来的法官审理类似案件具有约束力,而法官对与案件事实并非直接相关的问题所发表的意见则只是附带意见,不具有约束力。① 拉伦茨在其《法学方法论》中对确定判决主要理由的方法,提出了与普通法系法律家相类似的观点,他认为,法院在判决书中经常会表达超越裁判该案件所必要的法律见解。在此,后来的法官解释案例的任务即在于:将原本过宽的法律见解的表达限制在当时法院所意指较为狭窄的适用范围上,而法院的"意指"可以通过考察直接关联的案件事实得到。承办当前案件的法院经常会说明,先前的裁判对当下的裁判而言并非"判例",以致采取过宽的表达方式。②

目前中国的判决书中可能没有太多与其他国家判例中的判决理由和附随意见直接相对应的内容。但随着建立在社会经济不断发展基础之上的案情的日益复杂以及法官法律素养的日益提高,法官在判决书中表达比较多的法律见解,以至于需要对其主要的判决理由进行界定的情形,应当也会出现。

在当下需要我们作出区别的是:在指导性案例中,哪些部分是需要受到特别注意、具有指导性、不能忽略的? 哪些是可以忽略的? 我们以为,这涉及案件事实和法律说理两个要素。③

对案件事实的认定,应当是以案由为线索,以诉讼标的为核心,来确

---

① See, K. N. Llewellyn, *The Bramble Bush*, Ocena Publications, New York, 1960, pp. 42, 43, 45.
② 参见〔德〕卡尔·拉伦茨:《法学方法论》,陈爱娥译,商务印书馆2003年版,第232页。这种由后来法官确定判决理由的方法,与普通法系国家的判例法方法有很大的相似性。例如美国法学家列维就指出,"重要的是现任法官在试图将法律看成是一相当连贯的整体时,其所构想的具有决定性的事实的分类"。〔美〕艾德华·H. 列维:《法律推理引论》,庄重译,中国政法大学出版社2002年版,第5页。
③ 我们在这里说两个"要素",而不是两个"部分",意在表明事实与法律在一个案件中有时可以分开,有时无法分开。

定案件事实的范围。美国法学家卡尔·卢埃林在谈论美国判例法的方法时,讲到了在研究判例的事实时需要注意的两类问题:首先,什么是具有重要意义的事实(类别)以及它们对于法院的重要意义何在? 其次,当案情不那么一致时,什么样的事实或程序配置导致了法院措施的不同?①卢埃林的观点也许对我们研究中国的指导性案例的事实部分有所启发。一个案件的事实可以有很多,如果眉毛胡子一把抓,不仅抓不住要害,而且影响效率。确定、衡量案件事实在解决争议中所具有的法律意义,应当是我们确定案件事实范围的一个基本方法。

而对判决书中法律说理的范围的界定,同样需要通过具体案由,来寻找法官对诉讼标的的判决以及针对判决结论的法律观点、法律根据以及与之直接相关的说理。而这有赖于对判决书的文本分析。拉伦茨认为,判决书是了解法官意见的书面资料。对了解法官意见具有决定性的是字义及意义脉络。就字义而言,特别应注意法律的语言用法;意义脉络则包括待判的案件事实。还有,如果在说理的脉络中出现矛盾、漏洞,应当研究在可能的字义及意义脉络范围内,是否有一种足以排除矛盾并弥缝漏洞的解释存在。假使确有此种解释,而且也有其合理意义,则应依照此种方式来解释判决。因为,在有疑义时应假定:假使说理有瑕疵,法院仍然会努力作逻辑一致的思考,形成无漏洞的思想脉络。② 用卢埃林的话,就是用"某种目的把案件细节串联起来"。③ 我们以为,诉讼标的、争讼的关键问题或者对争讼关键问题的解决,就是可以把案件细节串联起来的红线。

判决书是对判决的正当性证明④,也是形成指导性案例的基础。不同层次的判决书风格可能各有不同,它们对事实认定和法律推理等方面的表

---

① See, K. N. Llewellyn, *The Bramble Bush*, Ocena Publications, New York, 1960, p. 49.
② 参见〔德〕卡尔·拉伦茨:《法学方法论》,陈爱娥译,商务印书馆2003年版,第232页。
③ K. N. Llewellyn, *The Bramble Bush*, Ocena Publications, New York, 1960, p. 40.
④ See, Ibid., pp. 37—38.

达也会各不相同。① 从发展指导性案例的角度看,判决书应当包含有关使判决得以作出的案件事实和法律推理的完整的陈述②;判决书中对事实认定与证据采信的陈述应当全面、公平;法律推理应当准确、清晰、完整。

当我们确定了指导性案例中具有指导性的部分以后,如何使用它们? 是否需要引用它们? 如果需要,原因何在? 指导性案例具有什么样的效力? 如何保证指导性案例的指导性作用的发挥? 指导性案例如果与司法解释不一致,应当适用哪个?

三、指导性案例的适用

(一) 指导性案例的使用与引用

我们在调研中发现,虽然许多法官在审判实践中使用指导性案例或参考性案例,但是,他们对指导性案例的使用具有任意性。全国法院系统目前对于在审判工作中是否使用与引用、如何使用与引用指导性案例并没有统一的规定,而是由法官自己决定。同时,法官对指导性案例的使用并不在判决书中体现出来,而是隐含在判决书中,或"外挂"于判决书,我们称之为对指导性案例的隐性使用。③ 实际上,几乎所有接受调研的法官都说,即使他们使用了指导性案例,一般也并不在判决书中引用、不在

---

① 我们感觉,中国有些法官的判决书的风格有点像意大利的法院判决。夏皮罗教授指出:在意大利,由于用学术方法研究法律的支配地位,也由于教授拥有比法官高得多的地位,法官会努力使他们的判决尽可能地类似于学术著作,审理中的案件的具体事实情况倾向于被一笔带过,在判决意见中一般也会忽略案件的特殊方面而强调案件具有普遍性的方面,以期作出一个 massina,也就是具有普遍性的法律建议(相当于我们后文要谈的"裁判要旨"),并尽可能地使其与学术著作和文章中提出的格言相类似。参见〔美〕马丁·夏皮罗:《法院:比较法上和政治学上的分析》,张生、李彤译,中国政法大学出版社2005年版,第204页。
② 就像法国法院的一审法庭判决一样。参见同上书,第201页。
③ 我们在南京市白下区人民法院调研了解时,一位基层法院的副院长指出,在实践中,指导性案例只是在形成判断的时候,作为支撑,不会作为理由;也无需向当事人或社会说明。目前使用指导性案例带有选择性。法官自由选择的权力比较大。案例指导仅仅是一种帮助。

判决书中说明。他们多数是在案件卷宗(如合议笔录)中写明,或者是在审理报告中写明其他案件对类似问题是如何裁判的。① 在这一点上,中国的情形与法国有些相似。在法国,法院把先例的结果吸收进承办法院自己的推理中,而不直接引用先例,而且这样使用的先例会在遇到类似案件时被再次使用。②

我们认为,如果法官在审判中使用了指导性案例,或者法官在审判中对当事人提出的先前案例没有予以采纳,都应当在判决书中说明。③ 在判决书中引用承办法官实际使用的指导性案例的意义至少有四点:其一,可以使当事人全面了解裁判者作出判决的真实理由,这既是司法公正与公平的需要,也是司法为民的需要;其二,在判决书中对实际使用的指导性案例加以引用和说明,可以保持人民法院在法律适用方面的一致性和连贯性,坚持法治原则;其三,这样可以增加裁判文书说理的力度,提高司法效率;其四,这样做有利于法官、检察官、律师和法学工作者整合司法资源,为以后的司法、立法工作积累很好的经验。

在中国的司法实践中,谁来决定是否使用指导性案例呢? 我们可以说是由待办案件的承办法官决定是否引用指导性案例。但是,承办法官在决定是否引用指导性案例时并不是完全自主的。在我国,法院的科层制结构对指导性案例的使用有着不可忽视的影响。

(二) 科层制、指导性案例的效力与指导性的保证

我们在这里使用"科层制结构"的概念,是受美国耶鲁大学法学院教

---

① 我们2007年8月21日在成都市中级人民法院调研了解时,一位法官说:对于当事人提交的案例,可以作为证据列明,但是我不好采用。我们针对他提出的陈述理由,在"本院认为"中加以回应、交代,进行实质交锋,案例的形式也会被隐去。这是对于现实的应对。因为假如我引用了上级案例,我的判决的正当性会受怀疑,我们是"据法裁判",而不是"据例裁判"。
② See, John P. Dawson, *The Oracles of the Law*, William S. Hein & Co., Inc. Buffalo, New York, 1986, p.407.
③ 最高人民法院和最高人民检察院联合编辑、法律出版社出版的《中国案例指导》丛书已经对于在判决书中引用指导性案例表达了明确的肯定意见。参见最高人民法院、最高人民检察院《中国案例指导》编辑委员会:《中国案例指导》(2005年第1辑·民事卷),法律出版社2005年版,第2页。

授米尔伊安·R.达玛什卡著作的启发。他按照一定的标准,把政府事务管理的体制分为科层式理想型和协作式理想型两种。这两种类型并不必然地与哪一个实际的政府体制相对应,而是该书作者为了有效地进行理论分析提出的。法国、德国的司法体系更接近科层式理想型,而英国、美国的司法体系更接近协作式理想型。达玛什卡教授认为科层式理想型的一个重要特点是严格的等级秩序,他指出:

> 每一上层的梯队都承担着更大的责任,也享有更大的权势。级别相同的官员是相互平等的,但是,当他们之间产生争议的时候,这些"同僚"(homologues)没有被授权通过协商和妥协来自行解决这些争议。他们必须把争议事项提交给共同的上级去处理。只有在这一权力金字塔的顶端(假定它不是由一个人占据的),意见分歧才不可避免地会通过协商来解决。①

对照上述分类,当代中国的司法体制更接近科层式理想型而不是协作式理想型。根据《中华人民共和国人民法院组织法》,最高人民法院监督地方各级人民法院和专门人民法院,上级人民法院监督下级人民法院的审判工作,最高人民法院对各级人民法院已经发生法律效力的判决和裁定,上级人民法院对下级人民法院已经发生法律效力的判决和裁定,如果发现确有错误,有权提审或者指令下级人民法院再审。② 各级人民法院院长对本院已经发生法律效力的判决和裁定,如果发现在认定事实上或者在适用法律上确有错误,必须提交审判委员会处理。在这样一种体制中,上级人民法院、本法院院长和审判委员会在包括指导性案例的使用

---

① 〔美〕米尔伊安·达玛什卡:《司法和国家权力的多种面孔——比较视野中的法律程序》,郑戈译,中国政法大学出版社2004年版,第29页。
② 一位高级人民法院的副院长和一位法官在他们的文章中对这种上下级的监督内容讲得更为具体:"上级人民法院对下级人民法院的监督,就是监督其在审理和判决案件时认定案件事实是否清楚,适用法律是否正确……人民法院是否正确地适用了法律,既包括在实体上是否正确适用了法律,也包括程序上是否正确适用了法律。"张弢、陈飞霞:《西方判例制度东移的必要性和可行性评析——案例指导制度构建的框架和对司法实践指导的方法》,载《西南政法大学学报》2007年第4期。

等许多方面拥有很大的权威和职责。我们调研了解到的情况是,在通常情况下承办法官自己决定是否引用指导性案例。但有时,下级法院的法官也会向省高级法院"请教"。① 不仅上级法院对是否引用指导性案例拥有发言权,同级法院的审判委员会对此也有相当的决定权。有的法官就认为:"是否参考、如何参考(指导性案例),应当由审判组织决定。独立思考,通过审判监督(决定)。"②我们可以看到,上级法院,本法院的领导者对指导性案例的使用是有相当影响的。这构成了当代中国大陆指导性案例的一个特色。

指导性案例是否具有规范性效力?对于这个问题,无论做肯定的回答还是否定的回答都不会完全令人满意。如果我们做肯定的回答,则尚缺乏足够的、相应的、明确的法律依据;如果我们做否定的回答,则会面临学者或者法官这样的诘问:"如果指导性案例对于司法实践而言是可以适用也可以不适用,即可有可无的话,那我们怎么指望它发挥指导性呢?"我们以为,在实践上,一些学者或法官的诘问可能不是一个非常严重的问题,因为,正如前文所说明的,上级法院尤其是最高人民法院在法律适用上享有很高的权威,只要最高人民法院和高级人民法院通过一定的、严格的程序确定、编选了指导性案例,它们在很大程度上是可以适用的。我们的这一看法是可以得到支持的。一位学者和一位法官在他们的文章中指出:"目前我国绝大多数下级法院和法官都有遵循上级法院判决的倾向,因为上级法院可以通过二审或者提审的方式,改变下级法院的判决。"③保证指导性案例被使用的动力可能不在于它们自身的约束力,而在于科层制内上级法院的权威、指导性案例体系的权威和指导性案例本身的说服力。

---

① 一位省高级法院的庭长告诉我们:一般来说,是法官自己来判断;如果他们不能确定,他们会找我们。也有这样的情况,即把不是指导性案例的案例拿来做指导性案例用。根据我们2007年8月20日在四川省高级人民法院的调研所了解。
② 根据我们2007年8月23日在昆明市中级人民法院的调研所了解。
③ 张晓永、孟凡平:《中国公益诉讼中的案例指导问题》,载《河北学刊》2007年第3期。

（三）指导性案例与司法解释的"同一论"与"交叉论"

这里其实有两个相互联系的问题：其一，指导性案例与司法解释是什么关系？其二，当一个特定的指导性案例与一个特定的司法解释发生矛盾的时候怎么办？①

我们可以先讨论指导性案例与司法解释的关系。我们以为一位法官对当代中国大陆案例指导的经验总结和定位，对解决指导性案例的定性以及指导性案例与司法解释的关系具有很大的启发意义，他指出：

> 案例指导作为上级法院指导下级法院审判工作的一种主要方式和重要手段，是对法院审判工作经验的成功总结，是法院长期坚持的工作方法；在民事审判和行政审判领域，要充分发挥案例指导制度解释法律的作用，最高人民法院对民事、行政审判的应用解释可以形成以成文的条文解释为主，以个案解释为补充的两条腿走路模式；发挥民事、行政案例裁判方法的指导功能；建立以审判为中心的案例指导工作模式。②

广州法官秦旺先生在总结了当代中国大陆司法解释的经验后，建议"通过指导性案例及时掌握需要司法解释的纠纷类型，指导性案例应成为司法解释来源的重要依据"③。他的这个观点与前一位法官的观点大体上是一致的。

我们在指导性案例与司法解释的关系上，主张两者的"交叉论"，即有些指导性案例同时是司法解释，但是并不一定所有指导性案例都是司法解释；成为指导性案例与成为司法解释的程序是有区别的；只有按照最高人民法院《关于司法解释工作的规定》发布程序发布的指导性案例，才

---

① 根据我们 2007 年 8 月 23 日在昆明市中级人民法院的调研所了解。
② 参见奚晓明：《建立以案例审理为中心的案例指导制度》，载《河北学刊》2007 年第 3 期。
③ 参见秦旺：《论我国案例指导制度的构建和适用方法》，载葛洪义主编：《法律方法与法律思维》第四辑，法律出版社 2007 年版，第 215 页。

同时是司法解释。那么,当一个特定的指导性案例与一个特定的司法解释发生矛盾时应当怎么办? 我们以为,从程序公正的角度讲,最高人民法院的司法解释的效力应当高于广义的指导性案例。因为,最高人民法院的司法解释的规范性效力是有明确的法律文件做依据的,例如 1981 年 6 月 10 日第五届全国人民代表大会常务委员会第十九次会议通过的《关于加强法律解释工作的决议》、1997 年 7 月 1 日最高人民法院发布的《关于司法解释工作的若干规定》以及于 2007 年 4 月 1 日将其取而代之的最高人民法院《关于司法解释工作的规定》;后两个法律文件都明确规定:司法解释施行后,人民法院作为裁判依据的,应当在司法文书中援引。指导性案例作为非正式意义上的法律渊源虽然具有合法性[①],但是却缺乏像最高法院有关司法解释的规定这样层次的法律文件做依据。这是一个需要我们正视、有待解决的问题,希望以后会有更为规范的方式解决此一问题。从目前的体制上看,一般来说,如果一个司法解释与一个没有经过司法解释程序转化的指导性案例发生矛盾,前者的效力应当优于后者。但是,对此不宜绝对化。在实践中有这样一种情况:某一司法解释由于发布时间太久不能适应新的形势,新的案例更为公正、更符合法律的精神和原则时,法官以新的指导性案例将旧的司法解释取而代之。[②] 在这种情况下,有必要通过一定程序维护新的指导性案例的权威性,而尽可能快地修改或废止旧的、过时的司法解释。

四、改善对指导性案例的选择

在中国和其他国家的司法实践中都存在数个案情相同或相似而结果

[①] 请参见张骐:《试论指导性案例的"指导性"》,载《法制与社会发展》2007 年第 6 期。
[②] 江苏省高级人民法院审判委员会办公室主任戚更生法官认为,这样的指导性案例"反映了人民群众共同的价值观",因此有效。根据我们 2007 年 8 月 27 日在江苏省高级人民法院调研所了解。

和说理却差别很大的指导性案例或先例的情况,法官在这种情况下面临着在不同的指导性案例或先例之间进行选择的问题。我们以为,同一种案情的不同先例的出现,是很难避免的事情。美国法学家卢埃林曾经指出:

> 先例学说具有双向性:对于同一个先例,一个学说因其有麻烦而要摆脱它,另一个学说则因其似乎有帮助而要利用它;先例既好又坏,这取决于法官个人的素质和能力。有经验的法官可以凭借手中的利器自如地运用先例,而没有经验的法官则处处受先例的限制。在后来的承办法院对其做清楚的认定之前,先例常常是模糊的。律师或法官需要对先例的权威提供有说服力的证明。①

在普通法系国家,尤其是在美国,虽然存在着遵循先例的原则,但是并非对任何先例都一定遵循。法律家们发展出了十分精致的漠视先例、推翻先例、规避先例的方法。简单说来,法院如果发现某个判例在根本上有缺陷,就可以漠视之;作出判决的法院或者它们的上级法院可以以高度实质性理由推翻先例。② 卢埃林曾经详细考察、分析了美国法官各种遵循先例和规避先例的方法和技巧,例如通过明确地缩小先例的范围的方法规避"已判决"。③ 这些方法使得美国的法官可以在众多先例面前进行较为合意的选择(并不总是公正和妥当的选择)。

我们以为,从最基本的方面讲,在指导性案例选择上,应当本着公正、公平的原则,选择更符合法律本意、仅与争讼问题有关的案例。同时,适用指导性案例的方法需要考虑对适用指导性案例的正当性证明。这种正当性证明并不存在一个"包打天下"的法宝。它涉及逻辑、规则、政策、利

---

① See, K. N. Llewellyn, *The Bramble Bush*, Ocena Publications, New York, 1960, pp. 68—69.
② 比如:过时、先前判例推理有缺陷、先前的法庭对先例的理解有误或不符合新的道德观和社会意识;法官还可以使用"识别"技术来规避先例。参见〔英〕P. S. 阿蒂亚、〔美〕R. S. 萨默斯:《英美法中的形式与实质——法律推理、法律理论和法律制度的比较研究》,金敏、陈林林、王笑红译,中国政法大学出版社 2005 年版,第 100—103 页。
③ 参见〔美〕卡尔·卢埃林:《普通法传统》,陈绪纲、史大晓、仝宗锦译,中国政法大学出版社 2002 年版,第 89—102 页。

益衡量、价值判断、制定法及实践等广泛的领域。用刘作翔教授和徐景和博士的话说,它涉及情势权衡的技术,包括"政策权衡、价值权衡、利益权衡、功能权衡等"①。对法律家个体来说,这是一个不断积累经验、提高能力的过程;对当代中国法律共同体来说,则是一个不断积累经验、增加共识的过程。

---

① 刘作翔、徐景和:《案例指导制度中的案例适用问题》,载《湘潭大学学报(哲学社会科学版)》2008年第2期。

第九章 指导性案例中裁判要点的撰写

一、导言

  2010年11月26日，最高人民法院发布《关于案例指导工作的规定》（以下简称"规定"），初步确定了规制我国案例指导制度的规范。2011年12月20日，最高人民法院依据"规定"发布了第一批指导性案例。① 从第一批指导性案例的形式及内容来看，"裁判要点"已经无可争议地成为其中的必要部分。② 这一点也被最高人民法院于2015年6月2日颁布的《〈最高人民法院关于案例指导工作的规定〉实施细则》第3条的规定所明确。③ 该"细则"第10条还规定："各级人民法院审理类似案件参照指导性案例的，应当将指导性案例作为裁判理由引述，但不作为裁判依据引用。"可以说，裁判要点的撰写质量是有效发挥指导性案例指导作用的基础。本章旨在对裁判要点撰写的方式以及对裁判要点撰写质量的评价提出一些具有一定可操作性的标准。

---

① 最高人民法院以通知的形式陆续发布指导性案例，发布第一批指导性案例的通知文号为"法发（2011）354号"。
② 最高人民法院发布的第一批指导性案例中每个具体的案例实际均由如下几个部分组成：（1）案例号；（2）案件名称；（3）审核及发布机关、发布时间；（4）关键词；（5）裁判要点；（6）相关法条；（7）基本案情；（8）裁判结果；（9）裁判理由。
③ 该条规定："指导性案例由标题、关键词、裁判要点、相关法条、基本案情、裁判结果、裁判理由以及包括生效裁判审判人员姓名的附注组成。"详见《〈最高人民法院关于案例指导工作的规定〉实施细则》，法发（2015）130号。

"裁判要点",在以往学者的研究中又被称为"判决要旨""裁判要旨""裁判摘要"等①。在案例前面撰写裁判要旨之类的文字,是许多具有判例或先例制度国家的共同实践。② 我国有学者认为,"裁判要旨的归纳和总结是案例编写中的重点和难点"③。因此,"如何撰写裁判要点",既是案例指导制度构建中的一个重要问题,也是案例指导制度发展中的一个困难问题。这种困难,一方面与撰写者的认知、智识与选择有关,另一方面,与司法裁判本身也有一定关系。本章力图分析探讨如何规范实践中的裁判要点撰写工作,对撰写裁判要点提供理论上的说明。

在研究方式与思路方面,目前学界对裁判要点的讨论可以分为三类:第一,作为在对判例法或先例制度进行比较研究时所附带讨论的问题——比如薛军撰写的《意大利的判例制度》和解亘撰写的《日本的判例制度》④等。第二,作为对案例指导制度的构建进行讨论时所附带讨论的问题——比如张骐在讨论指导性案例中何者具有指导性的问题时,结合指导性案例的适用,将裁判要旨与判决书并行讨论⑤;侯猛在讨论法律引证制度时将裁判摘要与之结合分析⑥。第三,对裁判要点做专门讨论。⑦

在研究的内容方面,对于撰写裁判要点的研究涉及以下几个方面:第一,裁判要点用语的特点。张骐认为,"裁判要旨应当具有规范性,即裁判要旨要用专业化、规范化的语言进行表述"⑧。于同志认为,裁判要点的语言要"严谨、规范、精当",符合"立法语言的规格要求"⑨。郎桂梅认为,

---

① 本书第七章用"裁判要旨"表示。
② 〔德〕K. 茨威格特、H. 克茨:《比较法总论》,潘汉典、米健、高鸿钧、贺卫方译,法律出版社2003年版,第385页。
③ 郎桂梅:《论指导性案例的编写》,载《人民法院报》2009年1月6日第5版。
④ 两篇文章均载于《华东政法大学学报》2009年第1期。
⑤ 张骐:《指导性案例中具有指导性部分的确定与适用》,载《法学》2008年第10期。
⑥ 侯猛:《法律引证的制度意义》,载《社会科学研究》2008年第2期。
⑦ 比如刘风景:《裁判摘要的原理与制作》,载陈金钊、谢晖主编:《法律方法》(第8卷),山东人民出版社2009年版,第167—181页;郎桂梅:《论裁判要旨的性质、分类和编写》,载《人民法院报》2008年7月23日(第005版);宋晓:《裁判摘要的性质追问》,载《法学》2010年第2期。
⑧ 张骐:《指导性案例中具有指导性部分的确定与适用》,载《法学》2008年第10期。
⑨ 于同志:《谈裁判规则的归纳与生成》,载《人民法院报》2008年5月14日第5版。

要"尽量使用法律法规、司法解释中通行的概念和表达"①。第二,裁判要点内容的含义。张骐认为,"裁判要旨是……对指导性案例中所蕴含的裁判规则的概括、归纳和总结"②。郎桂梅认为,"裁判要旨一般体现为对案件裁判规则的归纳"③。《人民法院案例指导规范意见专家建议稿(修改第一稿)》第21条的规定亦将裁判要旨等同于"裁判规则":"(二)'裁判要旨'为根据案例的法律争议焦点或案例体现的法律问题归纳出的裁判规则,既可以是实体法规则也可以是程序法规则。"④第三,裁判要点的抽象程度。因将裁判要点视为某种"规则"性的东西,所以,"裁判要旨要有抽象性"⑤。蒋惠岭认为:"其抽象性程度只能比案情的具体化程度高一个层次。"⑥郎桂梅也认为:"对裁判要旨的概括归纳既不能扩大,也不能缩小,既不能过于抽象,也不能过于具体,要恰到好处,避免产生歧义,避免不必要的重复。"⑦

应该说,目前学者们对裁判要点的研究确实取得了一定的成绩,但仍有一些需要注意的问题。从宏观角度看有以下两点:第一,需要注意比较法研究的局限性。"比较法的确是一种强有力的武器,但同时也是一种极其危险的武器。"⑧法律借鉴并非简单的拿来主义,"如果不经过某种本土化的过程,它便不可能轻易地从一种文化移植到另一种文化"⑨。因此对裁判要点的讨论,虽不能忽视对国外相关成熟制度的考察,但更不能忽视我国本土的制度环境。第二,我国目前对指导性案例裁判要点的研究仍

---

① 郎桂梅:《论裁判要旨的性质、分类和编写》,载《人民法院报》2008年7月23日第5版。
② 张骐:《指导性案例中具有指导性部分的确定与适用》,载《法学》2008年第10期。
③ 郎桂梅:《论裁判要旨的性质、分类和编写》,载《人民法院报》2008年7月23日第5版。
④ 该专家建议稿参见《中国法律》2009年第3期。
⑤ 张骐:《指导性案例中具有指导性部分的确定与适用》,载《法学》2008年第10期。
⑥ 蒋惠岭:《认真对待作为"动态法典"的案例》,载《人民法院报》2005年8月1日(第B001版)。蒋惠岭是在论述裁判规则归纳的要求时论及这一点,另外两个要求分别是:第一,不能重复法律规范的内容;第二,归纳的裁判规则必须有法律依据。
⑦ 郎桂梅:《论裁判要旨的性质、分类和编写》,载《人民法院报》2008年7月23日第5版。
⑧ 〔德〕伯恩哈德·格罗斯菲尔德:《比较法的力量与弱点》,孙世彦、姚建宗译,清华大学出版社2002年版,第66页。
⑨ 〔美〕格伦顿、戈登、奥萨魁:《比较法律传统》,米健、贺卫方、高鸿钧译,中国政法大学出版社1993年版,第7页。

相对薄弱。现有研究多是在讨论其他问题时附带提及裁判要点,这实际是将裁判要点作为解决某种特定问题的工具,因此容易使希望实现不同目标的人对裁判要点的意义作出完全不同的解读。从微观角度看,研究者虽然对于裁判要点的用语特点及内容含义的认识相对一致,但是对裁判要点的"抽象程度"的认识还有比较大的分歧。应当看到,裁判要点的结构一般是事实与法效果结合的规范性命题。法效果作为司法赋予特定案件事实的法律后果,理应明晰——比如合同是有效还是无效,行为是否构成违约、侵权或是否构成犯罪等。所以,抽象程度的问题主要涉及事实部分该如何归纳的问题。很多人提出类似于"兼顾抽象与具体"的观点,但这种折中观点并没有说明"应当如何兼顾抽象与具体"。其既不能指导"如何撰写"裁判要点,亦无益于评价既有的裁判要点的撰写是否适当。

随着第一批指导性案例的公布,对"如何撰写裁判要点"的研究与回答开始具有重要的实践意义。如何把握裁判要点归纳中的"具体/抽象"程度是这里的关键问题。刘风景指出:"裁判摘要与判例之间是一种若即若离的关系,裁判摘要的好坏就取决于它与判例的离合关系。"①这里的"离合"问题实际就是有关"抽象/具体"的选择问题。对裁判要点的撰写如果过于抽象,可能会不适当地扩大其效力的适用范围;如果过于具体,则可能会不适当地限制其对后案裁判的指导作用。因此裁判要点也面临着一般性与特殊性之间的两难选择:"过于概括,则不真实;过于具体,则无用。"②

本章在研究方法方面,将兼顾"观察者"与"参与者"的双重视角。裁判要点的母体是司法裁判。但撰写者与裁判者并非同一主体,前者实际上是司法裁判的"观察者",其对裁判要点的正当性说明实际是对司法裁判行为作出某种"正当解释"。解释的任务在于"把他者的语境解释包容

---

① 刘风景:《裁判摘要的原理与制作》,载陈金钊、谢晖主编:《法律方法》(第 8 卷),山东人民出版社 2009 年版,第 171 页。
② 金自宁:《公法/私法二元区分的反思》,北京大学出版社 2007 年版,第 35 页。

到自己的语境解释当中"①。进行解释活动的观察者的身份有双重性：首先，作为"第三人称"的角色其具有自己的意图以及认知；其次，意义"只能从内部得到解释"，因此，为理解该意义，观察者自身也必须"参与沟通过程"，成为"第一人称"的参与者，"根据他和直接参与者共同拥有的基础，来判断他所面对的共识与异议、有效性要求与有力的理由"。② 因此，兼顾"观察者"与"参与者"的双重视角可以更好地撰写裁判要点。

此外，还应将裁判要点的撰写过程同法律系统内部的其他操作区分开来。"为了能够说明某事物，必须能够先把它区分出来。"③ 裁判要点的产生过程包括如下几步：第一步，有效司法裁判的产生；第二步，案例进入遴选的程序并由于其本身的特质在案例间的竞争中胜出、成为待送审的案例；第三步，由专门机关对该指导性案例的裁判要点进行概括；最后，由专门机关进行讨论、审核，并发布。而裁判要点的撰写与修改并非完全独立的一个过程，既可以在第三步，也可以在第四步进行。如图所示：

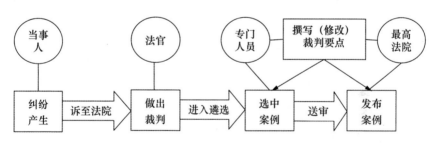

图 9.1 裁判要点产生过程示意图

在此，裁判要点的形成实际上与两个过程有关：第一，司法裁判的生产过程；第二，其他主体对指导性案例及裁判要点的确定过程。与此对应，对裁判要点的正当性证明，就包括两个方面：第一，对司法裁判的正当性证明；第二，对赋予特定司法裁判指导性这一过程的正当性证明。

---

① 〔德〕尤尔根·哈贝马斯：《交往行为理论》（第一卷），曹卫东译，人民出版社 2004 年版，第 100—101 页。
② 同上书，第 112、114、116 页。
③ 〔德〕尼古拉斯·卢曼：《社会的法律》，郑伊倩译，人民出版社 2009 年版，第 10 页。

通过对上述两个过程的研究,我们总结出了规范裁判要点撰写的八条规则,然后从整体的角度将其整合成四类规则,分别是"基本规则""涉及法律解释方法的规则""规范裁判要点具体内容的规则"与"限制性规则"。相对于此前学界提出的类似于"兼顾抽象与具体"的标准,这四类规则更具有可操作性,可以更有效地指导裁判要点撰写工作,同时,它们具有更高程度的可识别性,可以用来对已发布的裁判要点的撰写质量进行评价。

本章使用如下字母表示有关内容:

F(大写):案件事实

A(大、小写):合同条款

Q(大写):法律诉求

T(大、小写):大前提

P(小写):小前提

q(小写):推理结果

Y(大写):演绎推理步骤

C(大写):裁判要点

本章的案例素材为指导性案例1号。我们首先研究的问题是:既有的司法裁判采用何种方法对判决结果进行论证?其是否已经满足正当性证明的需要?其能否为裁判要点的撰写提供启发?指导性案例1号的基本案件事实可以被概括如下[①]:

F_1——原产权人李某某到多家房屋中介公司挂牌销售该涉案房屋

F_2——某房地产经纪公司是李某某挂牌销售的中介公司之一

F_3——某房地产顾问公司是李某某挂牌销售的另一家中介公司

F_4——中原公司也是李某某挂牌销售的中介公司之一

F_5——11月22日某房地产经纪公司带陶德华验看将要买受的标

---

① 有关该案例的详细内容参见《关于发布第一批指导性案例的通知》,法发(2011)354号。

的物

F_6——11月23日某房地产顾问公司带陶德华之妻曹某某验看同一标的物

F_6'——某房地产顾问公司报价为145万元

F_7——11月27日中原公司带陶德华验看将要买受的同一标的物

F_7'——中原公司报价为165万元

F_8——11月27日中原公司与陶德华签订《房地产求购确认书》,该确认书规定以下条款:

A_1——陶德华在验看过该房地产后6个月内,陶德华或其委托人、代理人、代表人、承办人等与陶德华有关联的人,利用中原公司提供的信息、机会等条件但未通过中原公司而与第三方达成买卖交易的,陶德华应按照与出卖方就该房地产买卖达成的实际成交价的1%,向中原公司支付违约金。

F_9——11月30日,陶德华在某房地产顾问公司的居间下签订房屋买卖合同

F_9'——陶德华与李某某交易价格为138万元

F_9''——陶德华按照合同约定支付给某房地产顾问公司佣金1.38万元

F_{10}——陶德华与李某某办理过户手续,陶德华取得房屋所有权

Q——中原公司提出诉求:陶德华违反 A_1 约定,构成违约,要求陶德华支付违约金1.65万元。

原告诉求的请求权基础为双方签订的合同。[①] 本案的法律争点是:第一,作为格式条款的 A_1 是否有效? 第二,被告是否违约?

---

① 关于契约上的请求权的相关理论,请参见王泽鉴:《民法思维——请求权基础理论体系》,北京大学出版社2009年版,第61—92页。

通过"发现法律"①，很容易明确：判断格式条款效力的法律依据为我国《合同法》第 40 条。该条规定：对于具有《合同法》第 52 条、第 53 条规定情形，或者提供格式条款一方免除其责任，加重对方责任，排除对方主要权利的，该条款无效。就本案而言，A_1 显然不符合第 52 条、第 53 条所规定的情形。② 但该约定却是提供格式条款一方对相对方的权利——就同一标的物选择其他进行居间活动相对方的权利——的限制。问题就进一步转化为：该限制是否属于"免除格式条款提供方责任、加重对方责任、排除对方主要权利"的情形？

该法条规定的第三种情形可以变更为如下的表述：T_1——"如果提供格式条款一方在格式条款中免除己方责任、加重对方责任或排除对方主要权利，那么，该格式条款无效"。可以很清晰地看到，该法条"将规范构成要件陈述的实际事件与法适用范围内的法效果结合"，属于"完全法条"。③ 在此构成要件中，"免责"作为一种"概念"，可以直接进行判断；而"加重"与"主要"两个关键性的语词则属于"类型"，对案件事实是否符合该类型的问题无法以"全有或全无"的方式予以"判断"，而只能是一种"多还是少"的"评价"。④ 即无法在 A_1 与 T_1 之间进行直接的涵摄的操作，出现了"抽象的规范"与"具体的事实"之间沟通的困难——"在(针对特定事实而拟定的)规整与(大多数被规定的)案件事实的流动性之间不可避免的分歧"⑤。

---

① "法律发现"是法学方法理论中的一个重要问题，学者对此多有争论。我们在这里采用陈金钊所说的"狭义的法律发现"，即发现"未经加工的法律"。有关"狭义的法律发现"与"广义的法律发现"以及有关"法律发现"理论争议的讨论，请参见陈金钊主编：《法律方法论》，中国政法大学出版社 2007 年版，第 85—90，97—110 页。
② 我国《合同法》第 52 条规定："有下列情形之一的，合同无效：(一) 一方以欺诈、胁迫的手段订立合同，损害国家利益；(二) 恶意串通，损害国家、集体或第三人的利益；(三) 以合法形式掩盖非法目的；(四) 损害社会公共利益；(五) 违反法律、行政法规的强制性规定。"第 53 条规定："合同中的下列免责条款无效：(一) 造成对方人身伤害的；(二) 因故意或重大过失造成对方财产损失的。"
③ 〔德〕卡尔·拉伦茨：《法学方法论》，陈爱娥译，商务印书馆 2005 年版，第 134 条。
④ 关于"概念"与"类型"在规范适用过程中的问题，请参见同上书，第 94—108 页。
⑤ 同上书，第 149 页。拉伦茨认为，这是法律适用的第一个困难，第二个困难是有关"语言"本身的问题。

图 9.2 事实与规范关系示意图

为克服这种分歧,有"事实的抽象化"①与"规范的具体化"②这两种可供选择的路径。

该案生效判决的裁判理由认为,A_1 的"本意","是为防止买方利用中介公司提供的房源信息却'跳'过中介公司购买房屋,从而使中介公司无法得到应得的佣金,该约定并不存在免除一方责任、加重对方责任、排除对方主要权利的情形,应认定有效"③。判决在这个问题上选择的路径是对 A_1 的抽象化,即对 A_1 条款的目的进行了"合理性"的说明,进而得出判断:出于这种目的合理性,其对被告权利的限制是必要的、正当的,因此,该条款有效。

我们以为,对上述裁判路径还有继续讨论的必要。条款的善意目的只是一方面,另一方面,是当事人对交易对象的自由选择权。在签订《房地产求购确认书》的时候,该标的物的交易并未实际进行。该约定为何可以限制当事人通过其他途径交易该标的物?当事人对其他交易对象的选择权是否属于"主要权利"?裁判理由只是从"约定的善意目的"这一个方面给出了说明,却回避了"交易自由"的问题,说理并不充分。而该指导性案例中的"裁判要点"干脆没有交代任何理由:"房屋买卖居间合同中关于禁止买方利用中介公司提供的房源信息却绕开该中介公司与卖方签订房屋买卖合同的约定合法有效。"④即在本案例中,裁判理由与裁判

---

① 关于两种路径的论述,请参见张青波:《裁判中抽象与具体之难题及其解决路径》,中国政法大学 2004 年法学硕士学位论文,正文部分第 4—6 页。
② "规范抽象化"的理论首先由米勒提出,请参见[德]乌尔里希·施罗特:《哲学诠释学与法律诠释学》,载[德]阿图尔·考夫曼、温弗里德·哈斯默尔主编:《当代法哲学和法律理论导论》,郑永流译,法律出版社 2002 年版,第 383—386 页。
③ 《关于发布第一批指导性案例的通知》,法发(2011)354 号。
④ 同上。

要点所体现的内容均没有很好地完成对裁判结论的正当性证明。因此只能返回案例本身去考察"应当如何证明"。

二、司法裁判的正当性证明

(一) 诠释学的视角

1. 法学中理解的实质

适用法律必然涉及对立法语言(法律规范)的理解。① 我们一旦开始对法律语言或者法律文本进行理解,就会发现诠释学是很有帮助的。诠释学对于法学的作用在于"使法律具体化"②。

首先,"解释一向奠基在一种先行具有之中"③。这种"先行具有"是我们通常所说的前理解、前见等。"实际上前见就是一种判断,它是在一切对于事情具有决定性作用的要素被最后考察之前被给予的。"④法律适用中的前理解,与所谓"司法经验""法感"等同义。⑤ 拉伦茨认为,法感"是一种内在心理过程的通知",以法感为基础的评价,"只有对感觉者而言是可靠的,对与之并无同感之人,则否"。因此,法感"至多是认识程序开始的因素"⑥。然后,"谁试图去理解,谁就面临了那种并不是由事情本

---

① 这是法律适用的另一个主要困难:"来自语言这种表达手段的性质",请参见〔德〕卡尔·拉伦茨:《法学方法论》,陈爱娥译,商务印书馆2005年版,第149页。
② 〔德〕汉斯—格奥尔格·伽达默尔:《真理与方法——哲学诠释学的基本特征》(修订本),洪汉鼎译,商务印书馆2010年版,第61页。
③ 〔德〕海德格尔:《存在与时间》,陈嘉映、王庆杰译,生活·读书·新知三联书店1999年版,第175页。
④ 〔德〕汉斯—格奥尔格·伽达默尔:《真理与方法——哲学诠释学的基本特征》(修订本),洪汉鼎译,商务印书馆2010年版,第383—384页。
⑤ 胡学军、涂书田:《司法裁判中的隐性知识论纲》,载《现代法学》2010年第5期。
⑥ 〔德〕卡尔·拉伦茨:《法学方法论》,陈爱娥译,商务印书馆2005年版,第4—5页。

身而来的前见解的干扰"①。这里的"干扰"是中性词。"'前见'其实并不意味着一种错误的判断。它的概念包含它可以具有肯定的和否定的价值。"②拉伦茨也提醒，要区分作为"努力获得事物知识时必须排除的障碍"的"负面意义"的先入之见与作为"使事物理解成为可能的(积极)条件"的"正面意义"的先入之见。③ 伽达默尔认为，对待前理解的正确态度是需要"对他人和文本的见解保持开放的态度"，最终达到这样一种程度："使得文本可以表现自身在其另一种存在中，并因此而有可能去肯定它实际的真理以反对我们自己的前见解。"④但仅有该"态度"并不保证能对前理解的"好""坏"作出区分，其"必须在理解过程本身中产生"⑤。拉伦茨也认为应该让法官"一再进入理解程序中"，透过"程序"来解决这个问题。⑥

因此，理解程序开始的时候，占据当事人或法官脑海的有关事实、法律以及两者关系的认知可能并非完全是经过严密推理的结论，其或多或少会受到前理解的影响。这种认知引导主体产生一种"意义期待"。这种期待是拉伦茨所谓的"理解程序的开端"⑦，并且这种期待是普遍的。⑧ 埃塞尔认为前理解不仅可以促成意义期待，还可以促成法官关于"正当性的确信"。拉伦茨批评埃塞尔的看法以及由此所带来的"事后的一致性审查"程序体现了"严重的法官自负"。⑨ 因为，这种未经思考的"正当性确信"实际反映的是一种普遍存在的现象：主体对自己的智识会或多或少

---

① 〔德〕汉斯—格奥尔格·伽达默尔：《真理与方法——哲学诠释学的基本特征》(修订本)，洪汉鼎译，商务印书馆2010年版，第379页。
② 同上书，第384页。
③ 〔德〕卡尔·拉伦茨：《法学方法论》，陈爱娥译，商务印书馆2005年版，第91页。
④ 〔德〕汉斯—格奥尔格·伽达默尔：《真理与方法——哲学诠释学的基本特征》(修订本)，洪汉鼎译，商务印书馆2010年版，第381—382页。
⑤ 同上书，第418页。
⑥ 〔德〕卡尔·拉伦茨：《法学方法论》，陈爱娥译，商务印书馆2005年版，第91页。
⑦ 同上书，第88页。
⑧ 伽达默尔认为："面对任何文本，我们就生活于一种直接的意义期待之中"。请参见〔德〕汉斯—格奥尔格·伽达默尔：《真理与方法——哲学诠释学的基本特征》(修订本)，洪汉鼎译，商务印书馆2010年版，第463页。
⑨ 〔德〕卡尔·拉伦茨：《法学方法论》，陈爱娥译，商务印书馆2005年版，第90页。

存在自信。但无论这种自信的程度如何,其将势必造成该主体对其认知的"反思性"的不同程度的减损,不利于及时发现并纠正相关的错误。

另外,"前见的参与已经决定了其见解的各异"①。因此,在司法过程中的理解的开始阶段,如果没有外来因素的"干扰",原告、被告及法官对案件的认识,都是"自说自话"。

司法中的理解以上述形式开始。而司法的一个特点在于,它将不同主体的认知碰撞作为必要的程序(质证、辩论程序)来进行。这种碰撞会使得不同的理解之间产生一定范围的"视域融合"。"视域概念本质上就属于处境概念。视域就是看视的区域,这个区域囊括和包容了从某个立足点出发所能看到的一切。"②我们在这里使用的"视域"指的是主体的视域:不同的主体由自己的认识出发,看见了特定的东西,这些东西有的一致,有的不一致。这些不一致体现了主体的认识之间的"紧张关系"。司法程序强制各方主体将自己的视域呈现出来,不是"掩盖"、而是"暴露"这种"紧张关系",并通过多种手段消除这种"紧张关系",促成最终的"视域融合"。③

在实践中,这种完美的一致(视域完全融合)很难达成。司法活动的另一个特点是在"说理"的基础上追求这种一致。司法程序要求不同主体或者对各自的主张进行正当性证明,或者否定对方的正当性证明。尽管无法从根本上消除不一致,但司法过程会尽量采用各种手段来正当化部分"视域",并将其纳入一致认可的范围内。因此,评价某个司法裁判的品质,在某种程度上就是考察:在司法过程中,其获得的一致("视域融合")部分的正当性如何。

如图所示:

---

① 谢晖:《法律意义的追问——诠释学视野中的法哲学》,商务印书馆2003年版,第13页。
② 〔德〕汉斯—格奥尔格·伽达默尔:《真理与方法——哲学诠释学的基本特征》(修订本),洪汉鼎译,商务印书馆2010年版,第427—428页。
③ 本部分内容参考伽达默尔关于在效果历史意义下历史视域融合的内容,详见同上书,第424—434页。

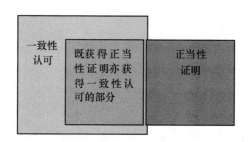

图9.3 一致性认可与正当性证明的关系示意图

因此,理想的司法裁判应该是对"被正当化的一致性"的内容——视域融合的内容与经过正当性证明的内容的重合部分——作出法律上的评价。与此对应,裁判要点所应该做的,就是尽量揭示这种"被正当化的一致性"。

如果对某司法裁判表示怀疑,怀疑的路径可以有两种:第一,司法裁判中所获得的"一致"是虚假的[①];第二,司法裁判所获得的一致没有经过充分的正当性证明。这两种怀疑路径同样适用于裁判要点。

在指导性案例 1 中,面对 A_1 是否有效的问题,裁判要点的回答很简单:"有效",没有说明理由。我们可能会怀疑:有关 A_1 效力的认定,究竟是法官经过"正当性证明"得出的,还是法官的一种"前理解"的认定呢?当看到裁判理由时,我们才发现,法院对 A_1 进行了"目的论"解释,其效力的认定是推理的结果。也就是说,推理理由并未在裁判要点中出现。

如果上述结论在"一致性"方面认同程度很高,达到不需要说明理由的程度——即这种"一致性"的认识成为各主体心中普遍存在的"前理解"的内容,那么,在裁判要点中说明该理由,就会显得繁琐(具体)而没有必要,直接告知结论(抽象)即可。从这个角度看,裁判要点概括得抽象还是具体的问题与一致性认可的程度之间存在密切的联系。所以,可以得出以下规则:

---

① 该情况包括:第一,当事主体智识的缺乏,别人说什么就信什么,随意改变自己理解的内容;第二,一方采取强力,通过"压制"而使其他主体屈服。

【规则一】对于一致性认可程度高的结论,裁判要点没有必要指出证明该结论的理由。

相反,面对比较有争议的结论,假如忽略对"理由"的表述则很容易受到前述怀疑的攻击。在指导性案例 1 中,最高法院的做法是将结论与理由在"裁判要点"与"裁判理由"两个部分分别表述。我们认为,在指导性案例的数量较少的时候,我们可以有足够的时间检索、阅读整个案例,但是,当案例数量比较多的时候,恐怕更多的人只是关注裁判要点。这种结论与理由分离的做法易于引起两种误解:或者将未交待理由的结论误以为是没有争议的结论,或者以与既有裁判不同的推理方式认识结论。这样会使裁判者再次返回案例之中,进行二次检索。在这种情况下,裁判要点的抽象化归纳会造成操作过程的复杂化。因此,我们得出下列规则:

【规则二】对于一致性认可程度较低的结论,裁判要点需要指出证明该结论的理由。

2. 法学中理解的方法

除了前理解的影响之外,适用法律时对法律规范理解的困难还在于:当我们考察特定法规范对特定案件是否适用时,规范文字往往变得有疑义。其中一个原因是,"法律经常利用的日常用语","它并不是外延明确的概念,毋宁是多少具有弹性的表达方式",其"可能意义在一定的波段宽度之间摇摆不定,端视该当的情况、指涉的事物、言说的脉络,在句中的位置以及用语的强调,而可能有不同的意涵",而"即使是较为明确的概念,仍然经常包含一些本身欠缺明确界限的要素"[1]。另一个原因在于,有时"针对同一案件事实,有两个法条赋予彼此排斥的法效果"[2]。而对文字的"释疑""不是以一种'直线'单向的方式在进行,毋宁是以对向交流的步骤来开展,开展程序则以各步骤的相互解明为目标。"[3]这种"对向交流"发生在"法规范的构成要件"与"案件事实"之间。正是通过这种

---

[1] 〔德〕卡尔·拉伦茨:《法学方法论》,陈爱娥译,商务印书馆 2005 年版,第 193 页。
[2] 同上书,第 193—194 页。
[3] 同上书,第 87—88 页。

"对向交流",使得具有法律意义的案件事实得以形成,同时使得法规范的精确含义得以确定,进而完成对案件事实赋予法律效果的工作。上述工作需要法学方法。

面对法律文本,我们需要看到:第一,立法语言具有局限性,无论立法者如何努力,也不可能从源头上消除立法语言在语义上不同程度的模糊性。其次,法律文本对司法产生的约束与其所使用的语言的字义有关。"文字的解释都始于字义。"[①]立法语言越精致,字义范围越确定,其约束力就越强;若其越模糊,字义范围越宽泛,其约束力就越弱。但是,"当制定法的含义可疑或含混之际,它并不因为确定其含义的权力被赋予了法院就不再是法律了"[②]。一般用语字义范围的宽泛使得确定当下案件发生时适用何者成为必要,因此,法律解释就成为必然。通常针对上述情形所使用的方法包括字义解释、历史解释、目的解释等以释明规范的文字含义为核心目的的解释方法。

在复杂案件中,如果裁判要点仅揭示作为结论的法效果而不说明所采取的具体的解释方法,有可能引起争议。因此,需要重视多样化的解释方法与不同主体的前理解的关系。不同的解释方法,作为"分析理论","将文本意义与主体间的理解割裂开来",而诠释学理论告诉我们,解释"使文本纳入到一个主体间建构'正确的'判断的过程之中"。[③] 在具体案件的裁判中,法官需要考虑当事人与自己在"前理解"上的一致程度:假如大家对某法律条文的意义在"不假思索"的理解层面上的认知非常一致的话,当然无需解释;假如差距较大,理应明确所运用的法律解释的方法。最高法院归纳裁判要点,也要注意考察这种"主体间"的理解差异。总之,法律解释的方法是为正当性证明服务的,是否有必要在裁判要点中

[①] 〔德〕卡尔·拉伦茨:《法学方法论》,陈爱娥译,商务印书馆2005年版,第200页。
[②] 〔美〕本杰明·卡多佐:《司法过程的性质》,苏力译,商务印书馆1998年版,第79页。
[③] 〔德〕U.诺依曼:《论哲学诠释学与法律诠释学之关系》,载〔德〕阿图尔·考夫曼、温弗里德·哈斯默尔主编:《当代法哲学和法律理论导论》,郑永流译,法律出版社2002年版,第150—151页。

对此作出说明,取决于对该方法的选择及结论能否获得较高程度的一致性认可。所以,我们得出下列规则:

【规则三】司法裁判如果运用了法律解释方法,在归纳裁判要点时,需要明确表明该方法,除非对该方法的选择及由其导致的结果已经得到普遍认可。

大多数案件可能经过字义上的甄别,即可以解决准确适用法律的问题。但某些案件的裁判可能需要借助其他方法,甚至穷尽上述所有方法也无法准确揭示法规范应有的含义,此时,恐怕只能诉诸价值判断的方法。

但这并不表明价值判断被单独列于诸方法之后,实际上,价值判断在"形成案件事实"以及"进行法律解释"时[①]均不同程度地发挥作用。这与法律文本所使用的语言及文本内容的结构有关。

法律有时使用概念表达构成要件。"只有当借列举——描绘其特征的——全部要素得以清晰界定者,始能称为严格意义上的'概念'。"这种定义意味着:"'当且仅当'概念的全部要素在特定客体上全部重现时,此客体始能被涵摄于此概念下。"[②]而且,"立法者想形成一个概念,借以描述一种案件事实的特征时,应尽量精确",达到这样的程度:其所选择的概念"足以涵盖拟意指的案件事实"。如此,"在适用概念时,'概念要素存在与否的问题可以完全取代评价的问题'。"这种概念涵摄的思考,在理想的状况下,是一种"价值中立的思考"。[③] 除此之外,法律还常常用"类型"来表达规范的构成要件,"类型与概念不同,其并未借不可或缺的要素而被终局确定"。类型的适用,是在从事一种"符合规范或准则意旨的"价值判断。[④] 也就是说,如果法律规范是用"类型"对构成要件予以规定的

---

① 〔德〕卡尔·拉伦茨:《法学方法论》,陈爱娥译,商务印书馆 2005 年版,第 169—174、246—305 页。
② 同上书,第 95 页。
③ 同上书,第 101 页。
④ 同上书,第 94—95 页。

话,那么对其进行解释时,无论采取何种法学方法,价值判断将不可避免地伴随该规范适用的整个过程。

因此,我们认为,需要区分"运用法学方法过程中的价值判断"与"作为最终方法的价值判断"。因为,前述法学方法本身就提供了判断价值序列的标准。该情况下的价值判断实际是以上述方法的特定结构为依托而进行的。比如:合宪性的方法赋予宪法条文所体现的价值优先,诉诸客观目的的方法则赋予事物本质所体现的价值或特定伦理原则的价值优先,历史的方法赋予立法者的价值认知优先,等等。

这种结构具有一定的开放性,开放性意味着其需要关联具体的案件事实。比如,合宪性解释的方法能确定的只是宪法条文所体现的价值具有优先性,在具体案件适用具体哪一条宪法条文尚未明确时,无法判断具体何种价值具有优先性。只要当案件事实确定适用哪个具体的宪法条文后,该具体条文所体现出来的价值才被认为具有优先性。即,在运用某特定法学方法的过程中,随着案件事实的最终确定,该方法的结构由"开放"走向"闭合",价值判断在作为结构的方法与作为对象的事实的双重作用下有了结果,特定的案件事实与价值的关系自然被揭示出来。

但是,如果穷尽上述法学方法仍无法解决有关价值争议,则失去了上述由具体法律解释方法所带来的结构性依托。此时,价值判断被作为一种最终的法学方法,其本身并未提供特定的价值序列或评价价值序列的标准,因此需要考虑:在没有结构性依托的情况下,如何确定价值序列?

法学中的价值判断问题一方面与普遍的价值判断有关,另一方面与法律的特点有关。制定法本身可能也会存在价值冲突,这体现为法律规定之间的冲突。如何解决这种冲突?拉伦茨指出,存在两种见解:"一方面是——以探究历史上立法者的心理意愿为解释目标的——'主观论'或'意志论';另一方面是——以解析法律内存的意义为目标的——'客观论'。"两种见解均只包含了"部分"的真理。① 现在被普遍接受的是:"法律是原创者意志的具体化,此中既有'主观'的想法及意志目标,同时也包含'客观'的目标及事物的必然要求。"因此,价值判断必须两者兼顾,而且,这种探寻"是一种思考的过程",该过程"原则上没有终极的终点"。② 这种思考实际隐含一个限制——法律文本框定了价值选择的范围。主观也好、客观也罢,实际讨论的都是以法律文本为出发点的价值选择问题。从这个意义上讲,"法律文本"是价值判断的起点与框架,超出文本意义之外的价值将不被考虑。但这只是问题的一个方面。

另一方面,如前所述:司法不是一种自说自话,而是主体间通过"正当性证明"来获得"一致"法律意见的活动。价值判断首先是不同主体各自"采取立场的内心活动"。③ 因此,在不同主体之间不可避免地会发生价值判断冲突问题。无论怎样的法律,都需要人去认知、领会和适用。因此,不能忽视"人"在价值判断中的作用。④

我们认为,研究法律解释中的价值判断问题,应该结合"以法律文本为起点的价值判断"与"以人为起点的价值判断"。"在法学方法运用过程中的价值判断"更大程度上体现的是"以法律文本为起点的价值判断",其对法律文本的依赖更强。上述方法的穷尽意味着文本所展现的多种价值相互冲突且势均力敌。因此,最终的价值选择可能更依赖于在法律文本所体现的多种价值的范围内"不同的主体间"获得的更大程度的一致性(共识)。在这种情况下,"人"在价值判断中的作用就显得格外重要。在这一过程中,作为规制判断价值序列的某种实在标准消失了,取而代之的是通过追求一致性而实现的对价值的一种"集体创造"⑤。

---

① 〔德〕卡尔·拉伦茨:《法学方法论》,陈爱娥译,商务印书馆 2005 年版,第 197 页。有关主观论与客观论更详细的分析与介绍,请参见〔德〕卡尔·恩吉施:《法律思维导论》,郑永流译,法律出版社 2004 年版,第 102—128 页。
② 〔德〕卡尔·拉伦茨:《法学方法论》,陈爱娥译,商务印书馆 2005 年版,第 198—199 页。
③ 同上书,第 171 页。
④ 张骐:《法律推理与法律制度》,山东人民出版社 2003 年版,第 163 页。
⑤ 同上书,第 169 页。

我们以为,在涉及价值判断的场合需要慎重。因为,一方面,在需要进行价值判断的场合中,所可能涉及的冲突更尖锐,因为秉持不同价值观念的人都认为其主张具有正当性;另一方面,人的主观性会影响价值判断的正当性。因此,当裁判包含价值判断方法的时候,尤其是包含本章所说的"作为最终方法的价值判断"的情形时,指导性案例的制作机关要在一致性认可方面予以着重考察。我们因此得出下列规则:

【规则四】在司法裁判出现价值判断的时候,裁判要点需要揭示价值判断的具体理由,除非有足够充分的证据证实这种理由与结论已经得到比较一致的认可。

假如社会生活没有时间维度,那么当价值判断进入到需要进行一致性认可的阶段后,剩下的事情就是不断地讨论下去直至达成一致性。但实际上,"法官也不能一直等待,直到在'理想'的条件下所进行的对话获致结论。甚至连立法者也不能。"① 因此,宪法赋予司法"独断"的权力。那么,这是否意味着在前述法学方法已经穷尽、共识尚未达成的情况下,这种有权的"独断"是一种随意的作业?关于价值判断我们还能做些什么?

我们认为,如果要在法学中解决这个问题,需要检视司法中的价值冲突是如何发生的。以指导性案例1号为例,一个是约定禁止"跳单"的合同行为,另一个是被告绕过原告与其他公司进行交易的行为——该行为被原告认为属于"跳单"行为。而这两种行为分别表明了双方不同的利益:原告的利益是佣金,被告的利益是更低廉的交易价格。两种利益存在冲突。面对这种利益冲突,人们诉诸法律:即考察这两种不同的利益在法律上如何评价。在这种法律评价过程中,价值判断的问题才得以显现。即经过"从行为到利益""从利益到法律规定""从法律规定到法律价值"三个步骤的"解读",法律价值的问题才出现在我们眼前。如果存在"更高级"的规则体系以解决价值冲突的话,可以继续"向上"进行"解读"。

---

① 〔德〕卡尔·拉伦茨:《法学方法论》,陈爱娥译,商务印书馆2005年版,第29页。

可是,比价值体系更高的体系是什么?其是否存在?是否能被说明?上述问题是争议更大的问题,无法指导我们对该具体案例进行分析,因此需要转换思路:一开始我们认为指导性案例 1 号涉及评价 A_1 的约定是否为限制对方主要权利的问题,此时需要检视的是,将 A_1 的意义解读为对交易自由的侵害,是恰当的吗?

(二)法律论证的角度

"法律论证是克服法律模糊不明的又一重要方法。"[①]伯顿认为,法律论证的形式就像是"空瓶子",其用处在于"其空无一物的空间"。[②] 法律论证理论这只"空瓶子"关注更为一般的论证结构——演绎推理。以演绎推理为核心,该理论区分"内部证成"与"外部证成":"内部证成处理的问题是:判断是否从为了证立而引述的前提中逻辑地推导出来;外部证成的对象是这个前提的正确性的问题。"[③]我们将分别论述这里涉及的法律论证问题。

1. 格式条款效力问题的法律论证

A_1 的约定实际是一个以"如果……那么……"连接的实践命题,即在约定事实情形发生的时候,一方"应当"做某事。因此,论证 A_1 的法律效力,可以看作是在现有的法律体系内论证当 A_1 所约定的事实情况出现的时候,该主张是否成立。

为了明确推理的小前提,我们抽取 A_1 约定中事实部分的相关内容:p_1——"中原公司向陶德华提供有关某房屋的信息"。这个小前提作为被陈述的案件事实,必须以"考量已知的事实"与"考虑个别事实在法律上的重要性"为基础才得以形成。[④] 阿列克西借用埃塞尔的话,认为假使要

[①] 谢晖:《法律哲学》,湖南人民出版社 2009 年版,第 117 页。
[②] 〔美〕史蒂文·J. 伯顿:《法律和法律推理导论》,张志铭、解兴权译,中国政法大学出版社 1998 年版,第 30 页。
[③] 〔德〕罗伯特·阿列克西:《法律论证理论》,舒国滢译,中国法制出版社 2002 年版,第 274 页。
[④] 〔德〕卡尔·拉伦茨:《法学方法论》,陈爱娥译,商务印书馆 2005 年版,第 160 页。

使这种"目光循环往复的游动"不至成为"没有目的的漫游",就需要有一些"准许达到特定(逻辑)涵摄"的标准,该类标准需要在外部证成中予以论述。①

为了满足演绎推理的要求,除了前述通过"法律发现"步骤得到的法律规范之外,还需要引入几个隐含的、具有普遍性的其他命题。阿列克西提出两条规则:

(J.2.1) 欲证立法律判断,必须至少引入一个普遍性的规范。

(J.2.2) 法律判断必须至少从一个普遍性的规范连同其他命题逻辑地推导出来。

这些普遍性的规范未必都是制定法规范。在外部证成的环节中,为了确立内部证成所需要的大前提,阿列克西列举出六组规则和形式,其中就包括"经验论证"。经验论证与法律论证存在相关性:"几乎所有的法律论述形式——就像几乎所有的普遍实践论述形式一样,都包含有经验语句。"而法律论证所必需的经验论证要想前后一贯地进行,则需要讨论所有有关的经验知识问题,并将其纳入法律论证。② 而且,这一点也被阿列克西所提出的过渡规则所保证③:

任何人在任何时候都能够转入理论上的(经验性的)论辩。

拉伦茨在谈到案件事实形成的过程中,也提到了"以感知为基础的判断""以对人类行为的解释为基础之判断""其他借社会经验而取得之判

---

① 〔德〕罗伯特·阿列克西:《法律论证理论》,舒国滢译,中国法制出版社 2002 年版,第 283 页,脚注 44。需要注意的是,阿列克西认为那种批评其论证模式"没有足够地考虑到事体与规范之间的互动"的观点是一种"误解",他认为对"事体的特性"的思考"是外部证成所进行的事"(同上书,第 283—284 页)。但在该著作的"外部证成"部分,他却没有单独对这一问题作出理论说明。按照我们的理解,从法律论证理论的角度来看,在逐步展开的演绎推理中,一些规范性命题会被纳入推理,这些命题可能帮助修正大前提、亦有可能帮助修正小前提。"已知事实"正是在不断的推理中被上述命题所逐步修正,直至成为最终的"案件事实"。
② 同上书,第 276、286—288 页。
③ 同上书,第 256 页。

断""价值判断"几种基本的基本判断方式。① 为了满足演绎推理的需要,我们认为,应当将包括经验命题等在内的诸命题作为适用于案件事实形成过程的"判断的规准"。

居间合同的实质是通过居间人的努力促成委托人通过买卖等方式获得某标的物的相关权利。这种权利的转移是委托人与权利人之间的事情,居间人所做的只是"媒介"此事。为达到以上目的,居间人基本的行为有:第一,收集相关的标的物信息;第二,向委托人提供该信息以供参考。这里会发生"特定信息"的转移——原本不为委托人所知的信息(交易机会)由于居间人的"劳动"而使委托人得以知晓。"特定信息"则可以被理解为居间活动本身的标的物。在这种信息发生转移的基础上我们可以进一步追问:委托人应该做什么?要搞清这个问题,需要引入两个普遍性命题:第一个命题是"所有的商品都具有价值"(t_1);第二个命题是"等价有偿原则"(t_2)。

引入第一个命题的理由在于,居间人与委托人之间通过居间合同所做的一切,不仅仅是具有法律意义的行为,还是一种具有经济意义的活动。"特定的信息"在居间活动中具有商品的属性。"商品具有价值"在经济学领域中是自亚当·斯密的《国富论》以来的一个基本命题,其可以作为"经验命题"而使用。但这种命题在具体个案中的正确性有待考察②,必要时需要对其进行单独论证。具体到本案,我们认为该命题适用于本案的案情:如果在房屋买卖中没有中介公司的存在,需要出售的房屋信息的分布只能是个别的、零散的,买主无法在短时间内获知;同样,卖主也无法及时将自己的信息传播出去让人知晓。在这种情况下,无论是对于出让人还是受让人,其交易的成本将会大大增加。中介公司的价值在于通过自己的行为连接卖方与买方。此时,"信息"已经不是由卖方"独

---

① 〔德〕卡尔·拉伦茨:《法学方法论》,陈爱娥译,商务印书馆2003年版,第165—177页。
② 当然,在法律论证中允许对该命题进行质疑,虽然该质疑实际是发生在经济学的领域中,但也属于"明希豪森困境"中的无穷递归问题。参见〔德〕罗伯特·阿列克西:《法律论证论》,舒国滢译,中国法制出版社2002年版,第223页。

占",而是成为中介公司通过"劳动"所得的"劳动成果",其具有商品的属性是不言而喻的。因此得到另一个陈述性命题:p_2——"中原公司向陶德华提供的有关某房屋的信息也是一种商品"。我们将 t_1 作为大前提,进行演绎推理(Y_1):

表 9.1　演绎推理 Y_1

t_1——所有的商品都具有价值
p_2——中原公司向陶德华提供的有关某房屋的信息也是一种商品
q_1——该信息具有价值

将 q_1 置入到 p_1 中,得到修正后的小前提:p_1'——"中原公司向陶德华提供具有价值的有关某房屋的信息"。我们要考察的内容也就变成了:"在发生 p_1' 的情况时,该当如何?"

我们所引入的"等价有偿原则"是民法的基本原则,属于具有普遍约束力的规范性命题。在发生交易的情形中,该原则可以表述为两个"如果……那么……"结构的条件程式命题:

t_2'——如果一方向另一方提供有价值的东西,那么另一方也要向其提供有价值的东西

t_2''——如果一方向另一方提供没有价值的东西,那么另一方不提供任何东西

t_2' 作为推理的大前提,p_1' 作为推理的小前提,我们可以进行如下的演绎推理操作(Y_2):

表 9.2　演绎推理 Y_2

t_2'——如果一方向另一方提供有价值的东西,那么另一方也要向其提供有价值的东西
p_1'——中原公司向陶德华提供具有价值的有关某房屋的信息
q_1'——陶德华应该向中原公司提供有价值的东西(报酬)

按照这种推理,委托人通过居间人获得某特定标的物的信息之后,就应该向其支付对价。但这实际上并非最终的结论。因为本案的特殊之处

在于,其涉及的是居间行为。居间行为的特征之一是"委托人一方的给付义务的履行有不确定性","居间人的活动能否达到目的,委托人与第三人之间能否交易成功,有不确定性,不能完全由居间人的意志所决定"①。在委托人接触到居间人所披露的相关信息后,存在三种可能性:第一,委托人通过居间人与权利人发生交易;第二,委托人未与权利人发生交易;第三,委托人通过居间人以外的人或直接与权利人发生交易。要论证 q_1' 的正当性,还需要分析在这三种不同情况下,作为经济学命题的 t_1 是否仍然适用,也就是考察 q_1 是否仍然成立。

在第一种情况下,信息发挥了其应该有的媒介作用,其仍然具有价值,t_1 仍然适用。

第二种情况实际属于"交易不能",此时该信息就没有价值。在信息没有价值的情况下,根据"等价有偿原则",信息的接受者自然无须支付对价。

在第三种情况下,委托人实现了自己的目的,但却是通过绕开居间人的方式实现的(此即 A_1 约定中的情况)。这种情况正是居间活动的主要风险所在。因为,作为中介公司经营的特殊产品——"信息",其传递具有迅捷性。再快捷的交易,相对于信息的传递也是滞后的。无论如何,委托人肯定是先知晓信息,再获得信息所指向的标的物的有关权利。如果居间活动成功的话,委托人除了要向权利人支付对价之外,还需要向居间人支付报酬,但如果委托人在知晓信息后,直接找到权利人交易则会节省其应付给居间人的报酬。关键的一点是,从委托人的需求的角度来讲,信息在这种情况下仍具有价值,即 t_1 在这种情况下,依然有效,信息的价值并没有因此而减损。所以,在这种情况下,p_1' 依然成立,委托人自然应该向提供信息的居间人提供对价。我们将以上的

---

① 崔建远主编:《合同法》(第四版),法律出版社 2007 年版,第 507 页。

情况作为修饰成分(原因)置入 p_1' 形成 p_1''(此即案件事实的最终形成)①,进行演绎推理(Y_2'):

表9.3　演绎推理 Y_2'

t_2'——如果一方向另一方提供有价值的东西,那么另一方也要向其提供有价值的东西
p_1''——(尽管陶德华绕开中原公司进行交易,但其已从中原公司获得的信息的价值却不因该行为而减损,因此)中原公司提供给陶德华的信息仍有价值
q_1''——陶德华应该向中原公司提供有价值的东西(合同所约定的赔偿金)

在 Y_2' 中,可以很清楚地看到: $p_1'' + q_1'' = A_1$。结合大前提 t_2',我们可以得出结论: A_1 是 t_2' 的一个实例,也就是说, A_1 是符合"等价有偿"原则的。一个符合"等价有偿"原则的约定是否属于"加重对方责任,排除对方主要权利"的类型?答案显然是否定的。因此, A_1 实际并非是对交易自由的限制,而是基于等价有偿原则所做的正当约定,因此该格式条款有效。

2. 违约认定的法律论证

将 A_1 拆分如下:

a_1(时间限制)——6个月

a_2(主体范围)——陶德华或其委托人、代理人、代表人、承办人等与陶德华有关联的人

a_3(违约行为)—— $a_{3①}$ ——利用中原公司提供的信息、机会等; $a_{3②}$ ——未通过中原公司而与第三方达成买卖交易; $a_{3③}$ ——买卖标的物为同一标的物

认定陶德华是否违约,就是分析其行为是否符合以上合同约定。根据前述案件事实即可以判断, F_8 与 F_9 符合 a_1, F_9 符合 a_2, $a_{3②}$ 与 $a_{3③}$ 也成

---

① 由以上推理可以看出,最终的案件事实是由 p_1 到 p_1' 再到 p_1'' 逐渐形成的。除了需要借助逐步的演绎推理之外,还需要明确在信息披露后的三种可能情况下 q_1 是否适用。在这一过程中,不同的"标准"作为大前提被引入并对案件事实予以修正。这就是在法律论证模式下形成"最终"案件事实的一个操作实例。

立。剩下的问题在于认定其行为是否符合 $a_{3①}$。首先,F_1 的存在证明关于标的物的信息并非中原公司独有,而是具有一定的公开性。其次,根据 F_2、F_3、F_5、F_6 并结合 F_7 可以看出,陶德华早在接触中原公司之前就已经对标的物比较了解,即其行为并不符合 $a_{3①}$。而裁判理由也对这一点予以肯定:"根据该条约定,衡量买方是否'跳单'违约的关键,是看买方是否利用了该中介公司提供的房源信息、机会等条件。"①但仍可以对此继续追问下去:为什么偏偏 $a_{3①}$——而非其他约定的内容——才是衡量被告是否违约的关键?

一种思路是对"违约"本身进行考察。这仍需要引入之前已经使用过的 t_1。我们需要考察的是,在行为不符合 $a_{3①}$ 的时候,t_1 是否依然适用。为了论证该问题,需要引入另一个命题:t_4——"需求一定的情况下,信息的价值与其公开程度成反比"。如果说 t_3 是从"需求"的角度来分析商品价值的话,那么 t_4 就是从"供给"的角度来分析。将 t_4 改造成如下两个条件程式的命题:

t_4'——在需求一定的情况下,如果有关某信息的供给越少,那么该信息的价值就越高

t_4''——在需求一定的情况下,如果有关某信息的供给越多,那么该信息的价值就越低(甚至为零)

然后,由 F_1、F_5、F_6、F_7 可得出 p_3——陶德华所获得的有关某房屋的信息供给很多。t_4'' 作为大前提,p_3 作为小前提,进行演绎推理如下(Y_3):

表9.4　演绎推理 Y_3

t_4''——在需求一定的情况下,如果有关某信息的供给越多,那么该信息的价值就越低
p_3——陶德华所获得的有关某房屋的信息供给很多
q_2——陶德华所获得的有关某房屋的信息价值很低(甚至为零)

在前述的分析中已经指出,A_1 约定的情形包含这样一个条件:该标的

---

① 《关于发布第一批指导性案例的通知》,法发(2011)354号。

物的信息具有价值(p_1')。由 q_2 得出,在该案事实发生时,信息的价值发生了变化,这与 A_1 约定的情形并不相符。因此,被告的行为实际不构成违约。所以,被告不构成违约的真正原因在于有关标的物信息的价值的变化。a_3 之所以成为衡量是否违约的关键,是因为其成立与否直接影响该变化。

另一种思路是考察在案件事实发生时,被告该当如何?这需要引入 t_2'',并在 Y_3 的基础上进行演绎推理(Y_4):

表 9.5　演绎推理 Y_4

t_2''——如果一方向另一方提供没有价值的东西,那么另一方不需要向其提供任何有价值的东西
q_2——中原公司向陶德华提供的有关某房屋的信息价值为零
q_3——陶德华不需要向对方提供任何东西

由 q_3 得出结论,A_1 所约定的效果——"支付对价"——并不适用于被告的行为。

三、确定裁判要点内容的规则

(一) 裁判要点的内容

裁判规则是与裁判要旨紧密相关的一个概念。裁判规则是裁判要旨的内容,裁判要旨是裁判规则的形式。作为文本,指导性案例的裁判要点是裁判规则的载体。但是,并非所有学者都是在相同的意义上使用"裁判规则"这一概念。裁判规则又被称为裁判规范、审判规范、裁判准据、个别规范、法官法等[①]。从静态的角度看,有学者认为,裁判规则从属于法律

[①] 刘成安:《论裁判规则》,山东大学 2009 年法学博士学位论文,正文部分,第 18 页。

规定,是用以裁判法律争端的标准。① 此外,哈特在其理论体系中,将裁判规则作为"授予权力作出权威性决定的次级规则",是"指定谁是裁判者"以及"界定了裁判者必须遵循的程序"的规则。② 还有学者从动态的角度认识裁判规则。比如,郎桂梅认为,"裁判规则是指法官在具体案件的裁判过程中对法律进行解释的结果,是成文法规范的具体化"③。陈金钊也有类似的看法,他认为:"裁判规范是法官等法律职业群体在诉讼活动中依据法律规定共同构建的一种适用于具体案件的个别规范,它是在审判活动中生成的规范","它"是由实体法规定衍变出的规范"。④ 这类观点突出了法官解释法律的价值,将裁判规则视为法律解释的结果。

因此,"裁判规则"在我国目前的法律语境下究竟意指何物实际是不明确的。我们认为,裁判要点的内容最好避免仅用这种存在争议的概念来指称。假如只是泛泛地规定"裁判要点应体现裁判规则"而不详细指明裁判规则的范围的话,不同撰写者对裁判规则概念的不同理解(这往往是一种"前理解")极可能会导致其对裁判要点的内容作出非常不同的概括。

目前关于裁判规则的讨论绝大部分仅涉及案件裁判中"规范形成"(大前提)的问题,极少涉及"事实形成"(小前提)的问题。而法律解释是与一定的案件事实紧密相关的。确定案件事实除了需要借助"选择形成案件事实之基础法条",亦需要借助诸如"以感知为基础的判断""以对人类行为的解释为基础的判断""借社会经验而取得之判断""价值判断"等"必要的判断"。⑤ 这些不同命题的介入在前述法律论证框架下的证明过程中表现得更加明显,比如,我们在前述的演绎推理中对经验命题 t_1

---

① 黄茂荣:《法学方法与现代民法》,法律出版社2007年版,第141页。
② 〔英〕哈特:《法律的概念》,许家馨、李冠宜译,法律出版社2006年版,第91—92页。
③ 郎桂梅:《论裁判要旨的性质、分类和编写》,载《人民法院报》2008年7月23日第5版。
④ 陈金钊:《论审判规范》,载《比较法研究》1999年第3、4期。
⑤ 〔德〕卡尔·拉伦茨:《法学方法论》,陈爱娥译,商务印书馆2003年版,第163—177页。

的引入。① 需要研究的问题是：最终确定的案件事实是否可以作为裁判要点的内容？

我们假设一个案件的案情如下：除了其标的为不动产的使用权（如租赁）之外，其余情形与指导性案例1号完全一样。那合同中类似 A_1 的条款还是有效的吗？对该案的裁判是否应"参照"指导性案例1号？这就涉及"事实比较"的问题。世界上并没有两片完全相同的树叶，"无论我们怎么描述案件，每个案件都只发生一次"②。但是，并非完全相同的案件事实却可能存在相同的"法律意义"。这种案件事实的意义比较无疑也是一种评价行为。面对同一事实，不同的人之所以能够作出不同的评价，原因之一是其所依据的评价标准不同。而评价标准并不仅限于法律规定。比如上述经验命题 t_1，即是该具体法律论证中对案件事实进行评价的标准之一。同案件事实的形成类似，不同的命题可以帮助形成不同的裁判依据。如果指导性案例在裁判要点中将上述命题点明，会方便后案中的当事人、律师及法官将自己对于形成裁判依据及形成案件事实的根据与之进行比较，有利于他们对是否适用相关指导性案例作出更为恰当的判断。

当然，有关事实的形成规则不是法律意义上的规范性命题。但要注意到，同法律规范相似，裁判要点一般以"如果"连接事实（构成要件），以"那么"连接法律效果。有关案件事实的形成规则位于事实部分之中，它们是影响案件事实形成的因素。比如在最高法院文件中，指导性案例1号的裁判要点对 A_1 效力问题表述如下：C_1——"房屋买卖居间合同中关于禁止买方利用中介公司提供的房源信息却绕开该中介公司与卖方签订

---

① 该命题实际上在是小前提与大前提 t_2 的互动过程中以如下的步骤被发现的：首先，"在发生 A_1 约定情形时该当如何"的问题涉及"给付"；然后，我们发现 t_2 是可以导致给付发生的原则性根据之一；最后，t_2 中对"等价"的要求引导我们进一步论证 A_1 约定的情形中是否有"等价"的因素存在，因此才引入 t_1。即 t_1 是为了适用大前提而对事实进行必要"剪裁"的依据。
② 〔美〕史蒂文·J.伯顿：《法律和法律推理导论》，张志铭、解兴权译，中国政法大学出版社1998年版，第14页。

房屋买卖合同的约定合法有效。"①如果将有关案件事实形成的原因置入其中,则得到:C_2——"在房屋买卖居间合同中,中介公司提供的房源信息具有一定的价值,委托人如果获知该信息却绕开该中介公司与卖方直接签订房屋买卖合同,在这一情形中信息的价值并不因此而减损,该行为实际对中介公司利益造成损害,因此,中介公司在居间合同中约定在一定期限内禁止委托人为上述行为的条款是有效的。"这种表述虽然比较啰唆,但它与法律效果相连接,从整体来看,仍是法律意义上的规范性命题。

出于以上考虑,我们使用"案例规则"一词来表述指导性案例中出现的相关命题:"案例"二字意味着其内容来自于指导性案例,"规则"意味着其为一种规范性命题,具有一定范围的普遍约束力。而案例规则的内容涉及"规范形成"与"事实形成"两个方面。前者包括可以直接适用的法律规范、法律解释方法、法律解释结果以及与形成裁判依据有关的所有命题。后者包括所有与形成案件事实有关的命题。引入"案例规则"这种表述有助于我们厘清撰写裁判要点的方法。关于裁判要点的内容,需要明确下面几个方面:

首先,裁判要点的内容来自于指导性案例的法律推理本身所包含的具有普遍性的"案例规则"。结合前述对"案例规则"的讨论,我们可以得到以下规则:

【规则五】裁判要点的内容来自于案例本身,其既包括该案司法裁判中直接适用的法律规范、法律解释方法、法律解释结果以及所有与形成裁判依据有关的命题,也包括与形成案件事实有关的命题。

其次,我们需要确定事实部分的"具体与抽象"。前述 C_2 比 C_1 的事实部分要具体一些,原因在于其引入了"加工"事实所需要的规则。我们认为,C_2 才是真正的案例规则的体现,其事实部分是使用"被发现的"案例规则进行推理的"过程"的完整概括。C_1 中的事实部分是经由上述推理过程所得出的"结论",而形成结论的理由(案例规则)却被"隐去"了。从

---

① 《关于发布第一批指导性案例的通知》,法发(2011)354号。

外部观察者的视角出发,其所能看到的 C_1 与 C_2 的差异只能是"抽象"与"具体"的区分,但从参与者的视角出发,看到的则是"原因"(或者说"过程")与"结果"的区分。

同时,原因与结果的区分是相对的,从逻辑上讲,前一推理过程的结果是下一推理过程的原因。因此,裁判要点所包含的内容的多少取决于撰写者选择在论证的何种层次上对其进行概括。而对论证层次的选择受到前述一致性认可的影响。举例来说,如果对指导性案例1号中"有关标的物的信息具有价值"没有什么争议,则在撰写时可以直接表述该结论。但如果对此具有争议,则需要表述出形成该结论的原因:"在居间活动中,有关标的物的信息具有商品的性质",并在此基础上将推理过程及结果予以展现。

因此,可以得到以下规则:

【规则六】裁判要点的撰写并非要体现规则五所包括的全部内容,如何选择取决于人们对使用有关命题所进行的推理的一致性认可程度:假如对该推理的一致性认可程度较高,则无需对该推理之前的系列推理过程予以表述;反之,则需要表述形成该推理的原因。

(二) 最高法院的选择

我们在本章所运用的"诠释学"与"法律论证"的核心任务是研究撰写指导性案例裁判要点的方法与规则,它们并未完全解决一致性认可的问题。为了解决一致性认可的问题,首先需要明确的问题是:"一致性"认可发生在何者之间?在司法裁判中,"一致性"发生在司法裁判所直接涉及的主体之间,包括法官、当事人、当事人的代理人,以及其他与该裁判有实际的密切利益关系的人。当司法裁判转变为指导性案例的时候,需要获得"一致性"认可的主体范围则大为扩展。该范围究竟包括什么样的人?我们引入"听众"的概念来帮助回答此问题。

"听众"是佩雷尔曼"新修辞学"论证理论的基本概念。佩雷尔曼指出:"听众是一个集合名词,即讲话者想通过其论证来影响的人之总称谓。""听众"的概念对于该论证理论的意义在于:"论述的价值是根据其所说服的听众的价值来加以确定的。"这种听众又被佩雷尔曼称为"普泛听众",而"普泛听众的认同就是论证之合理性与客观性的标准"[①]。但"所有人的认同是永远也不可能做到的"[②],因此,"听众"概念不是描绘了一种实体的集合,而是提供一种分析问题的视角。其实,"在佩雷尔曼那里被称为普泛听众认同的东西,在哈贝马斯那里就被称为在理想的言谈情境下达成共识的东西。"[③]重要的是,在这种视角下,价值判断与价值认同有了衡量的标准——"听众"认同的就是正确的。

但是,我们需要可操作的标准。奥利斯·阿尔尼奥借助维特根斯坦的"生活方式"概念,发展了佩雷尔曼的"听众"理论,并将听众进行两个维度的区分:具体听众与理想听众,普通听众和特殊听众。具体听众包括"普通的具体听众"和"特殊的具体听众":普通的具体听众指所有生活在某特定状况下的个体,"而不管他们的其他属性如何";"特殊的具体听众指能为解释者讲话时所指向的一群人"。前者"对于论证理论没有什么意义",因为"想让一个论证注意到理论上的每个个体是不现实的";而后者所持的"解释立场","不必建立在理性考虑的基础上",因此其"并不提供理性的可接受性概念获得进一步阐述的基础"。理想听众包括"普通的理想听众"与"特殊的理想听众"。前者实际就是佩雷尔曼所谓的"普泛听众";后者是"一群有特定普遍价值并因此属于相同生活方式的人"。解释者要想同时追求正当性与一致性,应当面对的就是这种"特殊理想听众"。"特殊"意味着"它与特定的规范和价值、特定的生活方式相联系","理想"意味着"它在论辩符合理性论辩规则的情况下评价某种解释"[④]。

---

① 〔比利时〕Ch.佩雷尔曼、L.奥尔布里希茨—泰特卡:《新修辞学:论辩文集》,第25、432、40页,转引自〔德〕罗伯特·阿列克西:《法律论证理论》,舒国滢译,中国法制出版社2002年版,第198、202页。
② 同上书,第202页。
③ 同上书,第205页。
④ 〔荷〕伊芙琳·T.菲特丽丝:《法律论证原理》,张其山、焦宝乾、夏贞鹏译,商务印书馆2005年版,第135—137、140页。

相对于其他三种"听众","特殊的理想听众"可能是指导性案例"听众"的最有可能的选择。

在案例指导制度的情形中,"特殊理想听众"就是"法律人"。对"法律人"群体,应关注其以下特征:第一,该群体受过大致相同的法律教育;第二,该群体大体接受法律以及法律思维的约束;第三,该群体参与社会法律实务。① 正因为以上三点,"法律人"群体的观点可以担当起衡量最高司法机关作出的某项决定(其实并不限于裁判要点问题)能否在整个社会层面得到较高程度认可的标尺。因此,最高人民法院在编选指导性案例以及撰写裁判要点时,应充分倾听"法律人"的相关意见。

上述"法律人"的概念是一种理想意义上的概念。在现实生活中,法与理性的崇高地位在部分法律人心目中可能会被赤裸裸的利益追求所取代。"特殊理想听众"当然不包括这部分人。即便如此,相似的教育背景、统一的司法考试以及共同的法律信仰也不能保证法律人能在所有法律问题上均形成一致的看法。这些情况使得我们决定"听谁的"成为一个问题。但这并不妨碍在规范意义上,以"法律人"为出发点,对一致性认可进行某种程度的考察。由此,我们提出下述规则:

【规则七】在裁判要点的撰写中,要着重在"法律人"群体中考察该要点内容能够获得的一致性认可的程度。

此外,裁判要点的内容还涉及自由裁量权问题。《牛津法律大辞典》对"自由裁量权"(Discretion)的解释是:"指酌情作出决定的权力,并且这种决定在当时情况下应是正义、公正、正确、公平和合理的。法律常常授予法官以权力或责任,使其在某种情况下可以行使自由裁量权。"②可见,自由裁量的空间是法律赋予的。法官在裁判时不能超过法律所赋予的自

---

① 许章润教授曾经这样概括法学家:"法律是一项世俗的职业,法学则为一项精神的事业,法学家于是身处世俗与精神、从道与从势中的夹缝之中。"我们认为,这一概括与我们所谓的"法律人"的处境与特征也是一样的。参见许章润:《法学家的智慧》,清华大学出版社2004年版,第14页。
② 〔英〕戴维·M.沃克:《牛津法律大辞典》,李双元等译,光明日报出版社1988年版,第261页。

由裁量权的范围。同时，如前述所言，裁判要点的规则来自于具体的裁判过程，最高人民法院在对此进行归纳时，也不应拥有超越已有的生效裁判的论证范围的自由裁量权。因此，我们提出以下规则：

【规则八】裁判要点的内容不能超过法律所规定的自由裁量的空间，亦不能超越生效裁判既有的论证范围。

四、结语

根据本章分析，我们得到了八条有关裁判要点的撰写规则：

【规则一】对于一致性认可程度高的结论，裁判要点没有必要指出证明该结论的理由。

【规则二】对于一致性认可程度较低的结论，裁判要点需要指出证明该结论的理由。

【规则三】司法裁判如果运用了法律解释方法，在归纳裁判要点时，需要明确表明该方法，除非对该方法的选择及由其导致的结果已经得到普遍认可。

【规则四】在司法裁判出现价值判断的时候，裁判要点需要揭示价值判断的具体理由，除非有足够充分的证据证实这种理由与结论已经得到比较一致的认可。

【规则五】裁判要点的内容来自于案例本身，其既包括该案司法裁判中直接适用的法律规范、法律解释方法、法律解释结果以及所有与形成裁判依据有关的命题，也包括与形成案件事实有关的命题。

【规则六】裁判要点的撰写并非要体现规则五所包括的全部内容，如何选择取决于人们对使用有关命题所进行的推理的一致性认可程度：假如对该推理的一致性认可程度较高，则无需对该推理之前的系列推理过程予以表述；反之，则需要表述形成该推理的原因。

【规则七】在裁判要点的撰写中，要着重在"法律人"群体中考察该要点内容能够获得的一致性认可的程度。

【规则八】裁判要点内容不能超过法律所规定的自由裁量的空间,亦不能超越生效裁判既有的论证范围。

规则一、规则二及规则七实际均涉及一致性认可的问题。在将普通的司法裁判上升为指导性案例时,最高人民法院应当在裁判要点的撰写中对该问题进行重点考察,以保证裁判要点的无争议性,进而强化指导性案例的适用性。该三条规则对所有的裁判要点的撰写均适用,因此,可以合并为基本规则:

【基本规则】

裁判要点的撰写必须在法律人群体乃至普通民众的范围内对指导性案例的结论所获得的一致性认可程度予以考察:(1) 如果一致性认可程度不高,则需要说明证明该结论的理由与方法,尤其是在比较容易引发争议的指导性案例中;(2) 如果一致性认可程度较高,则无需说明证明该结论的理由与方法,除非最高人民法院认为有这样做的必要。

规则三和四涉及究竟是否应该在裁判要点中表述司法裁判中所适用的具体法律解释方法的问题。两个规则可以作如下合并:

【涉及法律解释方法的规则】

(1) 在归纳裁判要点时,如果司法裁判涉及法律解释方法,一般需要明确该方法,除非对该方法的选择及由其导致的结果已基本得到社会的普遍认可;(2) 尤其是涉及使用价值判断的法律解释方法时,应当在裁判要点中对作出如此价值判断的理由予以说明,除非有充分足够的证据证明该理由或结论已经获得较大程度的一致性认可。

规则五、规则六涉及裁判要点的具体内容,这两个规则可以作如下合并:

【规范裁判要点具体内容的规则】

裁判要点的具体内容的范围既包括该案司法裁判中直接适用的法律规范、法律解释的方法、法律解释的结果以及所有与形成最终的裁判依据有关的命题,也包括所有与形成该案最终案件事实有关的命题。但实际的撰写并非要体现以上全部内容,如何选择取决于人们对使用有关命题所进行的推理的一致性认可程度:假如对该推理的一致性认可程度较高,则无需对该推理之前的系列推理过程予以表述;反之,则需要表述形成该推理的原因,直至没有争议。

规则八则涉及撰写裁判要点时的限制,对此予以单独明确:

【限制性规则】

裁判要点内容不能超过法律所规定的自由裁量的空间,亦不能超越生效裁判既有的论证范围。

总之,在中国建立案例指导制度是一个长期的、复杂的工作,无法做到毕其功于一役,需要中国法律共同体多方面的、持续不懈的、具有战略远见和想象力的创造性努力。

后　记

　　本书大部分章节是国家社会科学基金项目"司法改革和权力科学配置与公正司法研究——中国司法先例制度研究"（05BFX005）的最终成果。本书部分章节的写作同时受到中美富布赖特项目资助，作为本书主要作者，我受此资助曾于2010年9月至2011年7月在美国哈佛大学法学院东亚法律研究中心进行研究，并曾受美国耶鲁大学法学院中国法律中心邀请于2003年1月至2003年7月进行过访问研究。上述资助和帮助对我专心从事该项研究提供了重要和宝贵的支持；北京大学法学院的领导和同事对我负笈于海外同样给予了重要和宝贵的支持，在此深表谢忱。

　　本书大部分内容自2004年以来先后发表于《比较法研究》《法制与社会发展》《中外法学》《法学》等刊物，在成书过程中，我对文章的内容和文字进行了大量修改和补充。感谢上述刊物的编辑在发表笔者文章时所付出的心血并感谢这些刊物许可笔者在这些文章的基础上整理、发展成书。课题合作者胡兴东教授、弗里德里希·温泽尔·布斯特（Friedrich Wenzel Bulst）博士、高尚博士研究生、刘岩先生分别撰写第二、三、四、九章，北京大学法学院2003级硕士研究生丘先和高尚同学将第三章从英文翻译成中文，我对前述各章进行了一定的修改。本书部分章节的初稿曾先后于2006年5月在"法律和社会科学第二届研讨会——法学与人类学对话"研讨会、2007年4月底北京大学法学院"五四"学术讨论会、2012年6月"北京大学法学院教师工作坊"、2012年7月西安中国法理学年会、2012年8月中国社会科学院法学研究所"依法治国与法治文化建设"研讨会上交流。

　　感谢最高人民法院应用法学研究所、四川省高级人民法院、云南省高级人民法院、江苏省高级人民法院、黑龙江省高级人民法院、吉林省高级人民法院、成都市中级人民法院、昆明市中级人民法院、南京市中级人民法院、成都青羊区人民法院、成都彭州市人民法院、昆明官渡区人民法院、南京白下区人民法院、南京江宁区人民法院的领导和法官们的帮助和支持。

笔者感谢张文显教授、陈兴良教授、高鸿钧教授、刘作翔教授、贺卫方教授、季卫东教授、武树臣教授、童之伟教授、张志铭教授、王亚新教授、湛中乐教授、朱苏力教授、梁根林教授、刘凯湘教授、王磊教授、王世洲教授、范愉教授、邓峰教授、易继明教授、彭冰教授、李启成教授、薛军教授、杨明教授、洪艳荣教授、郭雳教授、柯荣住教授等先生的鼓励、批评、讨论、指教和帮助;感谢公丕祥大法官、蒋惠岭法官、崔军法官、胡建萍法官、田成友法官、吴光侠法官、蒋敏法官、吴红艳法官、龚睿法官、郎贵梅法官、何涛法官等的鼓励、批评、讨论和指教;感谢同样对写作本书给予指导和帮助的 William P. Alford(安守廉)教授、Paul Gewirtz(葛维宝)教授、Mary Ann Glendon 教授、Margaret Woo 教授、Jonathan Hecht(何杰森)博士、Jemie Horsley(贺诗礼)博士、Roger T. Ames(安乐哲)教授、Gunther Teubner 教授(贡塔·托依布纳)、Lance Liebman 教授、John Langbein 教授、Mirjan Damaška 教授、James Whitman 教授、Jules Coleman 教授、陈志武教授、今井弘道教授、铃木贤教授、长谷川晃教授,感谢美国麻州最高法院 Margot Botsford 大法官、美国联邦波士顿地区法院 Mark Wolf 院长的帮助。

感谢白丽丽女士、王桔女士的大力支持和宝贵帮助,没有她们的帮助,此书不可能出版。北京大学法学院 2012 级博士研究生孙海波在课题结项等方面提供了大量无私、有效、真诚的帮助,2003 级硕士研究生丘先同学、高尚同学将本书第三章译成中文,孙海波同学、北京大学法学院 2006 级博士研究生李锦同学、2007 级博士研究生郝凯广同学和北京大学法学院 2010 级硕士研究生邵六益同学帮助收集、查找有关资料,在此一并致以诚挚的感谢。

张　骐

2016 年 1 月 15 日